飯國芳明・程 明修・金 泰坤・松本充郎 編
Yoshiaki IIGUNI, Ming-shiou CHERNG, Taegon KIM, &
Mitsuo MATSUMOTO

土地所有権の空洞化

● 東アジアからの人口論的展望

Hollowing out of Land Ownership
a Demographic Perspective from East Asia

ナカニシヤ出版

目　　次

第1章　土地所有権の空洞化問題をいかに捉えるか──飯國芳明　3
1　所有者不明土地問題をみる視点　3
2　人口転換論の系譜　6
3　東アジアにおいて土地所有権の空洞化を促す三つの要因　11
4　本書の構成　17

第Ⅰ部　日本の分析

第2章　中山間地域で先行する土地所有権の空洞化の実態
────────────飯國芳明・山本幸生　25
1　人口オーナス問題の先取り　25
2　土地所有権空洞化の過程　29
3　相続未登記の拡大　38

第3章　山林の土地所有権の細分化および空洞化に対する法的対応について
──私有林の所有・利用・管理に関する考察──松本充郎　41
1　森林法制の前提としての土地制度の歴史　42
2　山林の土地所有権と森林法制の課題　49
3　森林環境税の使途　56

第4章　深刻化する森林管理問題の解決に向けた三つの方策
────────────松本美香　63
1　森林組合の取り組み──愛媛県久万広域森林組合　63

 2 地方自治体の取り組み——徳島県那賀町　*70*
 3 民間事業体の取り組み——高知県有限会社Ａ林業　*76*
 4 経営上の課題と林地台帳の可能性　*80*

第5章　土地所有権の空洞化現象としての耕作放棄——緒方賢一　*82*

 1 耕作放棄地問題の推移　*82*
 2 農地法制上の耕作放棄対策規定とその適用　*85*
 3 農地の所有・利用に関する法構造から生じる課題　*91*
 4 今後の課題と展望　*96*

第Ⅱ部　台湾の分析

第6章　原住民の地理的分布、人口動態および集落の状況
——大田伊久雄　*107*

 1 台湾の中山間地域と原住民の分布　*107*
 2 原住民の人口構成と移動　*109*
 3 原住民集落の状況　*111*
 4 原住民社会における土地所有権の空洞化問題　*122*

第7章　原住民保留地の土地所有権の空洞化現象——程明修　*126*

 1 台湾原住民保留地の法制の現況　*128*
 2 原住民保留地の所有権の空洞化現象　*133*
 3 土地利用適正化のための政策強化　*139*

第8章　現代国家の支配下における所有権の実態の解明
——台湾高山地区原住民の土地利用の苦境——　　高仁川　*149*

 1 アメリカ少数エスニックグループの所有権空洞化の経験　*149*
 2 高山原住民族の土地集団共有制の変遷　*152*

3　環境生態保護法規の競合がもたらす制限　*157*
　　4　高山土地所有権の空洞化の理論構造　*161*
　　5　文化的多元性を尊重する自治的土地法秩序に向けて　*163*

第9章　原住民族基本法による新たな土地管理システムの運用と課題
　　　　——台湾における原住民族の土地所有権および利用権の実質化に向けて——　　　　張惠東　*167*
　　1　原住民族の家族と土地に対する権利　*169*
　　2　原住民土地所有権および利用権の制約の現状　*171*
　　3　原住民族土地所有権および利用権を行使する主体の創設　*177*
　　4　原住民族の土地所有権および利用権を実質化するための法制度　*181*

第Ⅲ部　韓国の分析

第10章　韓国における農業・農村の変容
　　　　——都市・農村間の人口移動を中心に——　　　　金泰坤　*189*
　　1　人口移動の長期趨勢と特徴　*190*
　　2　労働力の不足と農業経営の対応　*195*
　　3　外国人労働者の受け入れ　*197*
　　4　帰農・帰村の拡大と展望　*199*
　　5　都市と農村の共生に向けて　*203*

第11章　韓国の人口動態と農地相続　　　　玉里恵美子　*207*
　　1　韓国における人口動態の特徴と老親扶養に関する意識　*207*
　　2　韓国における農地存続の実態と意識——KREIによる研究と若干の事例　*212*
　　3　農地に対する価値観の違い　*223*

第12章　韓国における農地流動と不在地主の可能性——品川優　227

1　韓国の地域概念　*228*
2　農地流動に関わる法・制度　*232*
3　奥地面の統計的考察——全羅北道完州郡を対象に　*235*
4　全羅北道完州郡の実態考察——高山面および鳳東邑　*237*
5　農地流動と不在地主　*243*

第Ⅳ部　東南アジアおよび土地登記制度の比較分析

第13章　マレーシア・サラワク州ミリ省バラム川中・上流域の村々で進む人口減少とその背景——市川昌広　252

1　サラワク州および調査地の概要と人口動態に関わる要因　*253*
2　センサスにみるサラワク州の人口の構成・移動　*259*
3　バラム川中・上流域で増える空ビレック——現地調査より　*263*
4　調査地の人口移動および土地利用についての地域特性　*268*
5　「移動型文化」と人口減少　*271*

第14章　フィリピン山村における人口移動と土地所有権管理の現況——葉山アツコ　275

1　イフガオ州バナウエ郡バタット村における人口移動　*276*
2　バタッド村における棚田の占有と利用　*286*
3　人口ボーナスと所有権空洞化の可能性　*293*

第15章　土地法における権利と登記制度
　　　　　　——国際比較の視点から——　呉宗謀　298

1　本書が検討対象とする諸国の土地制度の位置づけ　*300*
2　台湾、韓国および日本の事例を中心とした法制度の国際比較　*303*
3　法学と法の経済分析の見方　*309*

4 共通の課題としての相続未登記問題 *312*
   5 インティブ強化で「図・簿・地の不一致」を緩和する *314*

第16章　日本における土地所有権の空洞化および所有者不明問題の特質と対策 ―――― 飯國芳明・松本充郎・緒方賢一　*319*
   1 比較分析の結果 *319*
   2 日本の対応策への含意 *324*

あとがき *333*

土地所有権の空洞化
──東アジアからの人口論的展望

第1章

土地所有権の空洞化問題を
いかに捉えるか

飯國芳明

1 所有者不明土地問題をみる視点

　土地の所有者が不明となって、その利用が阻害される事態が各地にみられるようになっている。所有者が不明になれば、問題は土地の所有者にとどまらない。たとえば、ごみ屋敷となって悪臭や景観の劣化から、周囲の土地の価値を下げたり、周辺の農林地とあわせ規模の経済を活かした土地の利用が阻まれたりする。こうした場合、周辺の土地も収益が確保できないため、管理が止まってしまう。所有者が見つからない事態が水源域で広域に展開すれば、森林管理ができなくなり、下流域の洪水や渇水の危険性を高めてしまいかねない。また、宅地の近くで崩落の危険がある土地についても、所有者がわからなければ対策も打てない。

　この問題は、2016年以降になって一気に社会的な関心が高まった。政府などの研究会や検討会としては、所有者の所在の把握が難しい土地への対応方策に関する検討会（国土交通省、2015〜2016年度）、国土審議会土地政策分科会特別部会（国土交通省、2017年度〜）、所有者不明土地問題研究会（国土計画協会、2017年度）、登記制度・土地所有権の在り方等に関する研究会（法務省、2017年度）などが次々と設置され、この問題の実態と対策が集中して議論されている。さまざまな調査結果や論文も相次いで公表されている[1]。ま

た、新聞報道も急増している。『朝日新聞』を例にとれば、所有者不明土地に関連する記事は1990年代は年に一つの記事があるかないかの頻度であった。しかし、2014年には東日本大震災の復興に関連した所有者不明土地問題が増加して7件の記事が掲載され、その後、いったん減少するものの2018年には2月まででその数はすでに40件に達している[2]。

　社会的な関心の高まりは、短期間に所有者不明土地の問題が深刻化したからではない。この問題の端緒は1990年代のはじめには中山間地域の林地で観察されている。林業の衰退にともなって、スギやヒノキなどの植林地の管理が放棄されるようになると、所有者が山に行く機会が減り、やがては自分の林地の境界がわからなくなる。その後、戦後の中山間地域の産業や社会を支えてきた世代が高齢化によってその数を減らすようになると、他地域に居住地を移した相続人が土地の登記を行わないケースが増加する。登記をしなければ、地籍簿上では故人がその土地の所有者であり続ける。相続未登記と呼ばれる問題である。このとき、登記簿により真の所有者を特定できなくなる。こうして所有者不明土地の問題が始まったのである。

　中山間地域の奥地に起点をもつ所有者不明問題はその後じわりとその範囲を拡大し、いまでは地方都市の一戸建て住宅を中心に空き家を発生させるに至っている。最初の発生以来、20年以上かけて土地所有の問題は山を下り、いま全国的な問題として幅広い議論を巻き起こしているのである。

　この問題に対処するための仕組みづくりも進んでいる。農地法の改正に基づく農地ナビの運用開始（2012年）、さらには、森林法の改正（2016年）による林地台帳の整備方針の決定、さらには、空き家特措法の施行（2017年）などが相次いでいる。また、上に述べたように登記制度をはじめとしたより包括的な制度改正に向けた議論も活発化している。しかし、根本的な解決には未だ至っていない。

　本書では、深刻さを増したこれらの土地所有に関わる問題を取り上げ、その成立過程と特質を国際比較のなかで探る。本分析を特徴づけるポイントは二つある。一つは、所有者不明土地問題をできるだけその成立に沿って捉える時間軸重視の視点である。近年、所有者不明土地問題に関心が集まるよう

第1章　土地所有権の空洞化問題をいかに捉えるか

になって、この問題の現状を把握して、新たな制度設計を試みる動きが盛んである。しかし、この問題は制度だけではなく、社会経済的な要因が複雑に絡みあいながら顕在化する。したがって、新たな制度の設計にはその過程をふまえて実情に即したものとする必要がある。二つ目のポイントは国際比較分析であり、空間軸を重視した視点である。同じ先進国でも欧州の諸国では日本ほど深刻な事態は発生していない。両者を分ける原因はいったい何なのだろうか。また、日本を東アジアの経済発展で先行してきた国とみたてるとすれば、経済発展の著しい東アジア諸国では近い将来日本と同様の問題に直面するのではないかとの予測もできる。その予兆はないか。もし、そうした可能性が低いとすれば、それはなぜなのかといった点に主たる関心がある。一連の作業は、国際的な比較のなかで日本の問題の本質を捉えなおす作業といってもよい。

　主要な分析フィールドは東アジア各国で大都市から離れた遠隔地域（以下、遠隔地）にある。東アジアの国々では、経済発展の段階からみて所有者不明土地の問題が顕在化する段階には達していないと考えられる。そこで、問題が先行して発生しやすい遠隔地を分析対象とした。また、時間軸を重視する本書の分析では、所有者不明土地問題の先駆けとなる状況、すなわち、土地の所有権をもっていながら、土地を利用も管理もしない状況の発生過程を重視し、これを土地所有権の「空洞化」と名づけ、分析の核となる概念と位置づけた。

　林地の事例で述べたような産業の急速な衰退と人口の流出は、土地所有権の空洞化や所有者不明問題を深刻化させる鍵ともいえる重要な要因である。経済活動の低下は生産に関わる土地需要を低下させ、人口の減少は生活に関わる土地需要を低下させる。需要の低下は土地利用を減少させ、土地を所有していても利用しない、あるいは、管理しないという土地所有権の空洞化を促す契機となる。

　経済活動の低下と人口の減少は日本では国全体を覆う問題として立ちあらわれている。日本以外の東アジア諸国ではいまだ発現していないものの、この問題はやがて東アジアに共通した現象になるとする議論がある。いわゆる

5

人口オーナス論である。人口オーナス論によれば、今後、東アジアの多くの国々で高齢化と少子化が進み、経済活動の停滞と人口減少が始まり、これは東南アジア諸国にも波及するという。そうなれば、日本と同様に国全体で土地利用の低下が進行するとともに、遠隔地では高齢化や人口減が先行し、土地所有権の空洞化が発生する可能性も少なくない。

そこで、本書ではこの人口オーナス論とそれにつながる人口論を援用して国際比較分析を進めることとした。また、東アジアの調査対象国は日本の他経済発展が先行した二つの国、台湾と韓国とした。さらに、それに続く形で経済発展をとげている東南アジア諸国からマレーシア、フィリピンを選んだ。

2 人口転換論の系譜

人口オーナスの問題は他の人口論と深く関連している。その一つ目は、人口ボーナスである。人口オーナスに先行する人口ボーナスが大きければ大きいほど、それに応じて人口オーナスは深刻さを増すという関係がある。二つ目は人口転換論である。人口ボーナス論の提唱者であるブルームらは人口ボーナスを人口転換論に基づいて構築した経緯があり、東アジアの人口ボーナスを理解するうえで人口転換論の理解は欠かせない。[3]

そこで、以下では上の三つの人口論とそれらの関係を整理する。そのうえで、これらの議論に基づいて、東アジアの土地所有権の空洞化の特徴を明らかにする。

それぞれの人口論の整理は基礎的な議論からその展開をたどるかたちで、人口転換論、人口ボーナス論、人口オーナス論の順に行う。

（1）人口転換論

人口転換論とは、一言でいえば、多産多死から少産少死へと移る過程を定式化するモデルである。この説明には図1-1で示されるタイプの人口推移図がしばしば用いられる。

近代化が始まる前の社会では、出生率、死亡率とも高い水準にある。多産

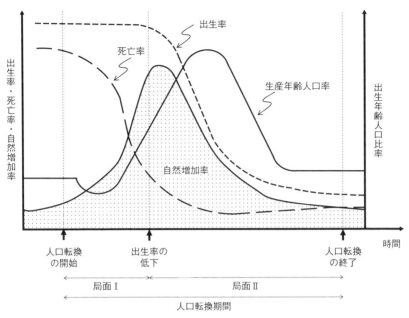

図 1-1　人口転換と人口ボーナス

出所：Chesnais（1992）p.29 および Bloom et al.（1998）p.423 より作成。

多死の社会であり、人口構成がまさにピラミッド状になる社会である。出生率も死亡率も高い状況で、両者は一定の均衡を保っており、人口が徐々に増加する社会である。

　近代化が始まるとまず死亡率の低下を促す。死亡率が低下する要因には、医療の発達や公衆衛生の普及および生活や栄養水準の向上などがあり、これらが複合的に影響すると考えられている。生活水準の向上には欧州の分析から農業革命や産業革命が農産物や工業製品の供給量の増大に大きく貢献したとの指摘もある。人口転換が始める段階をシェネは人口転換の局面Ⅰと名づけている。この段階では死亡率だけが先行して低下するため、人口の自然増加率（出生率−死亡率）は急速に増加する（図 1-1 参照）。

　続く局面Ⅱでは、出生率の低下が始まる。死亡率が低下すると家族や社会の維持のために高い出生率を維持する必要がなくなり、やがては出生率が低

下する[7)]。避妊が普及し、都市化や個人主義が広まるにつれて農村で形成された伝統的な避妊へのタブーから解放される過程でもある[8)]。出生率が低下し、死亡率の水準に徐々に近づき、やがて、両者の減少率が同じ水準になると人口の自然増加率はピークを迎えて、その後、人口は低下の一途をたどる。

死亡率が下限に達すると、それを追いかけるように低下してきた出生率が底を打つと局面Ⅱが終わり、新たな均衡に達する。以上が人口転換論のシナリオである。

人口転換論はひとりの論者から始まったのではなく、戦前から始まったいくつかの分析の積み重ねの中で形作られてきた。主な論者としては、トンプソン[9)]、デービス[10)]、ノートシュタイン[11)]ら[12)]がいる。これらの論者の関心はもっぱら人口爆発やそれによる資源枯渇にあった。

人口転換論は、人口学では人口変動に関するグランドセオリーといわれており、基礎理論と呼んでもよい位置づけがなされてきた[13)]。しかし、その一方でさまざまな批判がなされてきた議論でもある。これまで述べてきた説明からも理解できるように、人口転換論は史実を整理しただけのものであり、理論的な背景があるわけではない。理論の単純さや折衷主義が批判されたばかりか、欧州を代表する国の一つであるフランスがこの理論に沿った人口変動をしていない点や移民などの国境を越えた人口動態を把握できない点も問題視されてきた[14)]。その意味で、人口転換論は理論ではないとの理解が一般的である。

こうした批判にもかかわらず、人口転換論がこれまで生き延びてきたのは、この理論が多産多死から少子少産への「包括的概念」[15)]であり、単純ではあるが長期分析を可能にするデータに基づく分析を可能にし、総合的で見通しのよい議論を提供できる柔軟な分析枠組みとしての利点があったからである[16)]。

（2）人口ボーナス論

人口ボーナス論はアジアの急速な経済発展の分析から始まった議論である。

アジアでは、日本が1950年代の後半から急速な経済成長をみせ、台湾、韓国、香港、シンガポールがこれに続く。さらに、1980年代後半以降にな

ると、タイ、マレーシアやインドネシアなども高い経済成長をみせるようになる。前者のグループは4匹の虎、後者は新興工業国と呼ばれ、これに日本を加えた8か国を世界銀行は高いパフォーマンスを示すアジア経済群（HPAEs）と呼ぶ[17]。世界銀行は、驚異的なアジアの経済成長を「東アジアの奇跡」と呼び、その原因を政府と民間の協力関係や人的資本の形成（教育制度）、特定部門に集中した産業振興政策などに求めた[18]。しかし、この見解に対して、クルーグマンは反論を展開した[19]。クルーグマンは、アジアの国々は人的・物的資源の投入を増やして生産量を増加させたものの、経済効率の成長は乏しく欧米の水準以下であるというのである。

この主張を裏づけるかたちになったのが、ブルームらの研究であり[20]、人口ボーナス論である。人口ボーナス論は、働ける年齢層が全人口のなかで増大し、それが高度な経済成長をけん引するという議論である。すでに述べたように、人口ボーナス論は人口転換論の上に展開されている。再び図1-1をご覧いただきたい。

この図では局面Ⅱにおいて、出生率の低下が始まる。これに先行して、死亡率の低下が始まっているため、出生率がゆっくり低下し始めても、その水準は死亡率を大きく上回る。このため、この時点では子供の数は増え続ける。しかし、その後、出生率が急速に低下する局面が来ると、出生者数は急減する。人口ボーナスはこの過程で発生する。すなわち、出生率が急減する前に生まれた世代が生産年齢に達する頃には、出生率が大きく低下して子供の数が激減する。このため、扶養すべき子供の数が減り、他方で生産に従事できる人口が増大する。こうして大量の労働を市場に投入できる人口ボーナスが発生し、クルーグマンが指摘する大量の資源（この場合は人的資源）を投入する条件が整うのである。

人口ボーナス期には、年齢別の人口分布がそれまでのピラミッド状から胴の張った樽状に変わる。また、図1-1では、この様子を生産年齢人口率（15歳以上、65歳未満の人口比率）の曲線で示している。人口ボーナス期にはこの生産年齢人口の比率が高まる。

生産年齢人口率の増加は単に労働力の投入を増加させて生産性を増大させ

るだけではない。生産年齢人口は将来への備えとしての貯蓄を高める傾向にあり、そのことが貯蓄量を引き上げて最終的には投資額を増大させる。また、年少人口比率の減少は初等教育などの教育水準を引き上げ、人的資本を充実させる。こうした複数の経路によって、経済発展が促されると考えられている[21]。

人口ボーナスの現象については、これまでさまざまな名称が与えられてきた。ブルームらは生産年齢人口率の上昇による経済成長を人口統計学的贈与（demographic gift）と呼ぶ。その後、欧米では人口統計学的配当（demographic dividend）の名称が一般的に用いられるようになっている。この現象を人口ボーナス（demographic bonus）と命名したのは、メイソン[22]であり[23]、日本では、これが広く使用されてきた。

また、人口ボーナスの始点と終点をどう定義するかについてもさまざまな提案がなされている。その定義は多様すぎて、分析に混乱を招くおそれすらある[24]。そこで、以下の分析では、ブルームらが提案する基準を採用する。生産年齢人口の増加が総人口のそれを上回る期間、すなわち、生産年齢人口率が増加している期間を人口ボーナスの期間として捉える[25]。また、ここでは、生産年齢人口比率の動向をよりわかりやすく把握するため、次式で計算した「生産年齢人口指数」を用いてその動きを分析することにした。

　　生産年齢人口指標＝生産年齢人口／従属人口 ……………(1)
　　　生産年齢人口（15歳〜64歳人口）、従属人口（14歳以下人口＋65歳以上人口）

この指標は、生産年齢人口比率が増加すれば、(1)式の分子が増加し、分母は減少する。したがって、その増減は生産年齢人口率と同じ動きになり、人口ボーナスの代替指標となる。しかも、この指標は1人当たりの従属人口に対してどれだけ働ける人口（生産年齢人口）がいるかを示す数値であり、その解釈もしやすいというメリットがある[26]。

（3）人口オーナス論

　人口オーナスは人口ボーナスに続いて発現する現象と考えられている。人口オーナス期には、人口ボーナス期に増大した生産年齢人口が高齢化して老齢人口へと転化する。他方で、出生率が低いままにとどまれば、年少人口だけでなく生産年齢人口も低い水準で維持される。結果として、老齢人口と年少人口を合計した従属人口の増加率が生産年齢人口のそれを上回り、生産年齢人口率が低下する現象を指す[27]。移民などの国境を越えた人口移動を考えない限り、人口転換の枠組みからみれば、人口ボーナスは一時的なものであり、長く続くものではない。また、そのあとには人口オーナスの到来も避けられないとされる。

　これまで人口オーナス期には大きく二つの問題が懸念されてきた。すなわち、経済成長の停滞と社会福祉負担の増大の二つである。前者については、人口ボーナス論で展開した経済成長の過程を逆向きに考えればよい。生産年齢人口率の低下は、労働供給、貯蓄率（投資）を減退させて経済成長にマイナスの効果を及ぼす。また、高齢者率が上昇するため、高齢者ケアなどの社会負担が増加して、やがては低成長の経済では「賄いきれない」水準に達する[28]。これが二つ目の問題である社会福祉負担の問題を引き起こす。

　ちなみに、人口オーナスという用語は、小峰隆夫の造語である。オーナス（重荷）はボーナスと対をなす言葉であることからこの命名がなされたという[29]。

3　東アジアにおいて土地所有権の空洞化を促す三つの要因

（1）大きな人口ボーナス

　人口ボーナス論は東アジアを念頭に提起された議論であり、それに続く人口オーナス論も東アジアを中心に議論が続いている[30]。しかし、これらの議論のもとになった人口転換論は分析対象を東アジアに限定しているわけではない。図1-1でみたように局面Ⅱの最終段階では、死亡率が低下する一方で、出生率が急速に低下する時期に人口ボーナスを生み出す準備が整う。また、

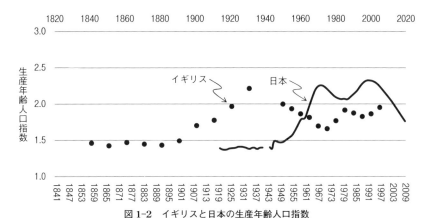

図1-2　イギリスと日本の生産年齢人口指数

出所：1975年までのイギリスのデータはフローラ（1987）イングランド・ウェールズによる。その後は、United Nations Population Division (a) の Medium Variant データによる。日本のデータは総務省統計局のデータにより作成。

そもそも人口転換論は欧州をモデルに構築された議論であることを想起すれば、転換が先行した欧州各国でも、人口ボーナスが発生し人口オーナス問題が発現してもよさそうなものである。

この点を確認するために、図1-2に日本とイギリスの生産年齢人口指標を第二次世界大戦以前までさかのぼってまとめた。この図から、日本のみならずイギリスの場合にも、生産年齢人口指標のグラフが山型になっている期間があり、いずれの国にも人口ボーナス期があったことが確認をできる。イギリスのそれは1900年代の当初に始まり、大戦間の1930年代に終了している。少なくとも、1930年代には生産年齢人口指数は2を超えており、従属人口の2倍を上回る生産年齢人口があった。ただし、この時期は戦間期であり、しかも、その期間は10年程度に限られている。したがって、人口ボーナスとしての効果が発揮されにくい時期でもあった。同様の手順でドイツについて検証すると、ドイツの場合にも人口ボーナスは存在し、その始点は1910年以降であり、終点は1940年頃と推定できる。[31]

これに対して、日本では、敗戦直後から人口ボーナスが発現して、一度は低下しつつも、1990年代初頭まで続いている様子がわかる。この人口ボー

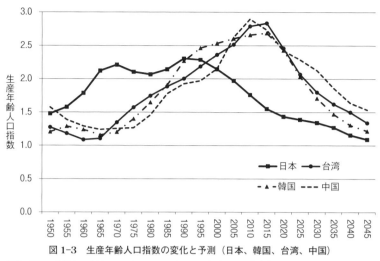

図 1-3　生産年齢人口指数の変化と予測（日本、韓国、台湾、中国）

出所：図1-2と同じ。台湾のデータについては、2016年までは、台湾内政部戸政司より作成、それ以降の推計値は国家発展委員会の中推估による。

ナスの源泉はもっぱら終戦直後の第一次ベビーブームとそれに続く第二次ベビーブームである。日本の場合、生産年齢人口指数が1950年頃から上昇しはじめ、1990年頃にそのピークを迎える。同指数は1960年代の半ばから2005年頃までの50年近くにわたって2を超えている。

このように、イギリスやドイツと比較すると日本の人口ボーナスの時期は戦争のない平時に到来しており、しかも、その期間が長い。この点は、東アジア各国にも共通している。図1-3には日本に台湾、韓国それに中国を加えた生産年齢人口指数のグラフを示している。台湾、韓国とも人口ボーナスは1965年頃に始まり、2015年頃に終点を迎える。その期間はおよそ50年となる。また、中国の終点はやや早いものの、その期間はやはり約50年である。しかも、人口ボーナスの終点付近では、生産年齢人口指標の値は3に近い水準となっており、日本のピークを大きく上回るボーナス効果があったと考えられる。また、この指標の動きを戦後の欧米各国の生産年齢人口指標の動き（図1-4）と比較するとその変動の大きさがわかる。

人口ボーナスと人口転換の関係でいえば、人口転換の局面Ⅱの期間がとり

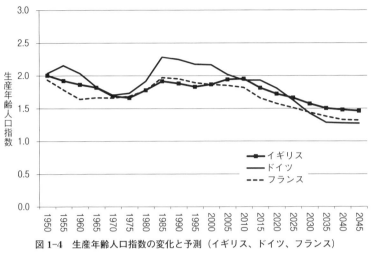

図 1-4 生産年齢人口指数の変化と予測（イギリス、ドイツ、フランス）
出所：United Nations, Population Division（a）より作成。

わけ重要である。この局面では、多死多産から少死少産へと状況が変化する。このときの出生率の低下の速度が人口ボーナスの大きさを規定する。すなわち、出生率が急速に低下すればするほど、出生者数は減り、生産年齢人口比率は急上昇する。東アジアの場合には、人口転換の局面Ⅱが短く、出生率の低下も急速であった。このため、人口ピラミッド上の生産年齢人口の膨らみは急速に拡大し、人口ボーナスは大きなものとなった。

この大きな人口ボーナスは急速な経済成長を促した後に、深刻な人口オーナス問題をもたらす。生産年齢人口率の減少と経済の停滞が同時に進むからである。その結果、土地利用の低下は全国的な規模で進展する。所有者不明土地問題が山村から都市部へと全国的に展開している日本はまさにこの段階にある。

（2）都市への人口集積

都市への急速な人口移動は、東アジアの遠隔地で土地所有権の空洞化を促す第二の要因である。

東アジアを先頭とした戦後のアジア諸国の急速な経済発展はその速さゆえ

第1章　土地所有権の空洞化問題をいかに捉えるか

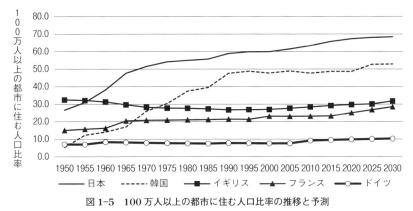

図1-5　100万人以上の都市に住む人口比率の推移と予測

出所：United Nations, Population Division（b）より作成。

に世界を驚かせた。急速な経済成長が可能になった大きな理由の一つは、これらの経済発展がいわゆるキャッチアップ型で進められたことにある。欧米で開発された生産技術を導入し、国内の土地、資本そして労働力をそこに集中した。その経済成長は急速で短く、韓国の経済成長は「圧縮された」経済成長とも呼ばれている[32]。

キャッチアップ型の経済成長では、資源は工業に集中される。先行する欧米から途上国への技術の移転は工業（第二次産業）では比較的容易であり、農業をはじめとした第一次産業では難しいからである。工業の技術は、自然を制御した工場施設内で用いられるのに対して、農業の技術は異なった自然条件の下で適用される。このため、先進国で開発された農業技術の移転は難しい[33]。

いったん、工業が発展し始めるとその製品は海外へと輸出され、外貨収入が増加する。外貨の増加は自国通貨の価値を上げ、輸入品の価格を引き下げる。同時に外貨収入の増加に応じた市場開放が求められて、海外からの安価な農林水産業産物の輸入が促される。この輸入増は自国通貨高の結果、労働費用が押し上げられた国内の生産物を市場から締め出し、農村での就業の場はさらに縮小する。

こうして国内の資本や労働を工業に集中する形での経済成長が進むと成長

15

の中心地は遠隔地ではなく、都市部となる。必然的に人口は都市に集中する。図 1-5 はこの過程を示している。この図は、人口 100 万以上の都市に住む人口の比率の変化を東アジアと欧州の各国間で比較したものである。欧州の国々では、都市部への人口集中はさほど進んでいない。他方、日本や韓国では大都市への人口集積は著しく、日本では 100 万人以上の都市への集積はすでに 7 割に近い水準となっている[34]。

　キャッチアップの過程で、第一次産業を中心とした遠隔地からは多くの若者の姿が消え、工業化の波に乗れないまま収益性の高い産業も失う。また、遠隔地に残留してきた人口の高齢化が進行すると、やがて、人口は自然減に転じる。少子化問題は人口ボーナス期より発現しており、人口減少に歯止めが効かなくなる。

　これらの変化は土地利用の機会を大きく減らし、土地所有権の空洞化やその先にある所有者不明問題を引き起こす。しかも、遠隔地の問題は全国に先んじて発現する。本書では、こうした先導的な変化を遠隔地において捉えることを課題としている。

（3）人口密度の高さ

　東アジアの人口オーナス問題を深刻化させる二つ目の要因は、高い人口密度である。この要因は人口ボーナスやオーナスに直接に関わるものではなく、人口オーナス問題を難しくする外的な要因である。

　東アジアを含むアジア一帯は人口密度が高いことで知られてきた。この地域の多くは気候区分ではモンスーンアジアに属しており、夏の季節風により多量の降雨がある。この降雨は高いバイオマスを生み出し、多くの人口を養うに足る食料を供給できた。このため、古くから稠密な人口分布が形づくられてきた。また、土地所有の面積も小さく、ときとして分散し錯綜した所有形態をつくりだしてきた。

　モンスーンアジアの地域が深刻な人口オーナス問題と大都市への人口集積に遭遇すれば、稠密な人口を前提に組み立てられた地域社会は再構築の時間もなく崩壊する危機がある。人口が稠密なだけに、小さい面積を利用しよう

としてもそれに関わる所有者の数は多く、土地の権利の調整のための費用を跳ね上げる。一方で経済の成長と停滞の変化が急なため、土地をめぐる権利の再分配を行うための時間は短く、また、人口オーナス期にはそれを支援するための政府予算の確保も容易ではない。

こうして、人口密度の高さは大都市などへ移動し分散してしまった土地所有者との調整費用を大きく引き上げて、土地利用を難しくすることで土地所有権の空洞化を加速する要因となる。

4　本書の構成

以上のように、東アジアには共通して土地所有権の空洞化を促す要因が存在している。しかし、東アジアの遠隔地における動向は筆者らが当初予想した以上に多様である。この多様性は人口の動態、民族の構成、法制度さらには土地に対する意識などさまざまな要因によってもたらされている。そこで、本書では経済学や法学だけにとどまらず、社会学や東南アジアの地域研究者を組織して課題に取り組んだ。これを反映して、本書の執筆陣も学際的かつ国際的なものとなっている。

以下、本書では日本、台湾、韓国、東南アジアの分析結果を四つの部に分けて整理する。いずれの部においても導入部分を設け、各国の人口動態、人口ピラミッド及びフィールド調査地域を示した地図を示している。これはそれぞれの国の概要と国際比較を容易にするための共通の情報となる。また、導入部分では、それを構成する各章の概要を紹介している。最後の第4部では、東南アジアの二つの国（マレーシア、フィリピン）の分析に加えて、さらに、所有者不明土地問題のあり方に少なからぬ影響を与える土地登記制度や相続制度について、比較法あるいは法と経済学の視点からの分析を展開する。

注
1）吉原祥子（2017）『人口減少時代の土地問題』中央公論新社や『土地総合研究』第25巻第2号の特集「所有者不明地等の課題と対応」に掲載された11本の論文などがあ

る。
2）朝日新聞の新聞記事データベース聞蔵で、キーワードを「土地」「所有者不明」として検索した結果である（2017年11月18日）。
3）Bloom, D. E. and J. G. Williamson (1998), "Demographic Transitions and Economic Miracles in Emerging Asia," *The World Bank Economic Review*, 12 (3), pp.419-455.
4）阿藤誠（2000）『現代人口学』日本評論社、37頁。
5）Notestein, F. W. (1945), "Population : The Long View," in : T. W. Schultz ed., *Food for the World*, University of Chicago Press, p.39.
6）Chesnais, J. C. (1992), *The Demographic Transition*, Oxford University Press, p.29.
7）阿藤（2000）、34頁。
8）Notestein (1945), pp.40-41.
9）Thompson, W. S. (1929), "Population," *American Journal of Sociology*, 34 (6), pp.959-975.
10）Davis, K. (1945), "The World Demographic Transition," *Annals of the American Academy of Political and Social Science*, 273 (Jan.), pp.1-11.
11）Notestein (1945), pp.36-57.
12）Chesnais (1992), pp.1-3.
13）阿藤（2000）、33頁。
14）批判点については、阿藤（2000）、41-42頁およびChesnais (1992), pp.5, 14による。
15）阿藤（2000）、42頁。
16）Chesnais, J. C. (1992), The Demographic Transition, Oxford Univercity Press, pp.14-15.
17）世界銀行著、白鳥正喜監訳『東アジアの奇跡――経済成長と政府の役割』東洋経済新報社、1994年、vii頁。
18）世界銀行（1994）。
19）Krugman, P. (1994), "The Myth of Asia's Miracle," *Foreign Affairs*, 73 (6), pp.62-78.
20）Bloom and William (1997), pp.1-26.
21）大泉啓一郎（2007）『老いてゆくアジア――繁栄の構図が変わるとき』中央公論新社。
22）Mason, A. (1997), "Population and the Asian Economic Miracle," *Asia-Pacific Population & Policy*, 43, pp.1-4.
23）大泉（2007）。
24）たとえば、大泉は人口ボーナスを第一と第二に分けて、前者の始点を生産年齢人口率が上昇に転じた時点とし、終点をそれが低下に向かった時点とする。また、後者では、始点を生産年齢人口が50%を上回った時点とし、終点を下回った時点とする（大泉（2007）、25頁）。このほか、生産年齢人口が従属人口の2倍以上という基準なども提示されている。
25）Bloom and William (1997), p.17.
26）ここで生産年齢指標と呼ぶ指標は従属人口指数の逆数に100を乗じた数値である。こ

の指標は人口ボーナス指数とも呼ばれている。本書では数値の意味するところを明示するため、生産年齢人口指数とした。
27）小峰隆夫・日本経済研究センター編（2007）『超長期予測　老いるアジア――変貌する世界人口・経済地図』日本経済新聞社；Komine, T. and S. Kabe（2009）, "Long-term Forecast of the Demographic Transition in Japan and Asia," *Asian Economic Policy Review*, 2009（4）, pp.19-38.
28）大泉（2007）。
29）小峰隆夫（2016）「人口オーナス下の労働を考える」『日本労働研究雑誌』NO.674、4-15頁。
30）大泉（2007）；小峰・日本経済研究センター編（2007）；Komine and Kabe（2009）, pp.19-38；Oizumi, K.（2011）, "How Long will Chania's Demographic Dividend Continue？: A Question with Implications for Sustainable Economic Growth," *Pacific Business and Industries*, vol. XI, No.3, pp.2-20；Oizumi, K.（2013）, *Aging in Asia : When the Structure of Prosperity Changes*, Oriental Life Insurance Cultural Development Center；Chomik, R. and J. Piggott（2015）, "Population Aging and Social Security in Asia," *Asian Economic Policy Review*, 2015（10）, pp.199-222.
31）ドイツの分析でもフローラ、P. 他著、竹岡敬温訳（1987）『ヨーロッパ歴史統計　国家・経済・社会――1815-1975 下』原書房を用いた。センサスデータに基づくため、統計データが連続性を欠き、人口ボーナスの正確な始点や終点を確定することは難しい。
32）渡辺利夫・金昌男（1996）『韓国経済発展論』勁草書房。
33）速水1986、13頁。
34）1999年度以降は、総務省によって市町村合併が促進された経緯がある。いわゆる平成の大合併の時期であり、人口集積の程度をそのままに自治体の合併により都市の規模が増大した可能性がある。しかし、この時期に政令指定都市となって人口が100万人を超える都市はさいたま市のみである。

参考文献
阿藤　誠（2000）『現代人口学』日本評論社。
飯國芳明（2018）「ポスト人口転換期の条件不利地問題」『高知論叢』114号、31-58頁。
大泉啓一郎（2007）『老いてゆくアジア――繁栄の構図が変わるとき』中央公論新社。
オーシマ、T. ハリー著、渡辺利夫他監訳（1989）『モンスーンアジアの経済発展』勁草書房。
小峰隆夫（2016）「人口オーナス下の労働を考える」『日本労働研究雑誌』NO.674、4-15頁。
小峰隆夫・日本経済研究センター編（2007）『超長期予測　老いるアジア――変貌する世界人口・経済地図』日本経済新聞社。
世界銀行著、白鳥正喜監訳（1994）『東アジアの奇跡――経済成長と政府の役割』東洋経済新報社。
速水佑次郎（1986）『農業経済論』岩波書店。

フローラ、P. 他編著、竹岡敬温訳（1987）『ヨーロッパ歴史統計 国家・経済・社会――1815-1975 下』原書房。
吉原祥子（2017）『人口減少時代の土地問題』中央公論新社。
渡辺利夫・金昌男（1996）『韓国経済発展論』勁草書房。
Chesnais, J. C.（1992）*The Demographic Transition*, Oxford University Press.
Bloom, D. E. and J. G. Williamson（1998）"Demographic Transitions and Economic Miracles in Emerging Asia," *The World Bank Economic Review*, 12（3）, pp.419-455.
Chomik,. R. and J. Piggott（2015）"Population Aging and Social Security in Asia," *Asian Economic Policy Review*, 2015（10）, pp.199-222.
Komine, T. and S. Kabe（2009）"Long-term Forecast of the Demographic Transition in Japan and Asia," *Asian Economic Policy Review*, 2009（4）, pp.19-38.
Krugman, P.（1994）"The Myth of Asia's Miracle," *Foreign Affairs*, 73（6）, pp.62-78.
Davis, K.（1945）"The World Demographic Transition," *Annals of the American Academy of Political and Social Science*, 273, pp.1-11.
Oizumi, K.（2011）"How Long will Chania's Demographic Dividend Continue?: A Question with Implications for Sustainable Economic Growth," *Pacific Business and Industries*, vol. XI, No.3, pp.2-20.
―――（2013）, *Aging in Asia: When the Structure of Prosperity Changes*, Oriental Life Insurance Cultural Development Center.
Notestein, F. W.（1945）"Population: The Long View," in: T. W. Schultz ed., *Food for the World*, University of Chicago Press, pp.36-57.
Mason, A.（1997）"Population and the Asian Economic Miracle," *Asia-Pacific Population & Policy*, 43, pp.1-4.
Thompson, W. S.（1929）"Population," *American Journal of Sociology*, 34（6）, pp.959-975.

URL
総務省統計局「人口動態」（http://www.stat.go.jp/data/chouki/02.htm 2017 年 3 月 10 日閲覧）
国家発展委員会、中華民國人口推估（105 至 150 年）http://www.ndc.gov.tw/Content_List.aspx?n=84223C65B6F94D72 2017 年 1 月 9 日閲覧）
台湾内政部、戸政司全球資訊網（http://www.ris.gov.tw/zh_TW/346 2017 年 1 月 9 日閲覧）
United Nations Population Division（a）, World Population Prospects: The 2015 Revision File P（https://esa.un.org/unpd/wpp/dvd/Files/1_Indicators%20Standard/EXCEL_FILES/1_Population/WPP2015_POP_F11_A_TOTAL_DEPENDENCY_RATIO_1564.XLS、2017 年 3 月 10 日閲覧）
United Nations, Population Division（b）, Department of Economic and Social Affairs, World Urbanization Prospects: The 2014 Revision, File 17b: Number of Cities Classified by Size Class of Urban Settlement, Major Area, Region and Country, 1950-2030（https://esa.un.org/unpd/wup/CD-ROM/ 2017 年 3 月 10 日閲覧）

第Ⅰ部
日本の分析

　アジアで最初に人口転換を経験した日本は、欧州の人口転換と比べてその期間が短く、その転換は加速されたものとなっている。その様子を概観するために作成したのが図Ⅰ-1である。この図では、出生率と死亡率を折れ線、生産年齢人口指数の変化を網掛した部分でそれぞれ示している。また、出生率と死亡率はいずれも‰で表示されており、1000人当たりの出生あるいは死亡者数を示している。その値は左の縦軸で読み取ることができる。また、生産年齢指数は比率であり、右端の縦軸に値が表示されている(以下、同様)。なお、データは国際比較を可能にするため、国連の人口統計部のデータを用いている。

　日本の出生率は、敗戦直後(1945年)にいったん急上昇したのちに、急速な低下をみせる。図Ⅰ-1では、1950年以降の低下の様子がわかる。戦後の高い出生率はいわゆる団塊の世代を生み出し、1960年以降の生産年齢人口指数(図中の網掛け部分)を引き上げる。また、団塊世代は、その子供の世代である団塊ジュニア世代を1970年代前後に生み出し、出生率は再び上昇する。この二つの世代が後に生産年齢人口となることで、生産年齢指標は1960年半ばから2000年過ぎまでの40年もの間、2を超え続けたのである。したがってこの間は依存人口の2倍以上の生産労働人口がいたことになる。

　二つの世代の存在は2015年の人口構成を示した図Ⅰ-2でも確認できる。すなわち、団塊世代は65〜69歳、団塊ジュニア世代は40〜44歳の層でそれ

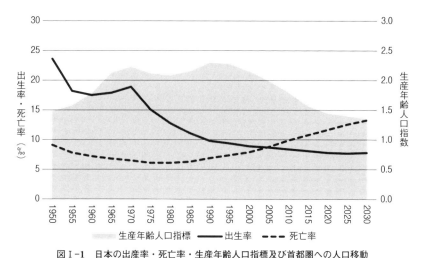

図 I-1　日本の出産率・死亡率・生産年齢人口指標及び首都圏への人口移動

出所：United Nations, Population Division, *World Population Prospects 2015 Medium Variant* より作成。

ぞれ人口のピークをなしている。

　人口ボーナスは、やがて、人口オーナスへと転換する。日本では1995年頃に生産年齢人口指標が減少に転じて、人口オーナス期が始まる。これはのちに比較分析する台湾や韓国と比較するとおよそ20年先行しており、これを境に日本は他のアジア諸国がまだ経験していない段階に入る。2005年になると、死亡率がはじめて出生率を上回り、自然減の局面に入る。2015年になると、最大の年齢層をなす団塊の世代が高齢者となり（図 I-2）、高齢化率は大きく上昇し、25%を超える。こうして人口オーナス問題が本格化する。

　日本の農山村地域では、人口ボーナス期に大量の人口が都市部に流出し、少子高齢化が他地域に先行して進んだ。また、産業振興が立ち遅れ、自治体の財政もひっ迫するなど人口オーナスにともなう問題も深刻化してきた。そして、人口流出のあとに残った世代の自然減が始まると、農山村地域に残された土地の所有権を持ちながら、利用も管理もしないという土地所有権の空洞化が拡大し始めている。第 I 部では、こうした問題の実態や関連する法制度の仕組みと課題、そして、今後の対策のあり方を議論する。

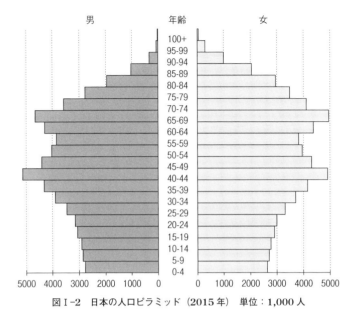

図 I-2　日本の人口ピラミッド（2015年）　単位：1,000人

出所：United Nations, Population Division, Department of Economic and Social Affairs, *World Population Prospects : The 2017 Revision, File POP/15-2 : Annual male population by five-year age group, region, subregion and country, 1950-2100 (thousands), Estimates, 1950-2015* および同 *female population* をもとに R 言語パッケージ pyramid 1.4 を用いて作成。

　以下、第 2 章では高知県および同県大豊町を事例に、人口オーナス問題が全国に先駆けて発生し、著しい人口流出の後に土地所有権の空洞化が進行している状況を整理する。そこでは、土地所有権の空洞化に加えて、相続登記もしない所有者不明の実態が明らかにされる。第 3 章では、不動産登記および地籍調査の史的展開をまとめたうえで、現在の林地の所有が細分化・断片化を促した制度的な理由を探る。また、「所有者取りまとめ」による効率的な林業のあり方を検討する。第 4 章では、前章で提示された方針を受けて、林地における土地所有権の空洞化を防ぐための三つの方策が事例を通じて提示される。第 5 章では、分析対象を農地に絞り込み、耕作放棄の実態と対策を整理したうえで、農地の所有・利用に関する法の構造から生じる課題が検討される。

第Ⅰ部　日本の分析

図Ⅰ-3　調査対象地域
出所：Global Administrative Areas（http://www.gadm.org/）のデータを用いてQIGSで作成。

　日本の分析では、土地所有権の空洞化が先行している四国の各地でフィールド調査を実施した。対象地域は、大豊町、いの町（高知県）、久万高原町（愛媛県）および那賀町（徳島県）の4カ所である（図Ⅰ-3）。

（飯國芳明）

第 2 章

中山間地域で先行する土地所有権の空洞化の実態

飯國芳明・山本幸生

　1995 年に始まる日本の人口オーナス問題は、都市への人口移動によって中山間地域と呼ばれる遠隔地において、先行して現れた。高度経済初期の地方から三大都市圏への人口流出はその量を変動させながら、現在まで続いている（図 2-1 参照）。この約 60 年間に、人口流出が停滞し、マイナスに転じるのは、石油危機後の 1976 年とバブル経済崩壊後の 1993 年から 1995 年の 4 年間にすぎない。また、人口移動のピークは 1967 年であり、1 年間におよそ 65 万人もの人口が地方から三大都市圏へと移動している。

　本書では、こうした人口移動が日本の遠隔地において人口オーナス問題を先取りして引き起こし、土地所有権の空洞化が先行した実態を明らかにする。

1　人口オーナス問題の先取り

　高度経済成長期の人口移動は 1960 年代前半までは中卒就職移動、その後、1970 年代前半までは高卒就職移動によって支えられてきた[1]。青年層の地方から都市への大移動は、都市での次世代の出生数を増加させ、地方のそれを減少させる。その結果、半世紀後には、首都圏と地方には人口のあり方に大きな違いが生まれる。図 2-2 は、その間の人口の増減と現在の高齢化率を都道府県別にプロットしたものである。図の右には、東京を取り巻く首都圏の県が位置する。いずれも、この半世紀に人口を 2.5 倍以上に増加させ、高齢

第Ⅰ部　日本の分析

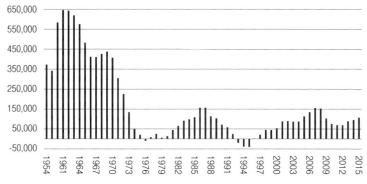

図 2-1　非大都市圏から3大都市圏への転入超過数の推移

出所：総務省「住民基本台帳人口移動報告」。

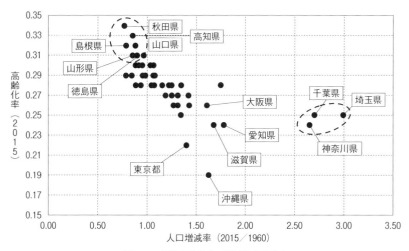

図 2-2　都道府県別人口増減と高齢化率

出所：RESAS のデータより作成。

化率も 25% 程度にとどまっている。これに対して、左上のグループではその人口が1割以上減少するとともに、高齢化率は 30% を超える高い水準にある。このグループは中四国および東北地方に集中して立地しており、人口流出の影響を強く受けた地域と考えられる。

これらの地域の人口動態を詳しくみるために、本書の執筆者の多くが調査

第 2 章　中山間地域で先行する土地所有権の空洞化の実態

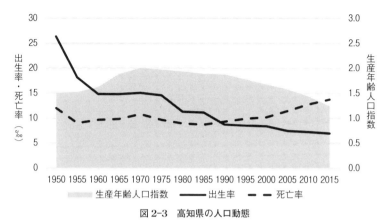

図 2-3　高知県の人口動態

出所：RESAS および高知県統計書のデータから作成。

を続けてきた高知県を事例に図Ⅰ-1 に相当する人口動態のグラフを作成した。図 2-3 がそれである。この図と全国の人口動態を示す図Ⅰ-1 を比べると、1950 年頃の出生率、死亡率、生産年齢人口指標において、その値に差異はさほどみられない。差異が顕在化するのは、その後の本格的な人口流出が始まってからである。働き手が県外に流出すると、高齢化率が上昇して死亡率は高く留まりを続ける。他方では出生率が減少して全国でみられる 1970 年前後の団塊ジュニア世代による出生のピーク（出生率の上昇）も明確には確認できなくなっている。生産年齢人口指標は早くも 1970 年をピークに達し、人口ボーナスはこの時点で終わっている。人口オーナス期の到来は、全国から 20 年も先行しているのである。また、出生率も早くから低下をしたため、人口の自然減は 1990 年に始まる。こちらも全国と比べると 25 年早い。

人口動態を市町村で捉えて観察したものが図 2-4 である。同図は高知県大豊町の人口動態を表している。この町は四国山地の中央部に位置し（図Ⅰ-3 参照）、典型的な中山間地域に立地する。大豊町においても、人口ボーナスから人口オーナスへの転換点は 1975 年であり、全国より 20 年先行している。また、自然減への転換もきわめて早い時期に生じている。データの欠落から正確な年代は確認できないものの、1960 年代以前に遡ることは間違いない。全国と比べて 45 年以上、高知県と比較しても 20 年以上早い。異例の早さで

第Ⅰ部　日本の分析

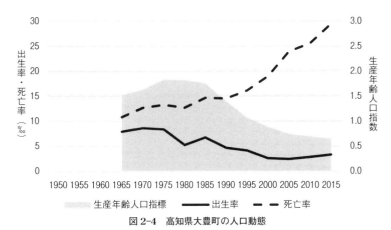

図 2-4　高知県大豊町の人口動態

出所：大豊町役場資料から作成。

ある。しかも、人口オーナスへの転換点より先に自然減が現れている点においても特異である。現在では、出生率は3‰台にまで低下し、死亡率はおよそ30‰の水準にある。全国の2040年時点の出生率予測は7.8%、死亡率は13.3%である。両者を比較すれば大豊町の少子高齢化の到来の早さと深刻さがわかる。さらに注目したいのは、生産年齢人口指数が2.0を上回ることなく、2000年以降には1.0を下回っている点である。これは年少あるいは老年人口の1名につき、生産年齢人口が1名もいない事態を示している。

　少子高齢化の厳しい状況は、図2-5に示す年齢階層別人口構成にもよく現れている。大豊町の最大の年齢層は、女性では80歳代前半、男性では60歳代前半である。中山間地域のこれまでの社会の実態からみれば、この地域を支えてきたのは女性の最大人口年齢層である80歳代の人々である。この世代は昭和一桁生まれの世代として知られている。1926～35年に生まれたこの世代の人々は、高度経済成長が始まる1950年代後半には20歳を過ぎており、農山村で定住を決めている。多くは第一次産業に就業して、戦後一貫して地域社会と産業の担い手として活躍してきた世代である。図2-5では、この世代は女性ではそのピークを維持しているものの、平均寿命の短い男性ではすでにそのピークが失われて昭和一桁生まれの世代がけん引する構造が崩

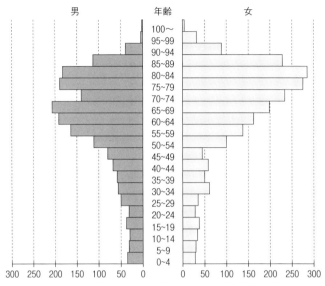

図2-5 大豊町の人口ピラミッド（2015年）単位：人
出所：2015年国勢調査結果により作成。

れてしまっている。

　以上、高知県と大豊町の人口動態を全国と比較してきた。そもそも人口転換論が国家、それも人口移動の少ない状況を前提に分析されてきた経緯からすれば、いささか邪道ともいえる分析かもしれない。しかし、人口移動によって中山間地域の人口変動が加速し、人口オーナス現象を先取りしてきた様子は明らかにできたのではなかろうか。土地所有権の空洞化は、まさにこうした地域から始まり、その範囲を全国に拡大しつつある。

　以下では、大豊町を事例に土地所有権空洞化が生じる過程とそれに続く所有者不明土地生成過程を整理する。

2　土地所有権空洞化の過程

（1）産業構造の変化と土地利用の低下

　大豊町の総面積は315km²、現在の森林面積率は87.8％、総人口は3962人、

高齢化率は 55.9% に達している[2]。林野が土地利用の主体である点は大きな変わりはないものの、総人口は 1955 年当時、2 万 2386 人を数え、いまのおよそ 5 倍強の水準にあった。また、就業人口のうち 83.6% は農林業に従事していた。2015 年の農林業の就業者比率が 25.2% であるのとは対照的である[3]。前章で述べたように、第一次産業は先進国の技術の模倣が困難であり、第二次、第三次産業の発展から取り残されやすい。その結果、農村の流出が引き起こされ、前節でみた人口構成の変化がもたらされた。したがって、この人口変化には産業構造や土地利用の変化が必然的に伴った。

その変化は、大豊町で土地利用の大半を占める林業で劇的に生じている。大きな変化はまず戦後直後に起こった。復興景気によって木材需要が増大したものの、敗戦後の日本には外貨がなく、輸入材に頼るすべはない。そこで、国内の木材への需要が急増した。そして、木材価格は高騰を続けた。空前の好景気である。これを受けて、全国的にスギやヒノキをはじめとした針葉樹の造林が盛んに行われることになる。政府もこれを支え、大量の補助金を投入し植林を後押しした。大豊町においても植林面積は年々増加して、1950 年代から 1970 年代までの 20 年間だけでも総計で 14 万 1188ha、町の総面積の 45% に相当する面積の植林が行われた[4]。

スギやヒノキの生産では、最初に密な植林を行ったあとに、それを間引く作業（以下、間伐）が予定されていた。植林当初の植え付け密度は 3000 本／ha 程度とされ、その後、数回の間伐によりその密度を下げながら、40 年から 50 年後には 1000 本／ha 程度まで下げて、残った材を出荷する計画であった。身近な面積で言い換えれば、間伐とは 2 畳に 1 本を植えた木を間引きして、6 畳に 1 本まで密度を減らす施業である。間伐によって得られた小径木は当時需要の高かった杭や建築用の足場材として出荷されて、最後の伐採（主伐）までの現金収入を保証する計画であった。ところが、杭や足場材は金属製のものに代替されてしまい、間伐からの収益が低下する。加えて、1960 年代から段階を経ながら丸太や木材製品の市場が開放されると、1980 年頃を境にその価格は下落を始める。これでは、最後の伐採から得られる主伐材からも、その間に伐り取る間伐材からも収益は見込めないわけで、所有

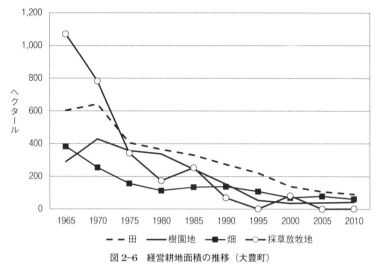

図 2-6　経営耕地面積の推移（大豊町）
出所：農業センサス各年版より作成。

者にとっての植林地は経済的な魅力は少ない土地となってしまう。こうして、所有者は森林に興味を失い、植林地に足を運ばず、管理を放棄する事態が一般的になっていった。林地における所有権空洞化の始まりである。

　農地の利用低下も著しい。図 2-6 は戦後の農地利用の変遷をまとめたものである。1960 年には 1277ha あった経営耕地面積は、2010 年には 193ha まで減少しており、耕地のおよそ 85％ が失われている。

　大豊町では、林業と比較すると、農業における市場開放の影響は必ずしも大きくない。たとえば、減少率の最も大きい採草地は役畜がトラクターに、また、家畜の糞尿や雑草を原料とした堆肥が化学肥料に代替されることでその利用は大幅に減った。また、水田利用が減少している背景には、1970 年代半ばから始まった国内の米の供給過剰とその対策よるところが大きい。そして、ここ 10 年は農業者の高齢化によって作付面積の減少した。

　例外は樹園地である。1970 年頃に、町が養蚕振興のために桑畑を拡張する事業を進めた。このため一時期はその面積が増加した。しかし、その後は中国からの生糸輸入に押されて、その面積は縮小する。

もちろん、町役場は主要産業の農業の縮小を傍観していたわけではない。トマトをはじめとする園芸作目を導入して、一大産地を形成した時期もある。また、1990年後半になると水田の維持が困難になったのを受けて、高齢者には負担の大きい田おこし、田植え、稲刈りなどの作業を請け負う組織（ゆとりファーム）を設置した。この仕組みは2000年に日本ではじめて導入された直接支払い（中山間地域等直接支払制度）のモデルの一つともなった。
　しかし、こうした取り組みにもかかわらず、農地の縮小は止まっていない。放棄された農地の多くは原野に戻るか、他の野草を取り除きながらゼンマイなどの山菜を採る畑に急速に変わりつつある。
　人口と産業構造の変化は、集落社会の様相も変えてきた。前章で紹介した大野晃の限界集落論は1990年初頭に提唱された議論である。大豊町のこの概念形成の際にフィールドの一つとなった地域である。
　大野は限界集落を「65歳以上の高齢者が集落人口の50％を超え、独居老人世帯が増加し、このため集落の共同活動の機能が低下し、社会的共同生活の維持が困難な状態にある集落をいう」と定義した[5]。消滅直前の状況にあるから、限界的な集落と位置づけられている。この議論のポイントは集落が共同作業を停止して機能不全になることをもって限界集落とする点にある。高齢者の割合が過半数かどうかはその目安として採用されている。そこで、ここではこの目安をもとに高齢化率のみでみたいわば統計的な限界集落の分布を大豊町で作成してみた。図2-7がそれである。この図の秘匿集落とは、集落の人口が少ないため、その数値を公表することで個人情報が保護できないと判断される場合に公開を見合わせる集落を指す。こうした場合のほとんどはその高齢化率は50％を超えている。これらの集落を高齢化率が50％を超えている集落数に合算すると、その数は87集落のうち74集落（85％）に上る。
　以上のように、第一次産業の衰退に人口の流出が重なり、大豊町では土地の利用が大幅に低下している。農地・林地を問わず、土地所有権の空洞化は着実に拡大してきた。その先には、相続登記などを放棄して土地の所有者不明になるという問題が待ち受けている。次節では、大豊町のA集落におけ

第2章　中山間地域で先行する土地所有権の空洞化の実態

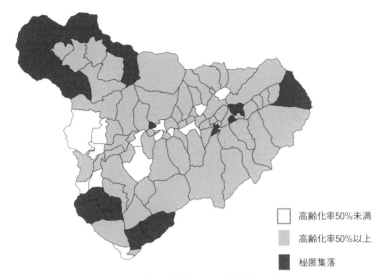

図2-7　大豊町の集落における高齢化率の分布
出所：国勢調査結果より作成。データはestatより入手（http://e-stat.go.jp/SG2/eStatGIS/page/download.html#）。

る相続未登記問題を不在所有の動向とともに検討する[6]。なお、調査の時点は2013年であり、やや古いものの、その実態に大きな変化はないと考えられる。

（2）相続未登記の現状

1）A集落の概況

　A集落の高齢化率は調査時点で61.1％であり、町のほぼ平均的な水準にあった。この中間値に近い集落のなかから高齢化の速度を加味して、大豊町の典型的な集落としてA集落を調査対象地として選定した。A集落の高齢化率は50％を超えるが、集落の共同作業は堅持されている。したがって、大野の定義する限界集落の二つ目の基準を満たさない。町内でも、集落活動が盛んな地域として知られる集落である。調査時点での世帯数は63戸、人口は122名である。

表 2-1 地目ごとの面積と筆数

地目	筆数	面積		1筆の平均面積 (m²)
		(千m²)	%	
原野他	738	483	4.9	655
宅地	138	65	0.7	469
田・畑	925	667	6.7	722
山林	1,933	7,960	80.5	4,118
その他	2,092	715	7.2	342
合計	5,826	9,890	100	1,698

出所：地籍情報をもとに作成。
注：原野には雑種地、山林には保安林を含む。

2) 地籍情報からみた A 集落の土地利用状況

　地籍情報[7]では、A 集落の面積は約 9.89km² であり、筆数は 5826 筆にのぼる。面積比では山林が 80.5% を占め、田・畑は 6.7% しかない。地籍 1 筆当たりの平均面積は 1698m²、田・畑では 722m² であり、その一筆規模はきわめて零細である（表 2-1）。

　地籍情報には所有者名と住所他の情報が記載されている。これによれば、A 集落の場合、個人所有者は 459 人となっている。地籍情報は登記簿を基礎としており、相続や所有権の移転の際に登記がなされないときは実態を反映しない。したがって、現状を正確に把握するには地籍情報以外の情報でこれを補う必要がある。本分析では、地域住民の人的ネットワークなどを用いて、これを検証した。調査の手順は後述するが、調査の結果、地籍情報にある所有者のうち 241 人、じつに 52.5% の死亡が判明した。いわゆる所有者不明土地問題は、すでに相当に厳しい状況にまで進展していることがわかる。相続未登記地は図 2-8 のとおりである。相続未登記地は集落内に広く分散し、将来的な土地の有効活用に支障が出ることが容易に想像できるものとなっている。ちなみに、所有者不明土地の面積も総面積のおよそ半分である。

　不在所有者の比率は地籍情報によれば 51.9% である。これを地元住民の情報によって、転居情報や故人となった所有者の相続人の住所を考慮すると集落外に住む不在所有者の比率は 80.6% に達する（表 2-2）。その差はおよ

第 2 章　中山間地域で先行する土地所有権の空洞化の実態

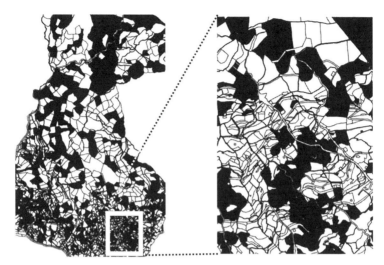

図 2-8　相続未登記の分布
出所：地籍状況およびA集落におけるヒアリングにより作成。

表 2-2　不在所有者（相続人）の居住地

区分		地籍情報		実際の所有者現況	
		人数	%	人数	%
集落内		221	48.1	89	19.4
集落外等		238	51.9	370	80.6
	町内	109	23.7	139	30.3
	県内	42	9.2	116	25.3
	県外	39	8.5	59	12.9
	不明	48	10.5	56	12.2
合計		459	100	459	100

出所：地籍情報およびヒアリングなどをもとに作成。

そ3割にもなる。また、所有者（あるいは、登記手続をしていない相続人など）で、集落内の居住者は 19.4％ にすぎず、25.1％ は県外在住又は不明者となっている。今後、いわゆる昭和一桁生まれ世代の人口が急速に減少すれば、相続人の多くは集落外に居住しているため、不在所有者数そして所有者

不明者数は急増すると予測される。これに伴って土地の実際の所有者の追跡はさらに困難なものになるに違いない。

3） 土地所有情報の階層構造

　土地の所有者を探す場合には、所有者の情報が前提になる。この情報が欠落するとき、所有者不明問題が発生する。したがって、現段階で、土地所有者に関わる情報源やそれぞれの情報源でどの程度の情報が得られるかを把握しておく必要がある。

　土地所有者の情報は大きく三つに分けて考えることができる。すなわち、地籍情報と地域住民の人的ネットワークおよび固定資産税課税台帳である。その情報の性格を整理すると次のようになる。

　まずは、地籍情報である。地籍情報とは地籍調査によって得られた情報であり、地籍簿と地籍図からなる。地籍調査は国土調査法に基づく調査で、高知県では1957年度から実施されている。調査結果は国土調査法第21条により一般の閲覧が可能である。所有者等の情報は基本的には登記簿によっている。地目については、調査時に登記と異なっていれば、行政が逐次それを修正している。しかし、所有者情報については、行政がそれを修正することはないとされる。そのため、所有者情報では登記がなされない限りは現実とのずれが生じうる。

　このずれを補完する作業は、一般的には地域住民の人的ネットワークによって行うことになる。今回の調査（2013年6月から9月に実施）では、区長を中心にA集落で土地所有情報について最も詳しいとされる60歳代から90歳代6名を中心に聞取り調査を行なった。加えて、当該の土地の近隣の住民への補足的な聞取り調査を行った。地域住民の人的ネットワークによる情報量や質は属人的なばらつきがあり、同じ集落内であっても、住所地や親類関係により土地所有者を特定できる範囲に差異がみられた。これらの情報は今回のような機会がなければ集約されないまま、消失してしまう可能性がある。

　最後は、固定資産税課税台帳による情報である。この台帳は地方税法第381条により、固定資産税賦課のため各市町村には土地等に関する情報を整理し

たものである。相続登記がなされていなくても、住民票や戸籍を元に特定することにより固定資産税の納税義務者が記載されている。その意味で、地籍情報を補う上できわめて価値の高い情報といえる。しかし、固定資産税の課税台帳は一般には閲覧できず、相続などの関係もなく、新たに土地を利用希望者はこの台帳から情報を得ることは難しい。また、課税台帳に収集される情報はあくまでも固定資産税賦課のためである。このほか、非課税となる課税標準額が30万円未満の土地については所有者の追跡は行われていないという限界もある（地方税法第351条）。

今回のA集落の調査については、地籍情報に記載されているすべての所有者について地域住民の人的ネットワークで検証する方法をとった。地籍情報が正しく所有者を捕捉している比率は28.3%であるのに対して地域住民の人的ネットワークによって新たに55.6%が捕捉され、合計で83.9%の所有者ないし相続人の所在が明らかとなった。それでも、所有者（相続人）の不明なものが2割弱残った。

4） 情報構造の変化と情報劣化の危険性

三つの土地情報源のうち地籍情報は誰でも閲覧できる基礎的な情報である。公開性に優れた情報ではあるものの、A集落における所有者捕捉率は高くない。相続や転居に伴う登記が未了で真の所有は28.3%しか反映されていない。また、未登記などこれまでの傾向が変化しない限りは、実際の土地所有者を把握する力はいっそう低下していくと予想される。

次に、地域住民の人的ネットワーク情報については、一般には地籍情報を補完するものとして位置づけられる。地域住民の人的ネットワークが完全に機能すればほとんどの所有者についても情報を得ることができる。しかし、一方でこの情報は属人的であり、地域に詳しい住民が亡くなると、情報は一気に急速に失われ劣化する脆弱性がある。現状では、A集落においては地籍情報と地域住民の人的ネットワークによる情報で所有者の83.9%まで網羅できている。しかし、その情報の担い手は冒頭に述べたとおり昭和一桁生まれの世代である。この世代の人口が減少していけば、地域と地域外を結ぶ結節点が失われてしまい、人的ネットワークが完全に崩壊しかねない。そうな

れば、土地の所有情報を得ようとするものは、地籍情報に頼らざるをえず、3割未満しかその所有者を捕捉しえなくなるということも考えられる。

この人的ネットワークとその継承は焦眉の課題となっている。

最後に、課税台帳では、相続未登記であっても、固定資産税の納税義務者が追跡される。その意味では相続人を知るために、信頼できる公的なデータベースといえる。他方では、個人情報保護のために、一般には公開できない情報となっており、土地の有効活用の面からその情報の利用を望む声も少なくない。近年になって、第3章、第4章で紹介するように農地法や森林法の改正があり、新たに農地や林地の所有者になったときは市町村や農業委員会への届け出が義務づけられた。この届け出がない場合、固定資産課税台帳から情報を得て、台帳に記載することが可能となっている。こうした情報の開示は可能な範囲でさらに取り組まれるべき課題といえる。

3　相続未登記の拡大

相続未登記などに起因する土地所有者の不明問題は、これまでみてきた中山間地域の奥地に源流を持ちながら、いまでは全国各地にみられる問題となっている。こうした事態を受けて、所有者不明土地に関する全国的な調査が国交省や所有者不明土地研究会によって始められている。このうち、国土交通省の調査では、2016年度に地籍調査を実施した1130地区（558市区町村）の土地所有者等の調査している。その結果を集計したものが表2-3である。この表では、登記簿上の登記名義人や登記名義人住所等が現状と一致している筆数を「①登記簿上で所在を確認」として計上し、一致しないもののうち、住民票や戸籍謄本等による追跡調査の結果、その所在を確認した登記の筆数を「②追跡調査で所在確認」として計上している。また、追跡調査にもかかわらず、土地所有者の所在が不明であった登記の筆数を「③所在不明」としている。

表 2-3 登記簿及び追跡調査による所在確認作業の結果（単位：筆数、％）

	全体	宅地	農地	林地
①登記簿上で所在確認	9,798	4,368	2,616	1,929
②追跡調査で所在確認	5,347	1,468	1,701	1,789
③所在不明	168	51	62	34
不明率（②＋③）／（①＋②＋③）	36.0	25.8	40.3	48.6

出所：国土交通省「所有者不明土地の実態把握の状況について」http://www.mlit.go.jp/common/001207188.pdf（2018年2月27日閲覧）より作成。なお、割合の算出から不明分を除外している。

　この表によれば、登記簿だけでは所有者を特定できない割合（不明率）はすでに全体の筆数の3分の1を超えている。また、林地においてはほぼ半数が登記簿のみではその所有者を把握できず、農地でも40％が把握できていない状況が明らかにされている。

　さきのA集落の調査では、登記簿だけで所有者を補足できる比率はわずか28.3％であり、7割以上の所有者が把握できなかった。全国の実態はA集落の状況ほどの深刻さはないかもしれない。しかし、全体の筆数の3割が登記簿で把握できないとなれば、土地利用を進める上で大きな障害になるに違いない。所有者不明土地の問題は、すでに中山間地域に留まらない問題となっている。

注
1) 谷謙二（2000）「就職・進学移動と国内人口移動の変化に関する分析」『地理学研究報告』20号、1-8頁。
2) 人口データは2015年の国勢調査結果による。
3) いずれも国勢調査結果による。
4) 農林水産省情報統計部『2000年世界農林業センサス第1巻高知県統計書（林業編）』の林齢データより算出。
5) 大野晃（2005）『農山村環境社会学序説』農山村文化協会、23頁。
6) 本調査の詳細については、山本幸生・飯國芳明（2014）「中山間地域における土地所有権の空洞化と所有情報の構造」『農林業問題研究』194号、88-93頁を参照。
7) 本章で用いた地籍情報は2010年8月時点のものである。

参考文献
大野晃（2005）『農山村環境社会学序説』農山村文化協会。

第 I 部　日本の分析

谷謙二（2000）「就職・進学移動と国内人口移動の変化に関する分析」『地理学研究報告』20 号、1-8 頁。
山本幸生・飯國芳明（2014）「中山間地域における土地所有権の空洞化と所有情報の構造」『農林業問題研究』194 号、88-93 頁。

第3章
山林の土地所有権の細分化および空洞化に対する法的対応について
―私有林の所有・利用・管理に関する考察―

松本充郎

　日本の総森林面積は2508万haであり、日本の国土面積の67％を占める。森林面積の内訳は、国有林・公有林・私有林は総森林面積のうち各31％・12％・58％となっている。森林面積と内訳のバランスには地域差があるが、北海道および東北地方においては国有林の割合が高いのに対して、それ以外の地域では私有林が多い[1]。

　現在の日本の私有林の所有・経営の現状は、高度成長期以降の農山村から都市への人口移動の産物である。第一に、都市部において用材・パルプ・チップの需要が急増したため、1966年には林業基本法を制定し、広葉樹の伐採を推奨しつつ針葉樹の植林に補助金をつけ、供給能力を補うために外材の輸入を始めた。しかし、経済成長の鈍化とともに木材価格が低迷し、林業のみで生計を立てることは困難になった[2]。第二に、都市部への人口移動により森林所有者の不在化が進行し、相続の発生や入会林野の分割を契機として私有林の所有規模の零細化が進行した。近年では、所有者不明の森林面積の増加も顕著である[3]。

　1990年代以降、森林の公益的機能――国土の保全、水源の涵養、国民の健康保護、気候変動（森林吸収源およびバイオマス供給源）――への関心が高まっている。しかし、とくに分割により零細化した私有林について、木材価格の低さから森林そのものへの関心や施業意欲は低い[4]。加えて、間伐等の施業をしていない人工林には洪水緩和機能や渇水緩和機能等の公益的機能が

劣化し、負の公益的機能(負の外部性)が深刻な課題となっている[5]。

このような課題への対応策として、日本の林業関係者が提唱するのが、行政・森林組合・地域社会等が参加する協議会・センター(以下「協議会等」)による所有者取りまとめである(集約化・団地化と互換的に使う)[6]。しかし、所有者取りまとめの障害は、不在所有者・不明所有者の確認だけではない。日本では、正確な「地図」(不動産登記法14条1項)が作成されていない地域が広く存在する。本来、地図は地籍調査(国土調査法2条5号。第2節で後述)において整備されるべきところである。しかし、その進捗率は全国平均が52%であり(人口集中地区の宅地24%・その他の宅地54%・農地72%・林地45%)、地図未作成地域が広く存在する[7]。林地については、不在所有者・不明所有者の増加により、自分の所有地の境界を認識していない場合や隣接地の所有者が不明で境界を確定できず、自己の所有地を管理できない所有者が増加し、公益的機能の劣化が進行している。

少子化は必ずしも林地所有の零細化や境界の不明化につながらないはずである。では、なぜ、山林については零細所有者が多く、土地の境界が曖昧な場合や地図が未整備の場合があるのだろうか。境界管理や地図整備の遅れは森林管理以外の不都合をもたらさないのか、また、私有林の木材供給と森林の公益的機能の維持は、折り合わせることができるのだろうか。

以下では、森林法制に加えて、その前提である土地制度について歴史から紐解き、所有権の細分化・所有者不明化・境界不明化等が発生した原因を明らかにする(第1節)。次に、森林法違憲判決において所有権細分化がどのように扱われたかを検討し、持続可能な私有林管理を推進するための施策について検討する(第2節)。最後に、持続可能な森林管理に向けて、細分化・所有者不明化・境界不明化への対応策を提言する(第3節)。

1　森林法制の前提としての土地制度の歴史

(1) 土地をめぐる権利関係および登記制度

明治維新後には、田畑永代売買の解禁により土地売買が自由化され、地租

改正により、江戸期の官林・村持山林・私有林は、それぞれ官有地・公有地・私有地とされた。太政官布告地所名称区別（1873年）は権利関係を整理しなかったが、改正地所名称区別（1874年）は、公有地を官有地第三種（山岳・森林・原野）と民有地第二種（人民数人ないし数村所有の牧場、秣場（まぐさば））に再編成し、後者には私有地と同様に地券が発行された（のちに民有地第二種は第一種に統合され、個人所有地、共有地、町村制下の財産区所有地となった）。公有地の多くは村民が利用していたが、おおむね官有地第三種（のちの国有林）とされたため入会紛争が生じた。[8]

地租改正における地券発行の際、政府による検地への反発が強かったため、農民自身の実測により面積および収量を自己申告させて時価を査定し、地租賦課の根拠とした。同時に、地券の名義変更によって土地所有権移転の効力が発生することとされた。しかし、地券発行後も土地売買証文作成の慣行は存続し、地券発行も遅延したため、地券の名義変更まで所有権が移転しないとすることは実務上も不便であった。そこで、1877年には、地券の名義変更は取引の効力には影響を与えないこととした。[9] しかし、地券の直接的な目的は地租の課税にあったため、所有権以外は記載できず、地租改正が行われた時点ですでに多数の土地の質入れが存在するなどの不都合があった（抵当権も立木権も記載できなかった）。そこで、1881年には、内務省が有料化による歳入増をもくろんで登記制度の調査を開始し、1886年には司法省から登記法案が提出され、可決された。[10]

日本の登記制度の特徴を一点だけ挙げると、取引の効力と登記の関係については、公信力主義と対抗要件主義があるが、日本は対抗要件主義を採った（のちの民法177条）。1888年には登記所の数を12分の1に削減したため、登記に要する時間が増え、遠方の登記所に出かけ宿泊費をかけて高い登記料を支払う誘因はなく、登記制度は定着しなかった。

1896年には、民法典および附属法である不動産登記法（不登法）が制定された（1898年および1899年施行）。森林をめぐる権利については、共有の性質を有する入会権（民法263条）および共有の性質を有しない入会権（同法294条）に規定し、その内容は各地方の慣習に委ねた（立木法については1

(3)で後述)。不登法は、登記所を裁判所系統に純化し、用益物権・先取特権・賃借権を記載事項としたが、登記所数は微増にとどまり、形式審査主義が採用され、公証制度の利用を顧みないままに対抗要件主義が存続した(第15章の呉宗謀論文を参照)。

(2) 地籍調査および登記制度と境界紛争処理制度
1) 地籍調査の歴史[12]

前述のとおり、明治政府によるはじめての地籍調査は地租改正である。その後、明治政府は、地租条例(1884年)を制定し、1885年2月18日には大蔵大臣訓示地押調査ノ件、1887年6月20日には大蔵大臣内訓地図更正ノ件を発し、地租改正図を再測した地図(「地押調査図」)を調製した。山林原野については、一向に測量が進まなかったために粗末な地図でも許容された(団子絵図と呼ばれた)。公簿上の面積より実測値が大きいことを縄のびと呼ぶが、山林部の縄のび率は平均160%といわれる。1889年6月20日勅令第39号土地台帳規則制定にともない、地押調査図は、土地台帳附属地図として、正本は税務署・副本は市町村役場に保管されることとなった。その後、土地台帳附属地図は、地租条例を全面改正した地租法(1931年)、次いで、土地台帳法(1947年)のもとで課税の際の資料として機能してきた。しかし、シャウプ勧告に基づく1950年の税制改革により、従来府県が賦課していた地租税・家屋税は廃止され、かわって市町村が賦課する固定資産税が創設された。その際、税務署が行っていた土地台帳・家屋台帳に関する事務は、法務局および地方法務局に移管されたが、移管前から自作農創設特別措置法への対応に追われ、「地図」整備は後回しであった。

2) 地籍調査の法的根拠と不動産登記法上の地図[13]

現在の国土調査法上、国土調査は「国土の開発及び保全並びにその利用の高度化に資するとともに、あわせて地籍の明確化を図るため、国土の実態を科学的且つ総合的に調査する」ことを目的とする(1条。国土調査事業の一つが地籍調査である)。2条は国土調査の実施者を都道府県・市長村・土地改良区と定めるが(2条1項1~3号)、実務上は市町村と土地改良区が行うこと

が多い。そして、地籍調査とは、「毎筆の土地について、その所有者、地番及び地目の調査並びに境界及び地積に関する測量を行い、その結果を地図及び簿冊に作成すること」をいう（2条5項。国土調査促進特別措置法2条2号）。

しかし、1951年の国土調査法制定時には、地籍調査は不登法と結びつけられていなかった。1957年の国土調査法改正において、土地台帳を訂正した場合には登記簿もそれにあわせて改められることとされ、1960年の土地台帳法の廃止により、土地台帳と不動産登記簿が一本化された。また、1960（昭和35）年には、不登法が改正され、17条（当時）において、登記所に「地図」及び「建物所在地図」を備えることがやっと法定された。そして、不動産登記事務取扱準則（昭和52年法務省通達）では、特別の事情がない限り地籍図を「地図」として備えつけることとされた（準則第28条）。

さらに、2004（平成16）年改正後の不登法は、「登記所には、地図及び建物所在図を備え付けるものとする」とし、さらに、「前項の地図は、一筆又は二筆以上の土地ごとに作成し、各土地の区画を明確にし、地番を表示するものとする」と規定する（14条1項及び2項。旧法17条）。また、「地図」（新旧条文から14条地図または17条地図とよばれる）が整備されるまでは、暫定的に地図に準ずる図面を備えることができる（14条4項）。さらに、旧土地台帳附属地図を、原則として地図に準ずる図面（公図）として備えることができる（不動産登記事務取扱準則29条）。

地図の最大の供給源は、土地改良法による確定図ならびに土地区画整理事業法による換地図だが、次の三つの理由から、地籍調査は十分進捗していない。第一に、国土調査促進特別措置法による国土調査事業十箇年計画に基づく調査の場合、自治体の調査費用の負担は実質5％であるが、職員の人件費は自治体もちで負担感が大きい。第二に、所有者からみても、所有者検索に加えて立ち合いや筆界確認がボトルネックとなっている[14]。第三に、土地所収者が支払う固定資産税の負担増への懸念も指摘されている[15]。

3）地籍調査の遅れおよび境界紛争処理制度の不備の実害と改革の停滞[16]

公図は、「地図」と比べると精度が劣り、公図と現地との食い違いがはなはだしく、法務省が1983年に行った調査によると実務で公図が使えない「地

図混乱地域」の面積は全国で 960 万 km² (山手線の内側の面積の約 17 倍) に及ぶ。

地籍調査の遅れの実害として、①土地取引に関わるリスク、②都市再生への支障、③災害復旧の遅れ、④公共用地管理の負担増大、⑤課税の（不）公平性、⑥地理情報システムの有用性の低下が指摘される[17]。たとえば、森ビルの六本木ヒルズ開発の際、開発予定地には法定外公共物である畦畔および水路が存在し、官民境界（所有権界）が不明確であった。民民境界の確定にも手間取り、権利変換に 4 年を要した（①・②・④・⑥のタイプの実害が発生した）。

また、境界紛争処理制度の不備の実害としては、私有林に関する地図未整備の状態と境界確定訴訟が悪用され、公簿上の地籍の 47 倍に上る面積の土地の境界が誤って確定されたという事件が有名である（高知地判昭和 51 年 12 月 6 日訟月 22 巻 12 号 2763 頁）。

　　昭和 49 年 4 月 25 日、X は、公簿上の地積が 185m² であった自己が所有する土地（本件土地）について、土地家屋調査士 A を申請代理人とし、錯誤を理由として 8719m² に更正することを内容とする地積更正登記申請を高知地方法務局に行った（第一次申請）。しかし、本件申請は公簿上の地積の 47 倍という異例の申請であったため登記官が調査したところ、隣接する七筆のうち甲地に譲渡担保が設定されていた。本来、甲地を分筆したうえで申請すべきところ、X は所有者らと意思を通じ、甲地を取り込む意図で申請を行っていた。登記官は本件土地と関係土地との境界が確認できないとして、旧不登法 49 条 10 号（新法 25 条 11 号）に基づき申請を却下した。

　これに対して、X は、本件隣接地甲地・乙地・丙地の所有者を相手取り、簡裁において本件隣接地との境界確定訴訟を提起し、X の主張に沿った確定判決を得た（高知簡判昭和 49 年 12 月 18 日）。確定後、X は、再度、土地家屋調査士 A を代理人として、（確定判決の正本の写しが添えられている点以外は）同一内容の第二次申請を行った。登記官 Y は「申請

に係る筆界が本件土地の筆界と認定できない」として再び申請却下処分（本件処分）を行った。そこで、Xは登記官Yを相手取り、本件処分の取り消しを請求した。判決は、確定判決違反の違法な処分であるとして、本件処分を取り消した。

　この事件が一つのきっかけとなって、法務省民事局は、境界確定訴訟の制度を完全に廃止して行政の専門性を活かした紛争解決手続（裁判外紛争解決手続。ADR）に移行させることを提案した。平成10年度中間報告書の提案において、法務局長等が行う境界確定処分は、過去に定められた境界を確認（再発見）するものではなく新たに境界を形成するものとする（形成効の承認）と同時に、不服申立訴訟・再審等によって取り消されるまでは効力を争わせない（公定力の承認）ものとされた。2005年には不登法が改正されたが、法務省民事局の当初の提案は活かされず、問題点は改善されていない。筆界に関する登記官主導の筆界特定制度（行政型ADR。不登法123条以下）と所有権界に関する土地家屋調査士・弁護士共同の裁判外紛争解決手続が創設されたが、廃止されるはずであった境界確定訴訟が筆界確定訴訟として存続し、裁判の優位性を維持している（不登法147条および148条）。

4）森林関連法制と林地所有権の零細化・所有者および境界の不明化[18]

　では、森林法において、私有林における私的経済活動である林業経営と公益的機能維持の視点はどのように結合されているのだろうか。まず、明治民法は、森林の地盤所有権を土地所有権として、他人の土地において造林する権利を地上権として、保障した。また、原則的には土地の定着物（民法86条1項）である立木について1909年に制定された立木ニ関スル法律（立木法）は立木を独立の不動産とした。そして、1897年には、森林法が河川法・砂防法と並ぶ治水三法として制定され、保安林制度により私有林の皆伐や開墾を禁止しその保全を図った（8条・19条。指定理由として土砂壊崩流出の防備、水害・風害・潮害の防備、水源涵養、魚附等がある）。また、「森林警察及び罰則」の章が創設された。1907年改正において、[19]「土地の利用及び収用」と「森林組合」の章が設けられたほか、営林の監督の章において過半数未満の

持分所有者による分割請求の制限（6条。のちの186条）の規定が追加された。さらに、1939年改正において、中小森林所有者は森林組合への加入を義務づけられ、森林組合は施業案編成義務を負うこととされた。

　1951年には、GHQ勧告をふまえて、森林法が全面改正された（新森林法）。新森林法は、森林組合を通じた間接統制ではなく、私的経済活動としての林業経営的視点と公益的機能（国土保全・資源保続）の維持・拡充という目的を森林計画制度において結合させ、保安林制度を森林計画制度に組み込むとともに、保安林制度そのものも拡大・再編した。

　まず、森林計画制度は、森林基本計画（4条1項。現在の全国森林計画）――森林区施業計画（7条1項。現在の地域森林計画であり森林簿を基礎データとして策定される）――森林区実施計画（8条1項。現在の市長村森林整備計画［10条の5］）の三段階で構成されていたが、1968年に森林施業計画（11条。現在の森林経営計画）が追加された。また、保安林について、指定目的と保安林種の拡大により指定範囲が拡大された（25条・41条1項）。さらに、新法では、治山事業が「保安施設事業」として森林計画のなかに位置づけられ（41条）、国および都道府県が行う治山施設の維持管理行為について受忍義務が課され（45条）、保安施設地区は、森林として造成された段階で保安林に転換されることとされた（47条）。なお、共有林の分割制限（旧6条）は、実質的に変更されることなく「雑則」に移動された（186条）。

　さらに、1957年には、拡大造林政策が実施され、1964年には、林業基本法が制定された（2001年に森林・林業基本法とされた）。1970年代以降、環境保護運動が活発化し公益的機能が強調されるようになったが、1987年の総合保養整備地域法制定時には規制緩和が行われ（林地開発許可。10条の2第1項）、山林が分譲されて別荘になるなど乱開発が進んだ。[20]

　ここで、私有林の細部化・所有者および境界の不明化が進んだ理由と時期が問題となる。戦前は家督相続によって細分化を避けているケースが多いのに対して、戦後には、生前贈与により細分化を避けた例はあるものの（次節参照）、家族法改正により均分相続が一般化し人口増加期には細分化が進んだと推測される。もっとも、現在問題とされている零細林家の規模は保有山

林面積0.1～1Ha未満であり、その世帯数は145万戸といわれる[21]。通常の山林の分割が戦後の1～2世代でこの水準まで細分化が進むとは考えにくいのに対して、入会山の一部においては、記名共有を経て個人に分割され、極端な零細化が発生した[22]（後者が占める割合は必ずしも明確ではない）。所有者および境界については、相続登記が義務ではなく、地籍調査が不十分であったが、在地所有者が境界を管理し所有者を把握していた。ところが、高度成長期以降の都市部に人口が移動し、所有者および境界の不明化が進んだ。

次節では、森林法による私有林の分割制限をめぐる最高裁判決の議論を手掛かりとして林地の細分化に関する法的議論を検討し、所有者取りまとめ、さらには持続可能な森林整備を実現するための施策について検討する。

2 山林の土地所有権と森林法制の課題

(1) 私有林の細分化の制限の是非をめぐる最高裁判決（共有林分割請求事件）

1947年に父親から山林を生前贈与された兄弟（X・Y）が各自2分の1の持分について共有の登記をしていたが、1965年にYが共有林においてXの承諾なく立木を伐採・売却したことから紛争が生じた。当時の森林法186条は、「森林の共有者は、民法（明治29年法律第89号）第256条第1項（共有物の分割請求）の規定にかかわらず、その共有に係る森林の分割を請求することができない。ただし、各共有者の持分の価額に従いその過半数をもって分割の請求をすることを妨げない」と規定し、持分が過半数未満の共有者による分割請求権を否定していた。そこで、XはYを被告として、（一）自己の持分の分割請求および（二）立木の価額相当額の2分の1の損害賠償請求を行った。Xは（一）の前提として、憲法11条および29条に反しないためには、森林法186条本文が過半数以上の持分がない場合に共有林の分割請求を禁止しているとの解釈はできないなどと主張した。

地裁および高裁は、（二）のみを認容したが、最高裁は、持分価額2分の1以下の共有者についても、民法256条1項本文を適用して分割請求を認めるべきであるとし、原判決を破棄し、東京高裁に差し戻した（最大判1987年

4月22日民集41巻3号408頁。以下、判決のポイントをまとめる。カッコ内の数字はページ番号を指す)。

　　(i)「財産権は、それ自体に内在的制約があるほか」、「立法府が社会全体の利益を図るために加える規制により制約を受ける」。そして、この規制は「財産権の種類、性質等が多種多様であり」、また、規制の社会的理由ないし目的は「社会公共の便宜の促進、社会的弱者の保護等の社会政策及び経済政策上の積極的なものから、社会生活における安全の保障や秩序の維持等の消極的なものに至るまで多岐にわたる」(410-411)。

　　(ii) 近代市民社会では単独所有が原則であり、「共有物がその性質上分割することのできないものでない限り、分割請求権を共有者に否定することは、憲法上、財産権の制限」にあたり、憲法29条2項にいう公共の福祉に適合しない限り、その制限は違憲となる (412)。

　　(iii) 森林法186条の立法目的は、「森林の細分化を防止することによって森林経営の安定を図り、ひいては森林の保続培養と森林の生産力の増進を図り、もって国民経済の発展に資することにあ」り、公共の福祉に合致しないことが明らかとまではいえない (413)。

　　(iv) 森林法186条は、共有森林につき持分価格2分の1以下の共有者の分割請求権を否定しているが、同条の目的達成のための手段として合理性または必要性に欠けることが明らかでない限り、同条が憲法に違反するとはいえない。すなわち、森林が共有であることと、経営規模は直接には関係せず、むしろ、持分価額が2分の1ずつで相等しい2名の共有者間において、共有物の管理変更をめぐって意見が対立する場合には、民法252条但し書きに基づき保存行為をなしうるにとどまり、森林の荒廃を招く (414)。

　もっとも、森林法186条本文は、持分価額が過半数以上の共有者による分割請求を許容し、民法907条に基づく遺産分割も許容されているから、共有林の分割は絶対的に禁止されてはいない。……しかし、「森林法186条が分割を許さないとする森林の範囲及び期間のいずれについて

も限定を設けていないため、同条の分割の禁止は、必要な限度を超える極めて厳格なものとなっている」(415)。

森林法186条における共有林の分割制限は、この「立法目的との関係において必要性と合理性のいずれをも肯定することができないことが明らか」であるから、同条は憲法29条2項に違反し、無効である。したがって、本件には、民法256条1項本文の適用がある (417)。よってXの敗訴部分を破棄し、東京高裁に差し戻す。

なお、判決からほどなく森林法186条の削除が決定され、高裁でも和解が成立した。

最高裁が186条を違憲と判断した理由は、民法256条1項だけではなく、憲法29条が単独所有を原則としており、本件では例外を認めるに足りる規制手段の必要性や合理性がないと解釈したからである[23][24]。注意すべき点は、本件最大判が、森林経営の細分化の防止という規制目的の公共性を否定していないということである。上告理由も本件共有林の面積は100ha強・二分割後も50ha強あるとしており、最高裁は本件において細分化は問題にならないと考えた可能性がある[25]。さらに、持分価額2分の一以下の共有者による分割請求の禁止ないし制限は、「当該共有森林を分割した場合に、分割後の各森林面積が必要最小限度の面積を下回るか否か」「当該森林の伐採期あるいは計画植林の完了時期等」(415-416) を考慮すれば、合憲でありえた。野党議員が、入会林が共有化後分割され、森林経営の零細化への懸念を表明したが、国会は零細化防止策を検討せず186条を削除した[26]。

最高裁判決および国会の事後的対応は、時期的にみて森林所有権の零細化を促進したとはいえないが、零細化を追認したとの評価は可能である。現実には、零細所有者の森林の管理意欲が乏しく、過疎化後、林地の境界の管理放棄にもつながっている[27]。そこで、主に零細所有者を念頭に置き「所有者取りまとめ」および持続可能な森林管理の方策について検討する。

（2）所有者取りまとめの方策
1）所有者取りまとめの方法

　私有林の所有者取りまとめの方法は、①現状の所有権の規模を前提として経営レベルで規模を拡大する（私有林の集約化・団地化）、②施業意欲の高い私有林所有者に集約する（私有林の規模拡大）、③私有林の所有者が所有権を放棄し国庫に帰属させる（民法239条2項。所有権放棄による国有化）、④自治体が取得する（公有化）の4とおりある。

　まず、③国有化については、次のような裁判例があらわれた。Xは、自らが所有する土地（本件土地）について、境界未確定の土地であることを知りつつ、父親からわざわざ生前贈与を受けたうえで所有権放棄を行い、国（Y）に対して所有権移転登記をとることを請求した。YはXによる所有権放棄が権利濫用（民法1条3項）にあたり無効であると主張し、地裁（松江地判平成28年5月23日LexDB25544994）および高裁（広島高裁松江支判平成28年10月11日LexDB25545271）のいずれも、Xによる資産価値の低い土地所有権をわざわざ放棄することは権利濫用にあたり無効であるとして、Xの請求を棄却した。[28] 逆収用請求ともいえそうだが、林地の所有権のような個人の生命や健康には直接かかわらず予算措置が必要な問題について裁判所は判断しにくい。民法239条2項の文言に忠実に所有権放棄を認める判決を出すことによって、林地の利用低下および管理放棄という課題について、国会に対してより明確に政策判断を迫れたのではないか。

　次に、④公有化の事例として注目されるのは、徳島県および同県那珂町と青森県青森市である。徳島県は地域活性化総合特区制度を活用しつつ補助金を整備し、2011年以来「とくしま絆の森プロジェクト」を実施している。2013年には「徳島県豊かな森林を守る条例」を制定し、公有化（県有化及び市町村有化）の法的根拠も整備した（11条2項）。また、青森県青森市は、森林の荒廃を食い止め水源を自前で保全するために、1988年以来、横内浄水場上流の集水域内の民有林の取得や財産区の立木補償を始めた（2005年段階で合計257haを買収し、集水域のうち99.4％を国有地・県有地・青森市有地・財産区有地および上水道部有地とした）。また、2002年に青森市横内川

水道水源保護条例を制定し、横内浄水場水道水源保護地域として 2630ha を指定し、水道水源保護区域内における開発行為にともなう汚水排水が保護区域内に流出浸透しないように努めている。同条例の 2011 年改正において、地方公共団体が行う保安林の買入れについて財政的な支援を行うべきことが規定された（現在の 191 条の 9）。

いわゆる所有者取りまとめは①私有林の集約化・団地化であり、法的課題は次のように指摘される。①-1 個人情報が保護されているなかで、どのようにして所有者の確認を進めるか。①-2 所有者が境界を知っている場合の立ち合いをどのようにして進めるか。①-3 所有者が境界を知らない場合の地籍図または公図から調査を始めて、施業対象をどのようにして特定するか。①-4 森林経営計画の内容はどのようにして策定するか。①-5 間伐の前提となる林道整備をいかにして進めるか。①-6 上記の課題への取り組みを誰が進めるか。

（①-2 から①-5 は本章では扱えないが）①-1「所有者取りまとめ」による森林経営計画の策定手法として、長野県坂城町は「地区協議会方式」を提案する。この方式において、①-6 集約化の前段作業は行政が行い、同意書の取得は「協議会等」が行い、施業は林業事業体（森林組合）が行うこととされ、なぜこのような役割分担が提案されているのだろうか。

2) 所有者取りまとめの主体

まず、集約化作業に行政が関与する理由は、個人情報保護法制に適合させるためである。近年まで、森林所有権の移動情報は収集されておらず、公図および登記事項要約書の取得には費用がかかった。また、行政としては、固定資産課税台帳に記載された「秘密」（とくに実質的所有者に関する情報）を目的外使用したいところであるが、地方税 22 条は地方税に関する事務に関して知りえた納税者名やその連絡先等の情報の漏えいを禁止するとともに、個人情報保護法 16 条 3 項 1 号は法令の根拠がない限り個人情報の目的外使用を禁止している。そこで、2011 年には森林法が一部改正され、地域森林計画の対象となっている民有林について、新たな所有者に対して、農林水産省令の定めに従って市町村長への届出を義務づけた（10 条の 7 の 2 第 1 項。

国土利用計画法第23条第1項による届出の対象を除く）。また、前記届出に関わる森林が保安林または保安施設地区の区域内にある森林である場合には、市町村長に対して、都道府県知事への通知を義務づけた（10条の7の2第2項）。さらに、都道府県知事および市町村長は、森林法の施行に必要な限りで、森林所有者の氏名等の保有する個人情報を目的外使用することができ、関係地方公共団体の長その他の者に対して森林所有者等の把握に関し必要な情報の提供を請求でき（191条の2）、10条の7の2第1項の届出をしないまたは虚偽の届出をすることに対しては、10万円以下の過料が課されることとされた（214条）。

政府は、「地方税法22条の守秘義務が解除されるのは、(1) 当該事項について法的な報告義務があり、かつ (2) 請求する行政機関に法的な情報請求権がある場合に限定される」（10条の7の2に基づく届出義務を負う新たな所有者に関する税務情報に限る）との解釈を前提に、森林法191条の2の運用には慎重であった。[33] しかし、施業まで実施するためには、一定の情報を共有する必要がある。そこで、2016年には林地台帳制度が創設され（191条の4）、台帳記載情報のうち現に所有している者・所有者とみなされる者の氏名や住所は対象を慎重に限定して情報提供するにとどめ、その他の情報は公表されることとなった（191条の5。林地の所在地・地図等）。また、森林法10条の7の2は、地域森林計画の対象である民有林の新規所有者のみに届出義務を課しており、対象外の林地に関する情報収集は手つかずである。

次に、森林所有者がその施業につき市町村森林整備計画を遵守しないために間伐が必要な森林（要間伐森林）について、市町村は、施業の勧告を行う権限を付与されるとともに（10条の10）、都道府県知事の裁定により施業代行者が間伐を行えることとされた（10条の11）。林道整備のために必要な他人の土地の利用について協議（50条1項）が不調に終わることもありうるが、都道府県知事は、公示および意見聴取の機会を設ける場合には、所有者不明の場合でも利用権を設定することできる（50条2項・3項）。要間伐森林の所有者が不明の場合、その旨の通知(10条の10第2項)については、公示によって到達が擬制される（189条）。2016年改正において、共有林の立木の所有

第 3 章　山林の土地所有権の細分化および空洞化に対する法的対応について

者の一部が所在不明であっても伐採・造林ができるよう、所在不明者の持分の移転等を行う裁定制度を設けた（10条の12の2～10条の12の8）。もっとも、現実には市町村による勧告すら行われにくく、過度な期待は禁物である[34]。

さらに、協議会等が必要なのはどのような場合か。まず、度重なる市町村合併とそれにともなう森林組合の合併により人員削減が進み、自治体によっては、市町村森林整備計画が形骸化するとともに、個別の零細林家を支援する人員がいない。また、市町村とともに森林組合も広域化したため、個別の林家と市町村や森林組合をつなぐ仲介機関が必要になっている。とくに、記名共有であった入会山が細分化された場合（富山県砺波市・長野県坂城町の事例）や地元の情報収集ネットワークを必要としている場合（北海道中富良野町の事例）には、コミュニティーの機能が重視されて、「ボトムアップ型」の協議会形式が選択されるものと思われる。

（3）持続可能な森林経営計画

最後に、持続可能な森林経営計画策定の観点からも注目されるのが、岐阜県東白川村森林組合の取り組みである。同組合において、1978年の中核林業振興地域への指定後、団地共同施業計画の策定が始まり、ほとんどの森林所有者が集落単位の共同施業計画に組み込まれ（89%）、施業効率が高まった。しかし、1990年代ごろまでは、森林所有者の高齢化や木材価格の下落により機能しなくなった。そこで、2003年には、森林・林業基本法12条2項に基づく森林整備地域活動支援交付金制度が創設されたことを契機として、大字を基盤として森林経営計画を再編成した。また、2003年には、同森林組合がFSCによる森林認証を受けた。森林認証の効用として、森林づくりの将来像を持てたことが挙げられている[35]。

加えて、林業生産のための施業と公益的機能のための施業は予定調和の関係にはない。すなわち、蒸散作用は、樹木が生育する過程で光合成を行い水蒸気を排出するという作用である。平準化作用は、土壌・土層・岩盤岩中の亀裂および樹木内の貯水作用であり、現実にはほぼ前者によって発揮される。樹幹遮断作用は、光合成を行うために枝や葉を伸ばし、地表面に到達する水

を遮る作用であり、樹幹によって遮断された水は蒸発する。これらの森林の水循環への作用を人間から見ると、蒸散作用は洪水緩和機能にはプラス・渇水緩和作用にはマイナスに働く。また、平準化作用は、洪水緩和機能にも渇水緩和機能にもプラスに働き、樹幹遮断作用は、洪水緩和機能にはプラス・渇水緩和機能にはマイナスに働く[36]。

洪水緩和機能を重視する場合には、樹木を成長させ下草をはやすために間伐率を上げる必要がある（林業と親和的）。林道整備は、間伐及び搬出作業のために一定程度は必要だが、過剰な整備は表土を露出させ水の通り道を作ってしまう[37]。さらに、皆伐や雑な列状間伐も表土を露出させてしまうため、コストはかかるが定性間伐か定量間伐を行い、伐採後は表土管理を適切に行うべきである。渇水緩和機能を重視する場合は、より複雑である。水道水源保護条例等による水源の土地利用規制は、水質を保全するためには有効であるが、放置された人工林で表土が露出した森林や樹木の生長量が大きい森林は水量維持にはマイナスに働く可能性がある（林業と部分的に衝突）。保安林について適切な施業を行うとともに（33条・施行令別表第2・処理基準別表1）、保安林以外の国有林・民有林との連携が不可欠である。

林業生産の効率性と社会的影響や環境影響はしばしば衝突する。FSC等の森林認証は、人間が森林に期待する様々な機能が衝突することを自覚させる場合には、所有者取りまとめと林業再生の「その先」の政策課題の衝突と調整をイメージさせるという機能を担い得る。

3　森林環境税の使途

現在の日本において、人口減少の影響は、財政全般・社会保障、土地利用における空き家・耕作放棄・森林の管理放棄などのかたちで表面化しており、とくに地方においてその傾向は顕著である。本章では、なぜ人口減少が林地の所有規模の零細化・所有者の不明化・境界の不明化を惹起したかを探るとともに、持続可能な森林管理を実現するための対策を検討した。

まず、明治初期には、日本の森林の多くは私有林に分類された。その後、

登記制度が整備されたが、公証人制度は根づかず、相続登記も義務とされず、国土調査法上の地籍整備も進まず、境界は在地所有者が管理してきた。私有林には、入会林が高い割合で含まれているところ、多くの入会林は徐々に共有名義となり、共有林には分割されて零細化が進んだ例もあるとみられる。その後、所有者の移動・相続による不在化が進むとともに、前所有者の死亡・相続によって、境界を管理する仕組みが機能しにくくなった。さらに、境界紛争における裁判判決の優位性が維持されていることも問題をより大きくしている。

　森林法には、林業経営を適正化するという私的機能とともに、公益的機能を維持し、私的機能と公益的機能を調整するための様々な仕組みがある。かつて、森林法186条は、過半数未満の持分所有者による分割請求を禁止していたが、最高裁は、森林経営の細部化を防止するという目的の公共性は認めたものの、過半数未満の持分所有者による分割制限という手段の正当性を否定した。この判決以前に、共有名義で登記されていた入会林の分割が進み、山林の所有規模および経営規模は零細化していたとみられるが、国会が共有林の分割請求の禁止規定を別のかたちで提案せず、単に削除したことは誤った事後対応であった。

　短期的な対策としては、所有者探索費用を下げるとともに財産権の境界の明確化を進めることによって、森林の管理規模を拡大することが必要である。第一に、個人情報の使用については、2011年に森林法が改正され、10条7の2において新規所有者による届出が義務づけられるとともに、2016年改正において林地台帳制度が創設された(191条の4)。同時に、地域社会が残っている場合には、協議会等による情報収集が近道である。第二に、地籍調査については、立ち合いの機会費用が高く、十分進捗しているとはいえない。第三に、山林の経営規模の拡大は「所有者取りまとめ」と呼ばれ、市町村や森林組合が業務を担うこともあるが、担いきれない場合には協議会等が業務を担うこともある。また、所有者が管理しない場合には所有権を放棄させ、国有林化するという選択肢もありそうだが(国庫に帰属する。民法239条2項)、下級審は資産価値の低い土地所有権の放棄は認めていない。さしあたり管理

レベルでの取りまとめから取り組み、目途がついたところで大規模な森林所有者に集約するか保安林を中心に市町村や都道府県に集約するかが妥当であろう（191条の9。徳島県・青森市等の例がある。前者については、松本美香・第4章を参照）。

　次に、中期的観点からは、公益的機能を果たさせるためには、森林経営計画は、複数の所有者の経営レベルの判断を方向づけ、衝突する政策目標を調和させる役割を担う必要がある。長期的には、国土調査法を改正し、地籍調査の義務づけも必要であろう。さらに、森林法違憲判決（2（1））との抵触を避けるため、森林法により規模や伐期に配慮しつつ分割を制限するとともに、登記・地籍調査の費用助成制度を拡充する施策が必要である。

　最後に、仮に所有者取りまとめが進んだとしても、持続可能な森林経営への道のりは遠い。人間が森林に期待する様々な機能は、蒸散作用・平準化作用・樹幹遮断作用・水質浄化作用に由来し、これらの作用はしばしば衝突する。森林認証制度は、森林経営者や森林組合が様々な作用の衝突を自覚する契機となるなら、その限りで意味を持つことになろう。

　現在、森林環境税導入の是非が、急展開で議論されはじめている。すでに主として法定外普通税という形式で導入された森林環境税に加えて、国税として森林環境税を導入する場合には、両者の関係を明確化するとともに、使途についても慎重な議論が必要である。本章が、そのような議論の叩き台となれば幸いである。

注
1）林野庁（2016）『森林・林業統計要覧2016』7頁。
2）山林を20ha以上所有し林業の施業を行っている林家の2008年度の平均林業所得は一戸年間10万円である。農林水産省（2012）『森林・林業白書（平成24年版）』129頁。
3）山本幸生・飯國芳明・松本美香「モンスーンアジアにおける土地所有権問題の展望」谷口憲治編（2014）『地域資源活用による農村振興』111-120頁。吉原祥子（2017）『人口減少時代の土地問題』中央公論新社。
4）保有山林面積が1ha以上の世帯である「林家」は約91万戸あり、その約9割が10ha未満の保有である。農林水産省前掲註2・106-107頁。
5）蔵治光一郎（2012）『森の「恵み」は幻想か』化学同人、143-144頁。

6）工藤剛生（2014）「徳島県那珂町　森林管理受託センターによる森林所有者取りまとめ」全国林業改良普及会編『協議会・センター方式による所有者取りまとめ』林業改良普及双書（以下『協議会・センター方式』）、132-143頁。
7）地籍調査Webサイトhttp：//www.chiseki.go.jp/situation/status/index.html（2017年9月25日閲覧。）
8）福島正夫（1993）『福島正夫著作集　第三巻（土地制度）』勁草書房、288-352頁（初出「地租改正と森林所有権」農林省林野庁［1955年］）。川口由彦（2013）『日本近代法制史（第2版）』新世社、145-147頁・164-165頁・237-238頁。
9）川口前掲註8、156-159頁および福島正夫（1993）『福島正夫著作集　第四巻（民法・土地・登記）』勁草書房（初出「旧登記法の制定とその意義」『法学協会雑誌』第7巻8・10・11号［1940年］）、338頁。
10）福島前掲註9・339-352頁。川口前掲註8・345-347頁。
11）福島前掲註9・352-385頁。川口前掲註8・345-347頁および420-425頁。
12）七戸克彦（2010）『土地家屋調査士講義ノート』日本加除出版、238-255頁。鮫島信行（2010）『日本の地籍（新版）』古今書院、12-91頁。
13）鮫島前掲註12・84-85頁および88-91頁。七戸前掲註12・238-279頁。寳金敏明（2009）『境界の理論と実務』日本加除出版。
14）七戸前掲註12・286-288頁。鮫島前掲註12・85頁。吉原前掲註3・100頁。
15）フランスでは、革命後に分割相続により零細化が進み、地籍調査も不十分であったが、1970-80年代に政府が調査結果を課税に使用しないことを確約し、地籍調査を補助金給付条件とすることにより、正確なデータの蓄積が進んだ（古井戸宏通（2010）「フランスの林業統計と森林勘定」河野正男・小口好昭編著『会計領域の拡大と会計勘定のフレームワーク』中央大学出版局、39-40頁）。
16）七戸前掲註12・293-298頁。鮫島前掲註12・91-100頁。
17）国土審議会土地政策分科会企画部会地籍調査促進検討小委員会（2008）「都市部及び山村部における地籍整備の促進策」3-4頁。
18）吉岡祥充（2000）「森林保全と森林法の論理──1951年森林法における森林計画制度に関する覚書」甲斐道太郎・見上崇洋編『新農基法と21世紀の農地・農村』法律文化社、188-191頁。
19）1899年には、国有林野法および国有土地森林原野下戻法が制定されている。
20）濱坂晃（2014）「北海道中富良野町　協議会活動と連携した施業集約化の取り組み」前掲註6『協議会・センター方式』32-33頁。
21）林野庁（2016）『森林・林業白書（平成28年版）』農林統計協会、89頁。
22）福田均（2014）「富山県南砺市ほか5市　超零細所有林を集約　地域と協働で進める「地域森林振興会」」前掲註6『協議会・センター方式』62頁（一筆あたり0.055haとされる）。
23）柴田保幸調査官解説（『法曹時報』42巻5号、1990年、1162頁）も同旨。なお、憲法学には、森林法186条のような政策的な規制の憲法適合性について、(iii) (iv) 中間審査を行うことは批判するものの、(ii) 単独所有が憲法上制度として保障されているとの説には理解を示す見解がある。長谷部恭男（2006）『憲法の理性』東京大学出

版会、135頁。これに対して、安念潤司（1995）「憲法が財産権を保障することの意味」長谷部恭男編著『リーディングズ現代の憲法』日本評論社、151頁は（ii）の判示がきわめて新規なものであると位置づける。

24) 私見では、共有物の管理・処分について、共有者の過半数の同意が得られなければ保存行為（間伐等［松本補記］）しか行えないが、保存行為によって荒廃は一定程度防げるし、過半数の同意があれば持分の売却も可能であるから合憲である（香川保一裁判官の反対意見）。また、判決の結論を前提としても、裁判所が鑑定等に基づいて認定する金額による価格補償までも否定する実質的根拠はない（林藤之輔裁判官の補足意見）。
25) 速水亨は管理規模として5000～1万haは欲しいとする（速水亨（2012）『日本林業を立て直す』日本経済新聞出版社、184-185頁）。
26) 第108回国会衆議院農林水産委員会議録第3号、42-43頁（1987年5月15日寺前巖委員発言及び田中宏尚政府委員発言）。
27) 所有権の極端な細分化によって財産の利用効率が低下し、経済の停滞をもたらすと指摘されている。Michael Heller（2010）*The Gridlock Economy: How Too Much Ownership Wrecks Markets, Stops Innovation, and Costs Lives*, Basic Books.
28) 田處博之（2017）「土地所有権の放棄」『土地総合研究』2017年春号、129頁。
29) 青森市企業局上下水道部（2007）『横内浄水場水源保護区域管理ビジョン』1-3頁。
30) 濱坂前掲註20・33-34頁。
31) 高野毅（2014）「地区協議会方式による森林所有者のとりまとめ」前掲註6『協議会・センター方式』95頁。
32) 高野前掲註31・98-102頁（市町村の貸付地について貸付簿の記載ミスが多いとする）。
33) 角松生史「過少利用時代における所有者不明情報」『土地総合研究』2017年春号、17-30頁（22-24頁）。空き家対策特措法以前の自治体の空き家対策においても、個人情報の目的外使用が禁止されているとの見解もあったが、支障がないという前提で使用する・個人情報審査会に目的外使用相当という判断をしてもらう・条例において根拠規定を設ける等の運用が行われていた。空き家対策特措法10条1項は、この点に対して法律上の根拠を提供した。北村喜宣（2015）「空き家の不適正管理と行政法」『法社会学』81号、76-90頁。
34) 農地法における措置命令の運用状況につき、緒方賢一（2015）「農地の権利空洞化とその対策の現在」日本法社会学会編『法社会学』81号、96頁を参照。
35) 安江章吉（2009）「岐阜県東白川村森林組合——地域全体を考えた団地組織と事業展開」志賀和人編著『森林の境界確認と団地化』林業改良普及会双書154-158頁。
36) 蔵治前掲註5・32-37頁。
37) 蔵治前掲註5・82-86頁（この文脈では間伐材を搬出しない切り捨て間伐を推奨する）。

参考文献
青森市企業局上下水道部（2007）『横内浄水場水源保護区域管理ビジョン』。
安念潤司（1995）「憲法が財産権を保護することの意味」長谷部恭男編著『リーディングス現代の憲法』日本評論社、137-153頁。

緒方賢一（2015）「農地の権利空洞化とその対策の現在」『法社会学』81号、91-104頁。
川口由彦（2013）『日本近代法制史（第2版）』新世社。
角松生史（2017）「過少利用時代における所有者不明情報」『土地総合研究』2017年春号、17-30頁。
北村喜宣（2015）「空き家の不適正管理と行政法」『法社会学』81号、76-90頁。
蔵治光一郎（2012）『森の「恵み」は幻想か』化学同人。
工藤剛生（2014）「徳島県那賀町　森林管理受託センターによる森林所有者取りまとめ」全国林業改良普及会編『協議会・センター方式による所有者取りまとめ』林業改良普及双書、132-143頁。
国土交通省地籍調査Webサイト「全国の地籍調査の実施状況」http : //www.chiseki.go.jp/situation/status/index.html（2017年9月25日閲覧）。
国土審議会土地政策分科会企画部会地籍調査促進検討小委員会（2008）「都市部及び山村部における地籍整備の促進策」。
鮫島信行（2011）『日本の地籍（新版）』古今書院。
七戸克彦（2010）『土地家屋調査士講義ノート』日本加除出版。
柴田保幸（1990）「最高裁判所判例解説（12）」『法曹時報』42巻5号、198-266（1149-1217）頁。
高野毅（2014）「地区協議会方式による森林所有者のとりまとめ」前掲『協議会・センター方式』95-109頁。
田處博之（2017）「土地所有権の放棄」『土地総合研究』2017年春号、112-129頁。
農林水産省（2012）『森林・林業白書（平成24年版）』。
長谷部恭男（2006）『憲法の理性』東京大学出版会。
濱坂晃（2014）「北海道中富良野町　協議会活動と連携した施業集約化の取り組み」前掲『協議会・センター方式』11-37頁。
速水亨（2012）『日本林業を立て直す』日本経済新聞出版社。
福田均（2014）「富山県南砺市ほか5市　超零細所有林を集約　地域と協働で進める「地域森林振興会」」前掲『協議会・センター方式』53-94頁。
福島正夫（1993）『福島正夫著作集　第三巻（土地制度）』勁草書房。
―――（1993）『福島正夫著作集　第四巻（民法・土地・登記）』勁草書房。
古井戸宏通（2010）「フランスの林業統計と森林勘定」河野正男『会計領域の拡大と会計勘定のフレームワーク』中央大学出版局、37-76頁。
寳金敏明（2009）『境界の理論と実務』日本加除出版。
安江章吉（2009）「岐阜県東白川村森林組合――地域全体を考えた団地組織と事業展開」志賀和人編著『森林の境界確認と団地化』林業改良普及双書、140-175頁。
山本幸生・飯國芳明・松本美香（2014）「モンスーンアジアにおける土地所有権問題の展望」谷口憲治編『地域資源活用による農村振興』農林統計出版、105-122頁。
吉岡祥充（2000）「森林保全と森林法の論理――1951年森林法における森林計画制度に関する覚書」甲斐道太郎・見上崇洋編『新農基法と21世紀の農地・農村』法律文化社、176-203頁。
吉原祥子（2017）『人口減少時代の土地問題』中央公論新社。

林野庁（2016）『森林・林業統計要覧 2016』日本森林林業振興会。
―――（2016）『森林・林業白書（平成 28 年版）』農林統計協会。
第 108 回国会衆議院農林水産委員会議録第 3 号（1987）。
Heller, Michael（2008）*The Gridlock Economy: How Too Much Ownership Wrecks Markets, Stops Innovation, and Costs Lives*, Basic Books.

第4章

深刻化する森林管理問題の解決に向けた三つの方策

松本美香

　本章では、森林管理の放棄が進むなか、これを食い止めようとする三つの異なった事例を紹介する。その第一は愛媛県の久万広域森林組合であり、第二は徳島県那賀町が主導する那賀町林業活性化推進協議会、そして、第三は有限会社A林業の三つである。これらの事例は前章で提示された四つの「所有者取りまとめ」方法のうち、国庫への帰属を除く三つに相当する。すなわち、久万広域森林組合の事例は「私有林の集約化・団地化」に、那賀町の事例は「私有林の集約化・団地化」および「公有化」、さらに、A林業の事例は「私有林の規模拡大」に相当する。

1　森林組合の取り組み——愛媛県久万広域森林組合

（1）久万広域森林組合の概要

　久万広域森林組合は、愛媛県上浮穴郡久万高原町にあり、2014年6月現在で組合員数は3503人、職員数は123名と大型の森林組合である。久万広域森林組合が活動対象地域とする久万高原町は、愛媛県の中予山岳流域に属し、高知県との県境に位置する（図Ⅰ-3）。

　2015年農林業センサスによると、久万高原町内の森林計画による森林面積は5万2461haで国有林面積は9326ha（18％）、民有林面積は4万3135ha（82％）、林業経営体数は327経営体で林家数は1367戸である。齢級構成は

戦後人工造林地によくみられる10齢級前後にピークを持つ偏った分布で、現在はその多くが木材として利用可能な林齢に達しており、残存木の成長を促すための間伐や、新たな森林利用のための皆伐など、木材生産に力を入れるべき時期に入っている。

　久万広域森林組合は、組合員らからの森林整備施業や国有林事業などを請け負いながら町内の森林を育むとともに、原木市売市場や製材工場などを開設して事業を強化し、戦後造林地としての「久万林業」の形成に大きく寄与してきた。2001年には年間約6万m^3の原木消費量を誇り、集成材加工もこなす大型製材工場を整備し、いまや全国でも屈指の森林組合となって地域を支えている。そうして、大規模な製材加工場を整備したことで、工場の通年稼働を支える原木の確保が大きな課題となっており、間伐を主軸とする森林整備による木材生産を強化している。

（2）久万広域森林組合の取り組み

　久万広域森林組合の業務のなかでもとくに注目されている取り組みとして、「久万林業活性化プロジェクト」がある。このプロジェクトは、2005年度から始まった取り組みで、「中予山岳流域林業活性化センター」を情報管理の中心に据え、久万広域森林組合と久万高原町の職員それぞれ2名と、愛媛県の林業普及指導員とが参画した「久万林業活性化センター」を活動主体として進めてきた。2008年度からは久万広域森林組合内部に「活性化センター」を置き、森林組合が中心となって合意形成や施業団地化を進めている。プロジェクトでは団地設定による施業共同化推進を目的として、施業の共同化への理解を促進するための説明会の開催に取り組み、施業共同化を望む森林所有者の登録を推進する。この登録情報をもとに久万広域森林組合が現況調査などを行い、所有者らと交渉して施業団地を形成し、地域の森林整備を推進していくのである。

　近年では、地域の森林管理の責任者のように位置づけられている森林組合であるが、森林組合法に定められた森林組合の主な役割は、組合員である森林所有者の要望に応え、森林経営を指導し、森林施業や病害虫の防除などを

受託し実施することである。資機材の共同購入や生産物の加工や販売などの経済事業も任意で行える。つまりは、経営者たる森林所有者を支援する組織であって、自らが経営に乗り出すことを前提とはされていなかったのである。経営を受託する場合でも、当然ながら、森林所有者による適切な森林情報の管理を前提とした経営引継ぎを想定していた。現在のような森林所有者による経営放棄への対処は、森林組合にも想定外の事態なのである。このため、森林組合の多くが地域の森林情報を十分には把握していない状況で、地域の森林管理の責任者のように位置づけられて、対応に苦慮している。しかも、森林組合の支援対象は組合員であり組合員所有の森林であって、地域の森林をすべて網羅するわけではない。また、組合員においても林業低迷のなかで組合利用率は低く、登録情報の更新も滞っているような状況であった。

そのような状況への打開策として、地域の森林情報および森林所有者情報を保持する久万高原町と、その情報を活かして森林整備を具体的に進めていける久万広域森林組合とを直結し、長期管理契約の壁となっていた地域森林情報の整備不良部分を飛躍的に改善したことで、長期管理委託契約と施業団地形成の基盤を強化して森林資源の活用状況を大幅に改善させた。

久万林業活性化プロジェクトの具体的な活動の手順は次のとおりである（図4-1参照）。まず、①団地形成の前準備となる呼びかけである。久万林業活性化センターでは、久万高原町の保有情報を活かして、発足当初の2005年には10ha以上、2006年には3ha以上の町内森林を所有する所有者に対して、共同施業団地を希望する場合には「山林所有者登録」をするように促す案内を郵送にて計2回行った。これに呼応した共同施業希望の森林所有者が「山林所有者登録」を申請し、その森林面積は、2005年度で3094ha、2006年度には8507haと、町内民有林面積の20%を占めるほどとなった。

活動初期に施業団地候補となる森林を広く確保しえたのは、このプロジェクトにとって大きな一歩であった。この久万高原町が主導した事業案内の一斉送付によって、森林組合が保有していた森林・森林所有者情報の乏しさと古さを大幅に改善することに成功した。その後もこの呼びかけは継続しており、愛媛県松山市や大阪府など、久万高原町出身者の多い地域での説明会や、

第 I 部　日本の分析

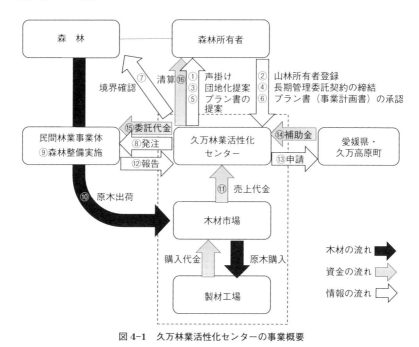

図 4-1　久万林業活性化センターの事業概要
出所：筆者作成。

地元での同窓会・同郷会など、さまざまな場面で行われている。

また、こうして得た山林所有者登録情報を古びさせないために、登録者には久万広域森林組合への加入を勧めるとともに、組合員情報の更新の仕組みを並行して整備したこともプロジェクトの成果に大きく貢献している。具体的には、組合員情報のデータベース化と廃止していた「組合だより」の復活である。合併によって複雑化していた組合員情報をデータベース化して整理するとともに、連絡不能組合員については、住民票を手配して転居や生存を確認したり、理事や職員らへ聞き取りを行ったりと情報の更新に膨大な手間をかけた。そして、「組合だより」を復活させ、登録組合員全員の登録住所に年1回郵送してその未着状況を把握することで登録情報の劣化を確認する仕組みをとっている。ちなみに、一度の郵送で宛先不明で返ってくるのは10〜30通で、これに対して電話で確認したり、その地域の組合理事や職員に

確認したりしており、現段階ではこの方法で対処できているという。この仕組みが功を奏して、2014年度末の登録組合員3495人のうち、連絡可能なのは3420人、全体の98％を維持している。

　次に行うのが、②地域説明会である。現地確認を行い、①で登録された共同施業を希望する森林が集中する箇所を「団地推進地域」として選定し、その地域の森林所有者を集めて「地域説明会」を行う。地域説明会では、共同施業団地への参加を呼びかけるとともに、施業への協力も求め、③「久万広域森林組合との管理委託契約」につなげていく。2007年度までは、高率補助金獲得に必要な面積が集まると登録山林所有者らと「管理委託契約」を結び、形成した団地で森林所有者らにかわって森林施業計画を立て久万高原町に申請し承認を受ける形式をとっていた。しかし、この方法では早期に山林所有者登録をしていても十分な面積が集まるまでは施業にとりかかれなかったことから、2008年度からは久万高原町全域を旧町村単位に4区分して四つの森林施業団地として登録した。このため、以後は町内のどこであっても共同施業の希望があれば団地に参加できるようになり、森林整備の着手速度は大きく向上した。この変化は所有者らに好意的に受け止められたようで、山林所有者登録面積は平成20年度に7799haと大きく伸び、のべ面積は1万7687haで町内民有林面積の41％に達している。

　この後、久万林業活性化プロジェクトは久万広域森林組合の森林部の手に移る。まず、間伐など森林施業の対象森林を調査し、樹種や成立本数、樹高や胸高直径、地形や作業道の有無などを確認する。次に調査の結果を用いて「プラン書」と呼ぶ施業見積書を作成して、個々の対象森林所有者に説明を行い（⑤）、その承諾を得て施業に着手することとなる。つまり、プラン書への承諾が得られなければ施業に進まないのである。この慎重さも、所有者の山林登録への抵抗感を押し下げて、プロジェクトへの信用力確保に貢献している。こうして森林所有者から施業を受注したあとは、⑦山林の境界確認を行う。

　しかし、森林情報の管理のなかでもこの境界確認は難しい。理由の一つには、森林簿と連動する林小班図では縮尺が大きく明確な位置の把握に向かな

いことがある。また、立木が生い茂る現地での計測では探査環境が悪く、GPSを用いても位置情報の計測精度が±10m程度と低くなることもある。最大の理由は、立木が成長して外見差異のわかりにくい林齢となったことである。所有森林に手を入れていた植栽や保育時点では、隣接地の立木との数年の違いが大きな差として目視で確認できたために境界が意識して管理されることはなかった。しかし、現在では、現地には林齢が多少異なってもほぼ同じような大きさに育った人工林が広がっており、境界を知らない者には境界がまったくわからないのである。近年は、境界確定作業への補助が手厚くなっているが、久万高原町は全域で国土調査が完了しているため、この事業を活用することができない（国土交通省では、2010年度から山村境界基本調査を国の基本調査として実施しており、国が全額経費を負担して事業を行う）。このような困難な状況下であるが、現地での境界確認は重要であり、境界を逸脱することを避けるために境界確認には原則として所有者が立ち会い、施業のあとはペンキなどを境界木に塗布して境界を表示している。ペンキは10～20年ほどもつので、定期的な森林整備を行っている限り、境界が維持される仕組みである。

　この境界確定と並行して行うのが、「事業設計書」の作成である。事業設計書では施業内容から落札予定価格を決定して、⑧請負事業体へ入札等による発注を行う。久万林業活性化プロジェクトでは森林組合が事業を行うことはなく、登録している民間林業事業体が施業を行っており、この森林組合と民間事業体との連携関係もこのプロジェクトを支える大きな要素となっている。通常、森林組合と民間林業事業体とは、利益率の高い国有林や公有林の事業獲得をめぐって競合関係にあり、それゆえに連携関係を構築し難いものである。しかし、久万林業活性化プロジェクトでは、事業地化に多大な手間のかかる民有林の事業地化を久万広域森林組合が担って地域に新たな事業地を生み出し、また、創出した事業に対しても森林組合が利益率の高い所の先取りをすることなくすべての事業を外部に発注する形式をとったことで、民間事業体の信頼を得ている。この事業地は国公有林事業と比較して利益率が低いものの、民間事業体にとっては国公有林事業の対象外期間の仕事や入札

失敗時の埋め合わせ仕事として十分な意味を持ち、民間事業体の経営安定に大きく寄与している。

この後、森林施業は落札した民間林業事業体により事業設計書に基づいて実施され（⑨）、完了報告が森林組合に届く。森林組合は完了検査を行い、愛媛県や久万高原町に補助金交付申請書を提出して補助金を受ける（⑬⑭）。最後に補助金額の確定を待って⑯事業費の清算を行い、森林所有者への支払いと郵送による通知がなされる。

（3）取り組みを支えた仕組み

この久万林業活性化プロジェクトの仕組みは、一見すれば久万広域森林組合の自己犠牲による地域活性化のようであるが、決してそうではない。久万広域森林組合の事業展開を思い出してほしいのだが、久万広域森林組合は団地化を進める久万林業活性化センターのほかにも、木材市場と大型製材工場とを運営している。このため、団地での森林整備事業から生産される木材は、久万広域森林組合の運営する木材市場に出荷され、その際に取扱手数料等が森林組合の収入となる。また、多数の民間林業事業体が活発に木材を生産することで、木材市場には商品としての木材が溢れ、それが買い手への大きな魅力となって買い手を呼び、取引は活性化するのである。また、通常は木材市場に商品が溢れれば価格は下落するのであるが、久万広域森林組合にある良材挽きと並材挽きの2種の製材工場が原木調達により価格を支え、競り合いによって販売価格は周辺地域と比較して高値で推移している。もちろん、製材工場側には競合によるデメリットはあるが、工場近郊での原木確保により運送費が抑制される点や必要原木を優先的に確保できる点などでメリットが十分にある。このように、久万広域森林組合が成功させた久万林業活性化プロジェクトは、得難い地方自治体の協力と、久万広域森林組合の幅広い事業展開、そして民間林業事業体の協力があってこそ成り立つ条件の難しい取り組みである。このため、一般の森林組合への導入には非常に困難をともなうため普及は進まなかった。しかし、一つの成功事例として分析され、「情報を活かせる組織での事業地化」と「事業地の発注による事業体の育成」、

そして「取り組みが回る資金確保の仕組み」という成功のポイントは、ほかの取り組みにも取り入れられた。

2　地方自治体の取り組み——徳島県那賀町

（1）那賀町の概要

　徳島県那賀町は、2005年に鷲敷町、相生町、上那賀町、木沢村、木頭村の5町村が合併して誕生した自治体である（図Ⅰ-3）。この地域の上流域は「木頭林業」の名でも知られ、スギを主体とした疎植造林方式での大径木生産で徳島県内の板材産業や京阪神地方の木材需要を支えてきた林業地である。

　2015年農林業センサスによると、那賀町の森林計画による森林面積は6万5859haで国有林面積は4178ha、民有林面積は6万1681haである。ちなみに国有林面積の少なさは、幕藩時代末期の明治2（1869）年に廃藩置県を直前にして、藩有林を民間に払い下げたことに起因している。林業経営体数は208経営体で林家数は1229戸である。豊かな森林面積の多くは戦後の復興需要対応後の再造林によるものであり、その多くが木材として利用可能な林齢に達しており、残存木の成長を促すための間伐や一斉収穫の皆伐など、木材生産に力を入れる時期に入っている。

　この森林資源を背景として、町内には木頭森林組合が設置されている。木頭森林組合は、1992年10月に那賀町内の4森林組合が広域合併し、2007年には鷲敷町森林組合と合併して、約6万haを管轄する組合となり、森林整備事業のほかに二つの木材共販所（吉野、横石）を運営している。

　なお、民有林のうち公有林を除く私有林について注目すると、2014年度の私有林面積は5万8844haで民有林の95％を占め、そのうち不在村所有者の所有率は51.9％の3万547ha、在村所有者の所有率は48.1％の2万8297haとなっている。また、私有林所有者数は7661人で、そのうち不在村所有者は31.1％の2386人、在村所有者は68.9％の5275人であった。2015年の国勢調査によると、那賀町の人口は8402人で老年人口は3914人、生産年齢人口は3731人で総世帯数は3481世帯であり、人口の約半分強が森林所

有者と考えられる。つまり、那賀町において森林・林業の改善は、町民の半数以上を巻き込む課題なのである。

また、那賀町では林業労働力の減少が著しく、1980年に860人だった林業労働力は2005年には721人（84％）も減員し139人にまで落ちている。2010年には165人に微増しているものの、広大な森林面積を管理していく人数としては心もとない状況が続いており、この点からも森林・林業への対策が急がれている。

（2）那賀町の取り組み

那賀町では、地域森林を活かした地域活性化を目指して、2011年の7月20日に那賀町林業活性化推進協議会を設置した。組織は、旧徳島県林業公社で現在は森林づくり推進機構の長を会長とし、副会長を木頭森林組合長、委員を那賀町、町議会、徳島県、山林所有者、林業事業体の5団体からそれぞれ2名ずつ置き、そして下部組織として専門部会にそれぞれの職員を置くものであった。そして協議会は、豊富な森林資源を活用した地域振興を掲げて、同年12月13日に那賀町林業マスタープランを作成した。

マスタープランでは、中期計画目標として2014年度に町内木材生産量11万m^3、町内林業雇用者180名を、長期計画目標として2020年度に町内木材生産量20万m^3、町内林業雇用者250名を掲げた。また、中期計画目標の達成に向けて、①推進体制の整備、②事業地確保対策、③機械化と路網整備、④人材育成と林業事業体支援、⑤原木流通体制の整備、⑥木材の利用促進の六つのアクションプログラムを設定した。そして、マスタープランの推進体制は、那賀町森林管理受託センターを核にして、関係組織も連携しつつ進めるというものであった（図4-2参照）。

森林管理受託センターは役場の一機関という位置づけで、2012年4月に準備室として那賀町役場に設置された。センター準備室に課せられた業務は、町内森林の所有者に森林整備の必要性や支援制度を説明し、森林経営（長期施業管理）の委託を受けて、経営委託分の森林に対して必要に応じてそれらの森林整備を進めることである。

第Ⅰ部　日本の分析

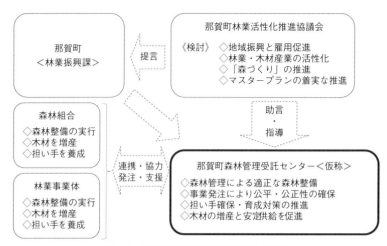

図4-2　那賀町林業活性化推進協議会の組織
出所：マスタープラン資料をもとに筆者作成。

　具体的な工程としては、まず①境界調査を行う。境界調査では森林所有者の立会いのもとで境界を確認し、②境界杭の設置と測量を行うが、この作業に関しては、那賀町の前身である旧相生町では1996年から、旧木沢村においては1997年から、それぞれ徳島県単独事業の「森林受託管理システム推進モデル事業」と国の補助事業である「森林管理整備事業」とによって進められていた経緯がある。この事業の推進において、旧相生町の積極性はとくに高いものであったという[1]。

　その後、①②の作業で確保した所有者とのつながりと調査結果を活用して、③説明会等を開催して長期管理委託契約の承諾を得て、④施業提案等を行って施業委託を受け、⑤作業道の開設ののち、⑥間伐を実施して、⑦事業の清算を行った。

　センターの人員構成は、役場職員が2名と徳島県林業公社職員（当時）が4名、木頭森林組合職員が6名の計12名とされた。役場職員はもちろん活動推進の軸として配置され、他の2団体からの職員派遣は、森林経営管理受託や森林整備事業の設計・発注といった役場の通常業務外の業務をスムーズに進めるための受け入れであった。森林・森林所有者の情報は、森林所有者

第 4 章 深刻化する森林管理問題の解決に向けた三つの方策

表 4-1 森林管理受託センターの事業実績

		H24 年度	H25 年度	H26 年度	3 か年度合計
搬出間伐事業	地区数	12	9	13	34
	面積（ha）	102.19	81.33	100.72	284.24
	生産量（m³）	10,085	7,680	9,152	26,917
	事業費（万円）	10,219.9	7,953.1	8,874.8	27,047.8
作業道開設事業	路線数	13	14	9	36
	開設距離（m）	18,213	15,096	9,607	42,916
	事業費（万円）	3,535.0	2,861.1	1,605.8	8,001.9
森林境界明確化事業	地区数	11	15	12	38
	面積（ha）	1,177.10	1,437.32	2,342.88	4,957
	事業費（万円）	3,965.2	5,538.5	7,718.3	17,222.0
森林経営計画（完了）	地区数	16	5	3	24
	林班	21	5	3	29
	面積（ha）	1,415.30	421.26	177.14	2,013.7

出所：那賀町資料より作成。

　に同意契約を求めて許可を得て、森林管理サポートセンターの 3 社で共有している。2012 年 12 月時点での町内林業事業体数は 18 社で、そのうち登録林業事業体は 10 社で、認定林業事業体は 8 社であった。認定事業体 8 社のうち木頭森林組合を含む 5 社がセンターの入札に参加していた。その後、2012～14 年で事業体数・入札者数は変化していない。

　以後、森林管理受託センターは活動体制を整備しつつ取り組みを進め、2014 年度までの 3 か年度において、森林経営の基礎でありこの活動の基盤になる森林境界明確化事業を 4957ha 実施し、その半数の 2013.7ha の森林経営計画の樹立につなげた。また、搬出間伐事業により 284.24ha に対して 2 万 6917 m³ の木材を生産し、森林整備も着実に進めてきた。そして、2015 年 7 月には森林管理サポートセンターに改称し、人員構成を役場職員が 3 名と森林づくり推進機構が 1 名、木頭森林組合職員が 3 名の計 7 名として、本格稼働を始めている。

（3）取り組みを支えた仕組み

　この森林管理受託センターの取り組みの背景にも、久万広域森林組合の久万林業活性化プロジェクト同様に、他地域では真似をしがたいポイントがいくつかある。

　一つ目は、地方自治体である那賀町自身が積極的に参加している点である。地方自治体の関与には、情報管理や信用の面で大きなメリットがある一方で、主体となって活動するには大きな問題が出てくる。つまり、自治体会計上のリスクである。森林管理受託センターは那賀町の一機関という位置づけであるため、その取り組みである森林所有者からの私有林受託事業の運用は、自治体の会計下で町が森林所有者から事業受注して、登録業者に事業発注して行うことになる。問題となるのは、木材の販売部分である。町では条例の縛りがあり木材の有利販売をすることが難しいため、木材の販売部分は分離して森林所有者と素材生産業者との直接契約にしていた。ただし、見積もりは町が行い、施業と木材販売は受注事業体、木材販売からの売上清算は事業体が行うため、処理が複雑になっていた。2012年以降の3年間はこの状況で進めていたが、2015年から森林整備事業と木材販売事業とを分離している。そのほか、町の会計は年度単位で管理されているため、通常は年度末の決算期と年度初めの予算未定期は事業予算がない状態となり、発注業務の中断が起きて、このシステムに依存している事業体経営には大きな負担がともなう。これに対して那賀町は、年度内に終了しない年度繰り越しを前提として、十分な事業を年度末に発注して対処している。しかし、この方法は会計上好ましい処理ではなく、当然ながら役場業務の衝突が起き、職場環境の悪化につながる。那賀町で実現できているのは、町長が森林所有者であり、この問題の重要性を深く理解しているとともに、森林資源を活用した地域振興に意欲をもって活動を推進させていることが大きい。

　二つ目は、2011年度から進められている徳島県の単独補助事業である公有林増加事業（とくしま豊かな森づくり推進事業）の活用である。この事業では、私有林の公有林化に対して、60万円／ha未満は全額補助で、60～65万円／haだと3分の2補助となっている。しかも、公有林化後10年以内の

表 4-2　公有林化の実績

	H23 年度	H24 年度	H25 年度	H26 年度	計
公有林化事業箇所	1	1	2	2	6
購入面積（ha）	79.46	124.25	93.56	101.93	399.20
購入金額（万円）	5,200	2,380	2,270	1,977	11,827

出所：那賀町資料より作成。

施業費として 35 万円／ha をセットで予算化してくれている。また、この事業は徳島県の水力発電事業の利益から拠出されており、川口ダム、長安口ダム、小見野々ダム、大美谷ダムの四つのダムを抱える那賀町は、この事業を積極的に活用して立木がある林地を優先して買い取って町有林を増加している。町内私有林の 50％ は不在村所有者の所有であり、彼らには森林を売りたいという傾向も出てきているという。この事業で追加した町有林は 2014 年度までの 4 年間で 399.2ha に上り、私有林では伐採を避ける 3〜8 月の伐採不適期や、入札事業が激減する年度末に発注する年度繰越事業の対象地確保に役立っている。

　三つ目は、各関係団体の連携である。この森林管理受託センターの取り組みには、中核となっている那賀町とそれを指導する県職員以外に、森林づくり推進機構と木頭森林組合、そして民間林業事業体とがうまく関わっている。業務は、徳島森林づくり推進機構が私有林委託事業のうちの植栽や保育の発注を担当し、木頭森林組合が私有林委託事業のうちの搬出間伐を担当し、那賀町がそれら私有林受託事業以外（境界調査・経営計画・森林施業提案・皆伐推進）や公有林化推進、森林情報の整備事業（境界明確化事業の発注、町有林整備事業の発注など）を担当して、うまく特性を活かしている。また、森林管理受託センターの取り組む補助事業と関わりが薄く利益率が比較的高い皆伐事業については、情報を共有することなくそれぞれの事業体が直接担うなど、業務整理に無理がない。そのほか、久万広域森林組合の例で言及した森林組合と他の民間事業体との競合関係に関しては、森林組合による事業の選り好みの可能性は排除できていないものの、町が全面的に中核となって活動していることで抑制効果を発揮していると考えられる。民間林業事業体

についても、国公有林が少ない地域であったせいで、大規模な事業体が育っていなかったことが、大きな反発もなく、むしろ成長の機会という認識で協力を得られている点も大きい。また、旧徳島県林業公社における、森林づくり推進機構への転身で積極的な林業活動を軸とした経営で改善を図ろうとする動きも、たいていは置き去りにされる保育事業をうまく取り込むことに役立っているほか、木頭森林組合の業務負担の軽減にもつながっている。

　これらの要素は、那賀町が意図したものもあるだろうが、意図の外にあるものも多く、他の自治体が同様の取り組みを進めようとする場合でも、こういった環境を整備するのは簡単ではない。

3　民間事業体の取り組み──高知県有限会社A林業

（1）有限会社A林業の概要

　有限会社A林業は、高知県吾川郡いの町を主な活動地とする（図1-3）、昭和59（1984）年設立の林業事業体である。2015年農林業センサスによると、いの町の森林計画による森林面積は4万1609haで国有林面積は1万1169ha、民有林面積は3万440haである。林業経営体数は78経営体で林家数は1024戸である。町内の高知中央森林組合は、森林整備事業の発注を行っていない。

　このような環境のもとで、A林業は立木購入地において架線集材による皆伐施業を主体とする素材生産方法をとっており、木材価格が十分高かった頃は地元だけにとどまらず、徳島県まで出向いて現地に宿泊しながらの素材生産活動を行っていた。しかし、木材価格が低迷するとともにそういった遠距離事業地での生産活動は難しくなり、近年では往復約2時間程度の通勤時間を上限として、いの町内もしくはその近郊までの事業地で生産活動を行っている。また、皆伐事業だけでは収支があわなくなってからは、施業受託型の間伐にも取り組んでいる。とくに、2006年度から取り組んだ林業経営担い手モデル事業によって241haの団地を形成して測量と森林情報管理のための設備と技術を整えて以降、独自に造林補助申請を行える高い事務能力を保

持している。その能力を活かし、2010年には高知県森の工場事業において179.43haの団地を設定し、間伐など造林補助事業対象の施業受託地を増やしている。

（2）有限会社A林業の取り組み

　A林業は、木材生産活動を行う前に現場の森林にお神酒を奉げて、立木という恵みへの感謝と伐採活動での無事を山の神に祈る。また、山の神や道の神の祭りの日にも、宮司を招いて祈りを奉げるとともに、社長は毎日その日の皆の仕事の安全を神棚に祈るという。こういった向きあい方からもわかるように、A林業は、地域の森林を活かすことで生かされていることに誇りを持つ、地に足のついた実直な事業体である。

　そういったA林業が、従来の建材需要が縮小して木材価格が低迷し、大規模製材工場などの大口消費が次々とあらわれて従来の原木流通が大きく変化するなかで選択した戦略は、木材販売収益の最大化とそのための原木市場流通依存からの脱却であった。木材価格の低迷とともに、原木市売に掛かる手数料負担が大きくなってきたことで、自社の生き残りをかけて独自の販路を開拓してきたという。

　具体的には、生産した木材を事業地もしくは周辺の土場で、製材原料とする良質材（A材）と製材・合板原料とする並材（B材）と、チップ原料とする低質材（C材）とに仕分けて、それぞれに最適な流通に乗せることで木材販売収益を高めるのである。A林業では、自社有林からの木材生産について、ABC材が混在した生産木材を、まず事業地土場でAB材とC材とに仕分けて、AB材は自社の中間土場に運び、C材はチップ工場に直送する。中間土場に運んだAB材は、出荷先の指定の材質に合わせて仕分け、近距離（県内）は11tトラックで、遠距離（県外）は28tトレーラーにて契約工場に直送する。しかし、すべてを直送できるわけではなく、原木市場への出荷もある。原木市場への出荷は、契約対象外の生産木材のほか、原木市場からの特殊材の注文があれば高値なので優先して出荷している。最近は、規格外品の供給力を確保するため、一部長伐期の所有地も確保している。なお、バイオマス

燃料用となる林地残材については、採算にあうところであれば販売するが、その場合は事業地土場から専門業者に運送を依頼している。直送の契約先は県内外の比較的規模の大きい製材工場で、契約の契機は先方からの申し込みや、原木市売り市場などでの営業活動により確保してきているが、直納での採算を確保していくには大型トレーラーでの自前運搬が重要だという。ちなみに、他の森林所有者から受託している間伐からの生産木材については、契約者への説明責任を負うため、透明性の高い価格決定での流通を重視し、どうしても原木市売市場への出荷となり、直納には回していない。

また、A林業では、生産性の向上のために林業機械の導入も進めているため、機材の稼働効率の面から通年の素材生産を必要としている。しかし、近年取り組みを進めてきた間伐受託事業については、補助事業の活用の面で有効であるが、森林整備事業であり残存木が傷を負う可能性の高い、春先から秋の終わりまでの半年以上は事業を控えなければならない。これに対してA林業がとった対策は、間伐ほど伐採時期を問わない皆伐との併用である。間伐と皆伐をうまく併用することによって、通年での直送契約の数量調整も行うとともに、機材の稼働効率も高め、地域の森林所有者らからの信頼も維持している。

これらの取り組みの結果として、2013年の年間生産実績は、チップ以外の木材が1万2545m^3でチップ用が9176tであった。また、流通先別の流通量は、県内市場に6222m^3、直送を含む県外市場等に5709m^3、県内製材への直送に613m^3、チップは9176tすべてを県内業者に販売している（表4-3）。

（3）取り組みを支えた仕組み

A林業の取り組みは孤軍奮闘のようにみえるが、じつはそれを支える重要な支援者の存在がある。

一つ目は、同じ地元で根を下ろして活動する造林保育専門業者の存在である。A林業は皆伐を活動の重要な柱としているが、そのために皆伐対象となる立木を購入し続けている。近年は、森林所有者らの森林保有意欲が低下している背景もあり、A林業でも立木購入だけではなく土地込みの売却希望が

第4章 深刻化する森林管理問題の解決に向けた三つの方策

表4-3 A林業の生産・出荷量

平成25年　年間生産量		平成25年　流通先別流通量	
スギ：8,880m³	12,545m³	県内市場	6,222m³
ヒノキ：3,503m³		県外市場等（直送含む）	5,709m³
その他：161m³		県内製材（直送）	613m³
チップ：9,176t		県内	9,176t

注：A林業資料より作成。

半数程度にまで増加しており、毎年多くの山林取得をせざるをえない状況にある。つまり、取得した土地込立木を皆伐した後は、再造林の必要な土地となるのである。A林業では、皆伐後の植林は責務として積極的に取り組んでいるため、対象地は毎年増加している。当然ながら、素材生産事業を行っているA林業が、木材生産をせず、熟練の人手が多く必要な、しかも自社所有林の造林保育活動に、貴重な職員を配置することは得策ではない。地元の造林保育専門業者の存在は、そのような苦しい状況にあるA林業のこのうえない救い手となっている。とくに、この専門業者は5人程度の家族経営で事業継承への問題もなく、持続性を重視するA林業との相性もいい。また、専門業者側にとっても、地元での十分な事業地の供給限があることは経営上重要であり、この関係は双方にとってメリットがある。

　二つ目は、再造林対象林地の購入者の存在である。毎年15ha程度の所有地の増加は、A林業に少なくない負担を課している。保育作業の必要な時期の施業費負担はもとより、毎年の固定資産税の負担も必要となる。これが小規模な森林所有者であれば免除される場合もあるが、どんどんと所有地を広げるA林業ではそうはいかない。徐々に経営を圧迫していってしまうのである。そんなA林業にとって、購入地の条件が厳しく適地が多くないとはいえ、再造林対象林地の購入者の存在は小さくない支援となっている。しかしながら、この木材価格低迷下にあって、再造林対象地、つまりは無立木のはげ山を好んで購入し、植林投資を行ってくれる大規模森林所有者の存在は稀有な存在である。

　三つ目は、高知県が開設した大規模林道である。大型のトラックが十分通

行できる大規模林道が奥山の事業地へのアクセスを容易にして、新設路網の延長も短距離ですむことで事業費を抑制でき、架線型の皆伐施業を支えている。とくに、A林業はできるだけ道路わきから着手して、徐々に近接する奥地側の所有者から立木もしくは取り込み立木の購入を行って事業地を広げていっている。これにより、新設路網は最短距離ですみ、重機類の移動も最小となる、そのうえ選木用の作業土場も十分に確保している。つまり、事業地の移動にともなう重機旋回料を抑え、新規路網開設費を抑制し、奥地化することによる作業効率の低下をも最低限に抑えているのである。

以上のように、A林業の取り組みにおいて、事業を展開してきた場所にこれらの貴重な存在がいたことが非常な幸運であった。A林業は目の前の宝を大切にしつつ、十二分に活用して事業展開を図っているのである。

4 経営上の課題と林地台帳の可能性

以上紹介した三つの事例はいずれも優良な事業として知られている。しかし、これらの取り組みにおいてさえ、何らの懸念がないというわけではない。

たとえば、久万広域森林組合の例であるが、取り組みの核となっている製材工場の経営は、住宅需要の減退のなかで厳しい苦難を強いられている。また、林業の担い手不足でも、減少が続く町内人口・生産労働人口とともに深刻化が止まらない。久万広域森林組合の例と異なり大きな製材工場がない那賀町の例では、取り組みの支えとなる木材需要の不在は大きな懸念材料である。単なる増産では材価下落を促進するのみである。これに対しては、那賀町主導で木製品および原木の販売経路構築として、木質燃料やリグニン加工・商品化技術の開発、新木質素材の開発などに積極的に取り組んでいる。しかし、まだまだコスト面で課題は大きい。それに加えて、町長の牽引力に依存した仕組み、すなわち用途開発や町有林の増加などの財政負担、そして会計処理などの行政内部組織の負担、それぞれで徐々に問題が育つ土壌もあり、懸念は尽きない。加えて、一向に進まない事業体育成への懸念もある。そして、民間活力で努力を重ねているA林業の例についても、所有地の増

加による維持管理費の増加は、木材価格が好転しない限り、年を経るごとに資産面の重い課題となり経営を圧迫するだろう。

　厳しい経営環境を改善する動きとして注目すべきは、2016年5月の森林法の一部改正において創設が決定された「林地台帳制度」がある。この林地台帳制度の目的は、森林所有者情報の精度向上と情報利用の利便性の向上を実現することによる森林整備の促進および事業体の育成にある。つまり、この章で紹介した事例のいずれにおいても重要課題となっていた「森林・森林所有者情報の入手」に対する抜本的な支援策である。林地台帳は一定の準備期間を経て、2019年3月末の公表が予定されている[2]。この大きな追い風をどのように活かし、森林資源豊かな地域に息吹を吹き込んでいくのか、法整備による林地台帳を前に、次は現場の力が試されている。

注
1）松村直人・志賀和人・都築伸行・山田茂樹（1998）「徳島県における森林所有境界確定への取り組み——相生町、山城町の事例」『森林応用研究』7号。
2）林野庁（2016）「林地台帳及び地図整備マニュアル」、官報（号外第111号）、独立行政法人国立印刷局。

参考文献
松村直人・志賀和人・都築伸行・山田茂樹（1998）「徳島県における森林所有境界確定への取り組み——相生町、山城町の事例」『森林応用研究』7号。
林野庁（2016）「林地台帳及び地図整備マニュアル」、官報（号外第111号）、独立行政法人国立印刷局。

第 5 章

土地所有権の空洞化現象としての耕作放棄

緒方賢一

　第 5 章では、日本における土地所有権の空洞化現象として農地の耕作放棄を取り上げ、法制度的観点から検討する。耕作放棄地あるいは遊休農地と呼ばれる農地は[1]、平成期に入って急激に増え始めた。耕作放棄の解消と発生防止を目的とする法的対策は、1989 年の農用地利用増進法（昭和 55 年法 65 号）改正時に遊休農地対策規定が設けられた[2]ことに始まり、今日までその機能が順次強化されてきた。しかし、耕作放棄は現在も増え続けており、より有効な対策を講じる必要性、あるいは農地を含めた土地法制全般を再検討する必要性が生じている。

1　耕作放棄地問題の推移

　農地は、農地として利用されてこそ価値がある。農地に関する法体系の中心に位置づけられる農地法（昭和 27 年法 229 号）では、農地であるかないかを登記簿等の情報に依って決定するのではなく、現況主義といって、実際に農業が行われ農地として利用されているかを農業委員会が確認して決定するとしている。農地法はかつて所有者が農地を耕作することを原則としていた。今日ではこれを一定程度重視しつつも必須とはせず、利用者の権利保護を通じた利用の確保に重点を置いているが、農地として利用されてこそ農地であるという原則は変わらない。その利用が確保できない状態が、耕作放棄であ

表 5-1　耕地面積、耕作放棄地面積、総農家数、土地持ち非農家数、農業就業人口の動向

年次	耕地面積（万ha）	耕作放棄地面積（万ha）	耕作放棄地／耕地（％）	担い手利用面積（万ha）*1	担い手利用地／耕地（％）	総農家数（万戸）	土地持ち非農家数（万戸）	農業就業人口*2（万人）	耕地面積(ha)／農家数(戸)	耕地面積(ha)／農業就業人口(人)
1960	607.1	—	—	—	—	605.7	—	1454.2	1.00	0.42
1965	600.4	—	—	—	—	566.5	—	1151.4	1.06	0.52
1970	579.6	—	—	—	—	540.2	—	1035.2	1.07	0.56
1975	557.2	13.1	2.4%	—	—	495.3	27.3	790.7	1.12	0.70
1980	546.1	12.3	2.3%	—	—	466.1	31.5	697.3	1.17	0.78
1985	537.9	13.5	2.5%	—	—	437.6	44.3	636.3	1.23	0.85
1990	524.3	21.7	4.1%	—	—	383.5	77.5	481.9	1.37	1.09
1995	503.8	24.4	4.8%	86.3	17.1%	344.4	90.6	414.0	1.46	1.22
2000	483.0	34.3	7.1%	134.2	27.8%	312.0	109.7	389.1	1.55	1.24
2005	469.2	38.6	8.2%	180.6	38.5%	284.8	120.1	335.3	1.65	1.40
2010	459.3	39.6	8.6%	220.7	48.1%	252.8	137.4	260.6	1.82	1.76
2015	449.6	42.3	9.4%	235.0	52.3%	215.5	141.3	209.7	2.09	2.14

*1 認定農業者、認定新規就農者、市町村基本構想の水準到達者、集落営農経営が所有権、利用権、農作業受託（集落営農経営については、農作業受託のみ）により経営する面積。
*2 1990年より販売農家における数。
出所：農林水産省「農林業センサス」「耕地及び作付面積統計」「農地中間管理機構の実績等に関する資料」より作成。

る。

　耕地面積と耕作放棄地面積、担い手の利用面積と、総農家数、農業就業人口等の推移を表 5-1 に示した。耕作放棄地は昭和期からすでに一定程度存在していた。その面積は 1970～1980 年代にかけて 12～13 万 ha、耕地面積の 2.5% 程度で推移していた。1970 年代は高度経済成長期の終盤であり、工業用地、宅地、道路用地等への転用が多く、転用期待等による耕作目的以外の農地保有が相当程度あって、それが不耕作となって表れていた。

　耕作放棄地面積は平成期に入ってから急激に増加し、2015 年には 42.3 万ヘクタール、耕地面積の 1 割程度にまで増えた。耕地面積は 1960 年から 2015 年の 55 年間に 4 分の 3 程度になったが、農家 1 戸当たりの耕地面積は増え、担い手の農地利用率は上がった。こうした面からは、担い手への農地集積が

進み、効率的利用が実現したと評価することができるかもしれない。一方、総農家数、農業就業人口はそれぞれ3分の1、7分の1に減っており、農地面積の減少度に比べ、担い手の減少度が著しい。また、農家戸数と農業就業人口が同数に近づいており、家族経営の形骸化が進んでいる。こうした面から考えると、担い手の減少が耕地面積の減少よりも顕著に進んだから、担い手利用面積が増えているともいえる。

　担い手への耕地の集積を図り、農業経営規模の拡大を通じて担い手の経営の安定と発展を促していくいわゆる構造政策は、1960年代に始まり今日まで継続している農政の基本政策である。第2次世界大戦後、地主−小作制度を解体した農地改革は、地主の所有地を政府が強制的に買い上げて小作農に譲渡する形で行われた[3]。農地改革の成果を確固たるものとして、自作農主義を規定したのが、1952年制定の農地法であった。制定時の農地法は「農地は耕作者が所有することが最も適当である」として、農地の所有と利用の一元化を強く求め、自作地での農業経営を原則とした。しかし、高度経済成長期になると、1haという平均経営規模での農業所得は他産業に比べて低くなり、農業が経済成長から取り残される状況になった。このため経営規模の拡大による農業所得の向上を政策目標とした。耕地面積が減っていく中で、農家の経営規模の拡大を経営耕地面積の拡大でするとなれば、一部農家に離農してもらい、その農地を集めるしかない。当初は所有権レベル、すなわち売買で農地集積を図ったが規模拡大は進まず、1970年農地法改正により、貸借による利用集積を目指した。目的規定に「土地の農業上の効率的な利用を図るため」を追加し、農地等の権利取得の最高面積制限を廃止し、最低面積を引き上げ、担い手の規模拡大を促進した。一方、農地の出し手に対しては、挙家離村の場合に一定の要件の下に小作地の所有を認める等、農地の所有制限の緩和を行った。さらに、1980年制定の農用地利用増進法では、市町村事業で行う農地の利用権設定については農地法の規制の適用を除外し、短期自動消滅の賃貸借を認めるという形をとり、これが奏功して農地の利用権設定が増えていった。

　構造政策を推進するために、農地法制は所有と利用の分離を許容し、借地

第 5 章　土地所有権の空洞化現象としての耕作放棄

による担い手への集積を実現し、利用中心の農地政策が展開された。1980年代以後農地の貸借は徐々に増加し、担い手の利用面積が耕地面積の 5 割を超えるまでに至っている。農業所得の向上を図るために経営規模の拡大を目指したため、耕地面積が減るなかにあっても担い手の農地面積は増えたが、担い手の数は減少した。少数の担い手で多くの農地を効率的に利用する必要があるとなれば、中山間等の条件不利地域にある農地や基盤整備等がなされず利用しづらい農地の需要は減少し、利用されなくなる。その結果が耕作放棄として表出したということができる。耕作放棄地増加の原因は多様であり、単線的に捉えることはできないが、規模拡大を求めた農業構造の変化のなかでの耕地面積と担い手の減少スピードの差がやがて耕作放棄に繋がったと、筆者はみる。

　表 5-1 には掲出していないが、2015 年の農業就業人口 209.7 万人のうち、65 歳以上は 133.1 万人、平均年齢は 66.4 歳である[4]。同年の基幹的農業従事者 175.8 万人のうち、65 歳以上は 113.2 万人、平均年齢は 67 歳である。農業就業人口は 2016 年には 192.2 万人と、200 万人を割り込み、さらに減少を続けている。一方、新規就農者は、2015 年で 6.5 万人であるが、49 歳以下の若年層は 2.3 万人に過ぎない。次代の担い手としての若年層の確保ができておらず、担い手の減少は今後も続くとみられ、耕作放棄問題はさらに深刻化していくと考えられる。

2　農地法制上の耕作放棄対策規定とその適用

（1）農業経営基盤強化促進上の耕作放棄対策

　法的な耕作放棄対策は、遊休農地に関する措置規定に基づいて行われる。遊休農地に関する措置が法規定上明記される以前には、農地一般の有効利用を図るための措置、規定があった。1969 年に農業振興地域の整備に関する法律（昭和 44 年法 58 号、以下「農振法」とする）が制定された際、農用地区域内の農地が農用地利用計画で指定されている用途に供されていない場合に、指定通りの用に供するよう市町村長が勧告し、従わない場合に市町村長

が第三者への所有権等の移転または設定について協議するよう勧告し、それにも従わない場合には都道府知事の調停を申請する仕組みが整えられた[5]。転用防止が規定導入の主たる目的ではあったが、区域内にある遊休農地についても勧告、調停の対象となるという意味で、遊休農地対策の規定ともいえるものであった。

　1989 年の農用地利用増進法改正において遊休農地に関する措置が新設された[6]。耕作放棄の解消と有効利用を図るため、正当事由なく耕作放棄している者に対して農業委員会が指導し、改善されない場合には市町村長が勧告を行い、従わない場合には農地保有合理化法人による買い入れ等の協議を経て規模拡大農家に売却するとされた[7]。これらの規定はその後、1993 年に基盤強化法になった際にも引き継がれた。1993 年改正では、買い入れ等の協議の通知を受けた所有者等は正当事由なく協議を拒絶できないとされたが、罰則等はなかった。また、農地保有合理化法人による認定農業者への農地の売渡し、貸出しは努力義務であった。この時期までの遊休農地に関する措置の運用状況は、農業委員会による指導は年間数千件程度あったが、市町村長の勧告以下の規定は実施されなかった[8]。

　遊休農地に関する規定は、基盤強化法の 2003 年および 2005 年改正時にさらに整備された。2005 年改正では、都道府県基本方針、市町村基本構想内に遊休農地の利用増進について明記し、その範囲内で総合的な対策を行うこととした。遊休農地の所有者等が指導に従わない場合、必要に応じて強制的な利用権設定および行政代執行等を利用できる措置命令ができるよう制度が整えられた。

　こうして遊休農地対策規定は整備され、体系化されていったが、規定を指導より先の段階まで適用していくにはさらなる展開が必要であった。規定の適用状況を表 5-2 に示したが、2009 年までは依然として指導までに留まっていた。農振法も基盤強化法も、農業振興や担い手の育成等、行政主導で行う施策を展開するための、いわば事業法である[9]。一定の区域や条件等、事業実施のための客観的指標はあるが、基本的に市町村等の事業実施主体の裁量内で、法の予定する内容を実現していくことになる。基盤強化法の遊休農地

第5章　土地所有権の空洞化現象としての耕作放棄

表5-2　耕作放棄地対策規定の適用状況（2006-2013）

年度・年	指導		通知		勧告	
	件数	面積（ha）	件数	面積（ha）	件数	面積（ha）
2006	10,190	2,142.9				
2007	12,432	2,263.0				
2008	12,992	2,002.7				
2009	12,029	2,661.5				
2010	34,079	6,442.6	2	2.0	2	2.0
2011	139,947	21,620.0	2,569	368.1	2	1.4
2012	155,386	22,857.8	18,515	2,706.1	4	2.1
2013	103,819	14,197	6,015	1,077	26	36

注：2009 までは年度、2010 からは暦年の数値（2010 は 2009/12/15 から 2010/12 末まで）。
出所：農林水産省「遊休農地に関する措置の実績（H18～H25）」より作成。

対策も、市町村構想内での対策であり、すべての農地が対象ではない。いわば局地的に、例えば農振法の農用地区域内で対策を実施しても、全般的な解決には結びつかない。すべての農地を対象に一律の規制を行うためには、農地全般を統制する農地法での規定の整備が必要であった。

（2）2009年農地法改正後の耕作放棄対策

　遊休農地に関する措置の規定は、2009年農地法改正時に農地法に移行した。農業委員会は、市町村管内のすべての農地について利用状況調査を行い、必要な指導を行うほか、遊休農地である旨の通知、必要な措置を講ずべき旨の勧告、従わない場合の希望者への所有権移転や賃借権設定に関する協議の通知までを行うこととされた。その先の都道府県知事による調停、裁定による特定利用権の設定、市町村長による支障除去の措置命令等は基盤強化法と同様であった。このほか、周辺の農業者から耕作放棄地がある旨の申し出もできるとされた。申し出があった場合に農業委員会は、利用状況調査等、必要な措置を講ずるとされた。

　法改正を機に指導件数・面積が激増し、通知や勧告も出された。表5-2に示したように、2010年には通知、勧告とも2件であったが、翌年には通知

が2,569件へと大幅に増えた。指導が激増したのはすべての農地を対象としたためであるが、通知、勧告については農業委員会にその権限が移ったことで、農業委員会独自の判断が可能になったことが大きいとみられる。

　この時期の遊休農地対策規定の適用実態をみるために、「勧告」に至った例を以下に2件紹介する。まず、青森県A市の例である。A市農業委員会は、2010年に全国で初めて「通知」「勧告」を2件行った。うち1件は、圃場整備後、長期間放置された田であり、所有者が防風林の育成を行っている旨の利用計画を提出するほど雑木等が生い茂っていた。もう1件はりんご園であり、放棄されたりんご樹に病害虫が発生して周囲に拡がるのを防ぐために伐採、伐根を行う必要があった。「通知」「勧告」に至った状況は異なるが、いずれも耕作放棄状態を早急に解消する必要性の高いものだった。A市農業委員会は、耕作放棄地対策規定の適用について独自のフローチャートを作成して取り組んでいたが、勧告以降の規定はチャートに載せていなかった。2例目は高知県B町の例である。B町農業委員会は、2011年に県内で初めて「通知」を行った。B町の事案では、通知が出された後に所有者等から出された利用計画書に基づいて基盤強化法の利用権（使用貸借による権利）設定が行われたが、遊休農地の把握から問題解決までに5年以上の期間と20回以上に及ぶ関係者間のやりとりがあった。また、B町の場合、耕作放棄地の周辺関係者からの申し出があって始まったものであった。地域ぐるみで取り組む補助事業の導入に必要な条件に耕作放棄の解消があり、とりまとめ役である地域の世話役から申し出がなされ、申し出の段階で世話役が農地の引き受けを内諾していた。

　A市、B町とも、勧告まで、つまり農業委員会の段階で留めることを予定していた。遊休農地の把握や、指導、勧告等は統制法である農地法でこそ十分に実施できる対策であったが、その先の規定については、農業委員会から離れて都道府県知事あるいは市町村長が実施するものとされており、適用には一定のハードルがあった。担い手への利用権設定等についてはむしろ、事業法の得意分野といえる。「勧告」の先、利用権設定に向けた知事裁定が行われたのは、農地中間管理事業の開始に合わせてなされた2013年農地法改

正後のことであった。

（3）2013 年農地法改正後の耕作放棄対策

　2013 年末に、担い手への農地の利用集積をさらに進め、農地の効率的利用と耕作放棄解消を推進する機関として農地中間管理機構を設立することを主な目的として、農地中間管理事業の推進に関する法律等が制定された。農地中間管理機構は都道府県ごとに置かれ、農地の出し手と受け手の間で農地が効率的に集積、利用されるよう調整する機関である。出し手からは農地中間管理権の設定契約を結んで農地を借り受け、公募に応じた受け手に集積した形で利用権設定により貸し付けることとした。

　あわせて農地法も改正され、耕作放棄地対策規定が大きく変わった。農業委員会の農地の利用状況調査後、指導、通知、勧告を経て都道府県知事による調停、裁定による特定利用権の設定等へとつながる一連の法規定は一部が削除され、代わって利用状況調査によって遊休化している農地が明らかになった場合、農業委員会は、当該農地の所有者等に利用意向調査を行い、所有者等の意向に従って利用関係を調整するほか、所有者等から農地中間管理事業の利用意向が表明された場合には農地中間管理機構にその旨通知することとなった。その後、なお利用がなされない場合には、農地所有者等に対し農業委員会が農地中間管理機構と協議すべき旨の勧告を行い、協議が進まなければ都道府県知事裁定により農地中間管理権が設定されることとなった。利用意向調査は耕作放棄地になるおそれのある、いわゆる耕作放棄地予備軍にもなされ、また相続人の所在等がわからずに所有者不明となっている耕作放棄地については、公告を行った上で知事裁定を行うこととなった。手続き的には 2009 年改正農地法よりも簡素化し、耕作放棄地予備軍も対象とすることで対策の適用範囲を拡げ、強化した。

　2013 年改正後、2017 年になってそれまで適用されなかった対策規定が初めて適用された。2 月 28 日、全国で初めて、静岡県知事は東伊豆町内の耕作放棄地について農地中間管理権設定の裁定を行った。[11] 農地面積は 889m²、地目は畑、利用権は農地中間管理機構に設定され、権利の始期は 2017 年 4

表 5-3　農地の利用状況調査の結果（2013-2016）

年次	2013	2014	2015	2016
農地法 32 条 1 項 1 号農地（ha）	132,903	130,090	123,839	97,992
農地法 32 条 1 項 2 号農地（ha）	15,957	23,121	10,996	6,163
合計（ha）	148,860	153,211	134,835	104,155

出所：農林水産省「遊休農地の解消について」より作成。
http://www.maff.go.jp/j/keiei/koukai/yukyu.html（2017/10/22 閲覧）

月で期間は 5 年間である。この農地は農地中間管理機構を通じて担い手に貸し付けられた[12]。その約 1 月後、青森県知事は五戸町の農地を利用する権利の設定の裁定を行ったことを公告した[13]。農地面積は 4738 平方 m^2、地目は畑、利用権の始期は 2017 年 4 月、存続期間 5 年、借り賃に相当する補償金の額 0 円である。この農地も同年 5 月に農地中間管理機構を通じて担い手に貸し付けられた[14]。

　知事裁定による農地中間管理権と利用権の設定が実現したことは、画期的と評価できる。一方、いずれの事例も所有者不明とされた農地が対象であり、知事裁定に至るまでに相当の手間と時間がかかっている。このため、同様の知事裁定がこれから大幅に増加するということは想像しにくい。農地中間管理事業の利用は、いわゆる耕作放棄地予備軍に対して可能であり、そうした農地についての実績が上がれば、耕作放棄地の発生抑制という意味での実効性は上がる。この点は期待したい。

　法改正後の農地利用状況調査の実績を表 5-3 に示した。農業委員会による遊休農地の把握では、遊休農地は年々減少傾向にあり、成果が上がっているように見える。しかし、ことはそう単純ではない。市町村と農業委員会は 2008 年から共同で荒廃農地調査を行っている[15]。荒廃農地調査では、荒廃農地を再生利用が可能なものと再生利用が困難と見込まれるものに分類する。表 5-3 でいえば、農地法 32 条 1 項 1 号農地の上に[16]、いわば 0 号の再生利用困難な農地があることになる。

　表 5-4 は荒廃農地面積の推移である。2008 年の荒廃農地 28.4 万 ha のうち再生可能面積 14.9 万 ha、再生困難面積 13.5 万 ha であったものが 2015 年

表 5-4　荒廃農地面積（2008-2015）

年次	2008	2009	2010	2011	2012	2013	2014	2015
再生可能（万 ha）	14.9	15.1	14.8	14.8	14.7	13.8	13.2	12.4
再生困難（万 ha）	13.5	13.7	14.4	13.0	12.5	13.5	14.4	16.0
合計（万 ha）	28.4	28.7	29.2	27.8	27.2	27.3	27.6	28.4
再生利用（万 ha）	—	0.6	1.0	1.2	1.4	1.5	1.0	1.1

出所：農林水産省「荒廃農地の発生防止・解消等に関する資料」より作成。
http://www.maff.go.jp/j/nousin/tikei/houkiti/（2017/10/22 閲覧）

では荒廃農地 28.4 万 ha のうち再生可能面積 12.4 万 ha、再生困難面積 16.0 万 ha となっており、再生困難が再生可能を上回っている。再生可能なものは遊休農地対策規定に則って荒廃解消を目指すが、困難なものは速やかに非農地との判断を行い、非農地台帳を作成する。[17]

荒廃農地調査で復元の見込みなしと判断された農地は非農地とし、他用途への転換を図っていくことになる。しかし、荒れ果てた土地を利用する人や方法を見出すのは困難であり、再生利用実績も年間 1 万 ha 前後である。再生困難農地は、まったく利用されなくなるか、植林されて山林となっていくといったところだろう。農地法は、農地であるかないかの判断を現況主義で行っているから、農業委員会が非農地と判断してしまえば、法の範囲からその土地は消える。しかし現実には、その土地は存在し続け、利用されない状況が続く。荒廃農地調査で復元見込みなしとすることにより、土地所有権の空洞化どころか土地そのものの「見えない化」が作り出されている。再生利用されて農地に戻っていく面積の少なさが「見えない化」していく農地の多さを示唆している。

3　農地の所有・利用に関する法構造から生じる課題

（1）農地の所有・利用に関する法構造

農地も含め土地等の財産権を保障するのは憲法である。すべての法律は憲法の下にある（憲法 98 条）。その憲法は「財産権は、これを侵してはならな

い」(29条1項) と規定し、その内容については「財産権の内容は、公共の福祉に適合するやうに、法律でこれを定める」(2項) と規定している。そして民法は土地その他の所有権について「所有者は、法令の制限内において、自由にその所有物の使用、収益及び処分をする権利を有する」(206条) と規定している。土地の所有権を持つ者は、土地を耕作してもよいし、宅地として家を建ててもよい。自分で使わないのであれば他人に貸してもよいし、売ってもよい。ただし、まったく自由にそれができるのではなく、法令の制限内において、あるいは公共の福祉に適合するように、所有権、財産権を持ち、利用しなければならない。

　土地一般の所有や賃貸借については民法上の規定によるが、土地のうち、農地に関しては農地法の規定が優先適用される[18]。農地法は「農地又は採草放牧地について所有権を移転し、又は地上権、永小作権、質権、使用貸借による権利、賃借権若しくはその他の使用及び収益を目的とする権利を設定し、若しくは移転する場合には、政令で定めるところにより、当事者が農業委員会の許可を受けなければならない」(3条1項) とし、民法では自由に行える農地の売買や貸借について、農業委員会の許可によると制限している。所有者と賃借人の力関係についての現実の社会状況に対応して、社会的に優位な当事者の要求が一方的に通らないようバランスをとってコントロールしている。

　このように、農地に関しては農地法の規定が民法に優先して適用されるが、農地法に規定がない事項については民法その他の法律の規定が農地にも適用される。その例として、土地取引の条件整備について考えてみる。土地の所有者や設定されている権利等の情報は、不動産登記簿に記載されている。土地の売買等がなされて所有者が変わると、登記簿の情報がその旨変更される。このとき、登記簿情報を変更しなければ所有権が移転しないということではなく、当事者間の意思の合致によって取引が成立して所有権は移転する (民法176条)[19]。登記は、民法上「不動産に関する物権の得喪及び変更は、不動産登記法 (平成16年法律第123号) その他の登記に関する法律の定めるところに従いその登記をしなければ、第三者に対抗することができない」(177条)

とされており、登記簿情報は、権利を持つ者が自らの権利を他者に主張できることを公示するに過ぎず、情報の変更が直ちに反映されるとは限らないため、登記簿情報が真実であると保証をするものでもない。[20]

　所有者の移転等は、売買や贈与等の意思表示によるもののほか、相続によっても起こる。民法上、相続は被相続人の死亡によって発生し、遺言があれば遺言に従って相続人その他に相続財産が移転する。遺言内容の執行は基本的に裁判所等を通して行われるので、手続のなかで登記等も揃うことになる。このように遺言相続では結果が登記簿情報に反映されることになるが、相続の大部分は遺言がない場合に行われる法定相続である。法定相続では、被相続人が死亡すると、相続人は3カ月の熟慮期間内に単純承認するか、負債が上回る場合に相続をしない限定承認をするか、放棄する（915条）。通常の場合、相続財産が調べられ、遺産分割がされて登記簿情報が変更される。しかし、相続人間で意見の相違があって遺産分割が進まずに相続手続がなされず、相続登記がされない場合もある。また、承認も放棄もせずに熟慮期間が経過すると、単純承認したものとみなされる（921条）。相続人は被相続人の財産を相続し、被相続人の権利義務をすべて承継したことになるが、登記簿情報は自動的には変更されない。

　相続は被相続人の死亡によって起こるから、年間死亡者数約130万人に近い数の相続が発生していることになるが、単純承認の場合、家庭裁判所での手続は必須ではない。司法統計によると、近年の家庭裁判所の審判新受件数の総数は年間80万件程度になっている。このうち相続放棄の件数は年間20万件弱、相続不分明等による相続財産管理人の選任等が2万件弱、遺言書の検認1万7000件弱となっている。単純承認数については統計がなく、従って「みなし」単純承認数も不明であるが、かなり多くの「みなし」単純承認がされているとみるべきである。

　また、相続人不分明による相続財産管理人の選任等は、昭和期は非常に少なかったが、平成期に入って増加し、2015年には1万8615件にまでに増えた。相続財産があるのに受け取る人がいない、分からないという状況は、登記未了問題の先の、より深刻な事態である。

また、もともと相続人がいない、相続人が行方不明で捜索をしても見つからない、すべての相続人が相続放棄をした等のために相続人が存在しない場合、相続人の不存在における各規定（民法951条-959条）に基づいて相続財産が処分される。相続財産は法人とされ、相続財産管理人が選任される。相続財産管理人は債権者や受遺者への弁済をし、なお財産がある場合には被相続人と生計を同じくしていた者や療養看護に尽くした者等の特別縁故者からの請求に基づき分配される。それでも残った相続財産は国庫に帰属する。

　相続による農地の承継について、農地法には、わずかに相続がなされた場合に届出を促す規定が2009年改正で置かれている（3条の3）[21]。農地法では、居住する市町村外での農地の所有権取得を原則として認めないが、相続についてそのように縛る規定はなく、相続によって所有権が市町村区域外に居住する相続人に移転し、不在地主が発生することもある。

（2）相続登記未了農地の耕作放棄

　農地法に相続に関して規制する規定がないこともあって、農地において相続登記未了地が多く発生している。農林水産省は相続登記未了農地の実態調査を行い、2016年末に結果を公表した[22]。2016年8月時点で、全国の相続登記未了農地は47万6529ha、そのおそれのある農地が45万7819ha、合計93万4348haあると確認された。これらの農地のうち、5万3683haが既に遊休農地となっている。

　相続に関して相続人が意思表示をすれば手続が進行して権利関係が整理されるが、みなし承認の場合、意思表示がないので手続が進行せず、一部は相続登記未了になってしまう。現在のところ相続登記未了農地の多くは遊休化しておらず、未了状態のまま相続人の枠内で利用されている。登記は権利を第三者に対抗するため、つまり売買や貸借をする際に必要になるが、登記未了でも売る気も貸す気もなく自家利用を続けるのであれば問題は起こらない。しかし、やがて自家利用が難しくなるところが出てくる。そうなってから、何世代も登記が変更されずに権利関係が複雑化しているものを改めようとしても遅い。司法書士等に頼めば戸籍等をたどって相続人の関係者等を調べる

第 5 章　土地所有権の空洞化現象としての耕作放棄

上げることができるし、相続人の調査が完了できなくても時効取得を主張する等の訴訟を経由して登記をすることもできるが、いずれにせよ時間と費用がかかる。従って、登記にかかるコストとその後の収益の損益がプラスになる見込がなければ、誰も改めようとはしない。

　相続登記未了農地が耕作放棄状態になって時間が経ち、権利者が確知できなくなれば、先述のように手間はかかるが知事裁定による利用権設定が可能である。しかし、権利者が明らかな場合には、権利関係を整理して登記を改めなければ原則として利用権の設定ができない[23]。権利者が分からなければ利用権設定が可能なのに、分かる場合に手続ができず耕作放棄になってしまう可能性があるという、倒錯した状況になっている。

　90 万ヘクタール超の相続登記未了農地とそのおそれのある農地は、時間の経過とともに一定程度耕作放棄状態に陥ることが必至の農地であり、登記手続を促すことが喫緊の課題である。対応策としてまず考えられるのは、登記を促す支援策を講ずることであるが、手間をかけるメリットがある状況に持っていけるのか。耕作放棄に陥りそうになっている農地から得られる利益、例えば農地を賃貸して得られる賃料が、固定資産税や土地改良費の償還費用等、農地の所有にかかるコストを上回る状況にあるのか。農地の価値が急激に下落している地域では、むしろ、収益性の高い作物の導入や高付加価値をもたらす農産物加工等、規模に頼らず所得上昇が見込める農業その他を支援していく施策を通じて農地の利用を促し、農地の価値を高める可能性を探るといったことが、遠回りのようでいて当を得た施策ではあるまいか。

　みなし相続を廃して相続登記を義務化する等、関係法を改正することも考えられる。しかし、民法の相続に関する規定も、不動産登記法の規定も、相続、登記一般について規定するものである。農業、農家、農地という一部の事情のために、全体に関わる法規定を安易に変更することはできない。まず総合的にかつ慎重に各方面から調査し議論を行った上で、法改正を検討することになる。現在、農地に限らず相続登記未了問題が顕在化しており、法務省は 2017 年 6 月に相続未登記地の調査結果を公表している[24]。相続登記未了の土地は大都市より中小都市・中山間地域に多く、宅地より農地、農地より

95

山林が多い、という傾向が顕著であり、需要と供給の関係を背景に、コストとベネフィットの相関関係がみてとれる結果となっている。中央と地方の格差がこのまま進めば、最終的には利益の上がらない土地が、大都市から離れれば離れるほど増え、そうした地域の土地は所有権の空洞化が明確化していき、最後には所有権が放棄され、権利が消滅してくことにもなりかねない。民法は、無主の不動産は国庫に帰属すると規定し（239条）、相続放棄されるなどして相続人がいなくなった財産は最終的に国庫に帰属する（959条）としているが、そうした事態が現実化することが、近い将来生じる可能性がある。中山間地域の山林や農地での状況が先行し、それが全国的に波及していく事態になれば、民法や不動産登記法の改正についても、検討される可能性はある。2017年10月、法務省は「登記制度・土地所有権の在り方に関する研究会」を発足させた[25]。人口減少社会を見据えた登記制度、土地所有権の在り方等の中長期的な課題について、民事基本法制における論点や考え方を整理することを目的としている。こうした場での議論に注目していきたい。

4　今後の課題と展望

　ここまで、所有権の空洞化現象について、農地の耕作放棄を素材として、主として法的観点から検討してきた。耕作放棄地の増加に歩調を合わせるように、農地法の遊休農地対策規定は整備、拡充され、近年では解消に向けた規定の本格的適用もなされるようになった。しかし、耕作放棄地は増加を続けており、対策規定の適用が追いついていない。農地の利用価値、資産価値が減少を続け、農業を営んで上げられる収益、あるいは賃貸や売却等で得られる利益が、農地所有の空洞化を防ぐのに十分ではなく、農地の負の財産化が進んでいる。

　耕作放棄に対応する法制度として、農地法上の遊休農地対策について検討した。紆余曲折を経て、現在では所有者不明の農地にも対策規定を適用できるよう手続が整備され、実際に利用権が設定される事案も出現しており、制度的な枠組みとしては一定程度整備されたものと評価できる。一方で、時間

第 5 章　土地所有権の空洞化現象としての耕作放棄

と手間がかかるという課題がある。規定の簡略化は進んだが、それでも年単位で時間がかかるし、手続も多く、使い勝手がよいとは言い難い。さらなる改善が必要であるが、憲法が保障する財産権に関する規制を簡単に変更してしまうことについては一定の留保が必要であり、現在以上の簡略化についてはなお慎重な検討が必要である。

　耕作放棄に関して生ずる法的課題として、非農家の農地所有や不在地主化、相続登記未了等があり、耕作放棄地の発生と解消困難の一因となっている。耕作放棄の解消のためには法改正も含めた検討が必要であるが、その前提として、土地の資産価値についての現行法体系の認識を再確認しておく必要がある。農地の利用価値、資産価値が減少し、負の財産ともいえる状況になっているということを、現行の法体系は基本的には想定していない。憲法は「私有財産は、正当な補償の下に、これを公共のために用ひることができる」（29条3項）と規定し、私有財産は「補償」を受けるべき、価値のある存在とされている。この意味で、無主の土地や相続人がいない土地についての処理規定は、国民の財産権を保証しつつ、最終的には国家が引き受ける、ととれる。だから不動産登記法には所有権放棄による抹消登記手続はない、と考え得る。しかし、本章で指摘した土地の「見えない化」は、既に土地が所有に値する財産的価値を持たない状況が到来していることを示している。とすれば、所有権放棄の手続規定の不存在の意味は変わってくるし、判例で所有権放棄が認められていないことについても、認識を改めておく必要がある[26]。

　本章の検討を通じて、相続登記未了のため、耕作放棄状態が解消できず、所有権放棄もできずに「見えない化」していく土地の存在がみえてきた。法から、制度からこぼれた土地をどうするか、今後の課題である。現状では潜在的な課題としてしか指摘できないが、いずれ顕在化してくるものと考えられる。その際、現在の無為無策のツケが回ってくることになる。縦割り行政の隙間に発生した問題と断じてしまうこともできるが、やはり、どこに原因があり誰に責任があるのか、根本に立ち返って議論する必要がある。

　農地政策はこれまで農地の利用に重点を置いて展開されてきたが、利用が減少してきたことで基底である所有に関わる問題が顕在化した。このまま利

用確保に注力することで問題解決を図っていくのか、それとも所有と利用の一体化といったところまで立ち返って考えるのか。いずれにせよ、耕作放棄問題は、土地所有が誰にどのようになされるべきかという所有権のあり方そのものと所有権の社会的位置づけについて、民法、不動産登記法等関連法規の改正も視野に入れ、検討すべき時が来ていることを示している。

注

1）「耕作放棄地」は農林業センサスで「以前耕作していた土地で過去1年以上作物を作付けせず、この数年の間に再び作付けする意思のない土地」と定義されている。一方「遊休農地」は農地法で「現に耕作の目的に供されておらず、かつ、引き続き耕作の目的に供されないと見込まれる農地」（農地法（昭和27年法律第229号）32条1項1号）、もしくは「その農業上の利用の程度がその周辺の地域における農地の利用の程度に比し著しく劣っていると認められる農地（前号に掲げる農地を除く。）」（2号）となっている。また、「荒廃農地」は荒廃農地の発生・解消状況に関する調査で「現に耕作に供されておらず、耕作の放棄により荒廃し、通常の農作業では作物の栽培が客観的に不可能となっている農地」とされている。本章では「耕作放棄」を基本的に用いるが、法規定や統計資料中等でそれぞれの用語を使用している場合にはそれに従う。
2）関谷俊作（2002）『日本の農地制度（新版）』農政調査会、318頁。なお、1993年改正（平成5年法70号）により法律名が農業経営基盤強化促進法（以下「基盤強化法」とする）に変更された。
3）自作農創設特別措置法（昭和21年法43号）が第2次農地改革の制度的根拠を提供した。強制買収について、伊藤正巳（1982）『憲法』弘文堂、355頁は、自創法について、連合国最高司令官の指令に基づく超憲法的措置であるとの理解が妥当である（最大判昭和28・12・23民集7巻13号1523頁井上・岩松反対意見）としている。
4）農林水産省「農業構造動態調査」。
5）関谷前掲注2、131頁。
6）「農用地利用増進法の一部を改正する法律案提案理由説明」第114回国会平成元年3月農林水産省。農地制度資料編さん委員会（1999）『農地制度資料第3巻（上）』農政調査会、122頁。
7）「農用地利用増進法の一部を改正する法律案提案理由補足説明」前掲注6、123頁。
8）関谷前掲注2、320頁。
9）島村健（2009）「農地法等の改正——行政的規制の仕組みを中心に」『ジュリスト』1388号、22頁。「農地法は、一言でいえば、農地に関する権利移動や農地の転用に関する統制法であり、基盤強化法は、農地法の規制を基礎としつつ、効率的かつ安定的な農業の担い手を育成するためのいわば事業法である」と、的確かつ簡潔に両法の性格付けと関係性が明らかにされている。

10) 2 例の詳細は緒方賢一（2013）「2009 年農地法改正における遊休農地対策規定とその適用の現段階」『高知論叢』106 号、75-103 頁参照。
11) 静岡県公報第 2887 号（平成 29 年 2 月 28 日）。
12) 農林水産省「所有者不明の遊休農地の活用事例【静岡県東伊豆町】」
http : //www.maff.go.jp/j/keiei/koukai/attach/pdf/yukyu-18.pdf（2017/10/27 閲覧）。
13) 青森県報第 4285 号（平成 29 年 4 月 10 日）。
14) 農林水産省「所有者不明の遊休農地の活用事例【青森県五戸町】」
http : //www.maff.go.jp/j/keiei/koukai/attach/pdf/yukyu-19.pdf（2017/10/27 閲覧）。
15)「荒廃農地の発生・解消状況に関する調査要領」農林水産省農村振興局通知（平成 20 年 4 月 15 日）。http : //www.maff.go.jp/j/nousin/tikei/houkiti/pdf/youryou_kaisei27.pdf（2017/10/22 閲覧）。
16) 注 1 参照。
17)「耕作放棄地に係る農地法第 2 条第 1 項の「農地」に該当するか否かの判断基準等について」平成 20 年 4 月 15 日農林水産省経営局長通知。農地として利用するには一定水準以上の物理的条件整備が必要な土地（人力または農業用機械では耕起、整地ができない土地）であって、農業的利用を図るための条件整備（基盤整備事業の実施、企業参入のための条件整備等）が計画されていない土地について、次のいずれかに該当するものは、農地法第 2 条第 1 項の「農地」に該当しないものとし、これ以外のものは「農地」に該当するものとする。1、その土地が森林の様相を呈しているなど農地に復元するための物理的な条件整備が著しく困難な場合、2、1 以外の場合であって、その土地の周囲の状況からみて、その土地を農地として復元しても継続して利用することができないと見込まれる場合。
18) なお、最大判 1987 年 4 月 22 日民集 41 巻 3 号 408 頁は、旧森林法 186 条が憲法 29 条 2 項に違反しているとして、民法 256 条 1 項を適用している（本書 4 章・松本充郎執筆部分）。
19) 所有権のような物権の発生・変更・消滅を物権変動といい、前の所有者から後の所有者に所有権が移転（変更）する際、意思表示のみで移転するとする考え方を意思主義という。一方、意思表示のみでは移転せず、登記等の手続がなされて形式が整うことにより移転するとするのが形式主義である。意思主義、形式主義のいずれを採用するかは国によって異なっており、日本法は 176 条で示すとおり、意思主義を採る。
20) 登記に公示の効力を与え、第三者対抗力を具備するとする考え方を対抗要件主義という。一方、形式主義を採る場合、権利移動は登記されなければ起こらないから、登記簿情報は真実性が高い。登記情報を真実のものと信じて取引した場合に、事実はそうでなくても権利関係が存在した場合と同様に権利取得が認める効力を公信力という。日本法は 177 条にあるとおり、登記により対抗要件を具備するとするに留まる。
21) もっとも、これまで農地の相続に関して法的、政策的に無策だったのではなく、細分化抑制策が継続して講じられてきた（関谷前掲注 2、90 頁-98 頁）。1947 年の民法改正で家督相続が均分相続に改正された。農地も均分相続となったが、相続による農地細分化抑制を企図して「農業資産相続特例法案」が国会提出されたが、不成立に終わった。その後、農林漁業金融公庫等の自作農維持資金にいわゆる相続資金（2001 年廃

止）を設ける等の施策が実施された。現在は、経営体育成強化資金（日本政策金融公庫融資）、農地等の一括生前贈与についての税制上の特例（租税特別措置法 70 条の 4、5）、相続税の納税猶予（租税特別措置法 70 条の 6）、民法の寄与分（民法 904 条の 2）等の施策、制度がある。

22）農林水産省「相続未登記農地等の実態調査の結果について」平成 28 年 12 月 26 日公表。http : //www.maff.go.jp/j/press/keiei/seisaku/161226.html（2017/10/21 閲 覧）。調査は全国 1,718 市町村のうち災害等で調査実施できなかった市町村を除く 1,695 市町村で実施された。相続未登記農地は「登記名義人が死亡されていることが確認された農地」、そのおそれのある農地は「登記名義人が市町村外に転出しすでに死亡している可能性があるなど、相続未登記のおそれのある農地」となっている。

23）相続人等土地の所有者の共有持分の過半の同意を要件として利用権設定ができる規定はある（5 年以内、基盤強化法 18 条 3 項 4 号）。しかし、世代が下って相続人が多くなると同意取り付けが困難になる。

24）法務省「不動産登記簿における相続登記未了土地調査について」http : //www.moj.go.jp/content/001226185.pdf（2017/10/22 閲覧）全国 10 カ所の地区（調査対象約 10 万筆）で相続登記が未了になっているおそれのある土地を調査。所有権の個数は 152,232 で、うち自然人名義は 118,346 個。大都市部（24,360 個）で最後の登記から 90 年以上経過しているものは 0.4％、70 年以上 1.1％、50 年以上 6.6％。中小都市・中山間地域（93,986 個）では 90 年以上が 7.0％、70 年以上 12.0％、50 年以上 26.6％。中小都市・中山間地域の地目別では、宅地の 10.5％、田畑の 23.4％、山林の 32.4％ が 50 年以上経過。

25）法務省「法務大臣記者会見の概要」（平成 29 年 10 月 6 日）。http : //www.moj.go.jp/hisho/kouhou/hisho08_00939.html（2017/11/20 閲覧）

26）田處博之（2017）「土地所有権の放棄」『土地総合研究』2017 年春号、112-129 頁。本論文が紹介した松江地裁平成 28 年 5 月 23 日判決およびその控訴審である広島高裁松江支部平成 28 年 12 月 21 日判決は、原告の所有権放棄を権利濫用としてその主張を斥けている。

参考文献
青森県報第 4285 号（平成 29 年 4 月 10 日）。
伊藤正巳（1982）『憲法』弘文堂。
緒方賢一（2013）「2009 年農地法改正における遊休農地対策規定とその適用の現段階」『高知論叢』106 号、75-103 頁。
『最高裁判所民事判例集』第 41 巻 3 号 408 頁。
静岡県公報第 2887 号（平成 29 年 2 月 29 日）。
島村　健（2009）「農地法等の改正──行政の規則の仕組みを中心に」『ジュリスト』1388 号、21-31 頁。
関谷俊作（2002）『日本の農地制度（新版）』農政調査会。
田處博之（2017）「土地所有権の放棄」『土地総合研究』2017 年春号、112-129 頁。
農林水産省「農用地利用増進法の一部を改正する法律案提案理由説明」第 114 回国会平成

元年 3 月。農地制度資料編さん委員会（1999）『農地制度資料第 3 巻（上）』農政調査会。
農林水産省「農用地利用増進法の一部を改正する法律案提案理由補足説明」、農地制度資料編さん委員会（1999）『農地制度資料第 3 巻（上）』農政調査会。
農林水産省「荒廃農地の発生・解消情況に関する調査要領」平成 20 年 4 月 15 日農林水産省農村振興局通知（http://maff.go.jp/j/nousin/tikei/houkiti/pdf/youryou_kaisei27.pdf　最終閲覧：2017 年 10 月 22 日）。
農林水産省「耕作放棄地に係る農地法第 2 条第 1 項の「農地」に該当するか否かの判断基準について」平成 20 年 4 月 15 日農林水産省経営局長通知。
農林水産省「農業構造動態調査」。
農林水産省「相続未登記農地等の実態調査の結果について」平成 28 年 12 月 26 日公表（http://www.maff.go.jp/j/press/keisei/seisaku/161226.html　最終閲覧：2017 年 10 月 21 日）。
農林水産省「所有者不明の遊休農地の活用事例【静岡県東伊豆町】」（http://www.maff.go.jp/j/keisei/koukai/attach/pdf/yukyu-18.pdf　最終閲覧：2017 年 10 月 27 日）。
農林水産省「所有者不明の遊休農地の活用事例【青森県五戸町】」（http://www.maff.go.jp/j/keisei/koukai/attach/pdf/yukyu-19.pdf　最終閲覧：2017 年 10 月 27 日）。
法務省「不動産登記簿における相続登記未了土地調査について」（http://www.moj.go.jp/content/001226185.pdf　最終閲覧：2017 年 10 月 22 日）。
法務省「法務大臣記者会見の概要」平成 29 年 10 月 6 日（http://www.moj.go.jp/hisho/kouhou/hisho08_00939.html　最終閲覧：2017 年 11 月 20 日）。

第Ⅱ部
台湾の分析

　人口ボーナスから人口オーナスへの転換点を生産年齢人口指標の低下で捉えるとすると、台湾の転換点はほぼ現時点、2015年頃になる（図Ⅱ-1）。日本の転換点は1995年頃だから、転換点だけを見ると20年ほどのタイムラグがある。

　その一方で、台湾の人口ボーナスからオーナスへの転換は日本以上にダイナミックで速い。例えば、生産年齢人口指標はピーク時には2.85の水準に達し、日本の2.15を大きく上回っている。また、生産年齢人口指標がピーク時から1.5を下回るのに要した期間は、日本ではおよそ40年であったのに対して、台湾ではわずか25年と予測されている。人口オーナス期に入った後の生産年齢人口指標の低下は日本よりはるかに急速である。このことは図Ⅰ-1と図Ⅱ-1を比較すれば容易に確認できる。

　生産年齢人口指標のピークが高い水準にあるのは、30歳代から50歳代の年齢層が大きく膨らむ形状をしているからである（図Ⅱ-2参照）。50歳代に最初の人口の膨らみが到来した後も人口は大きく減らないまま、その人口の子供の世代の膨らみが到来する。日本の人口ピラミッドでみる団塊世代（60歳代後半）と団塊ジュニア世代（40歳代前半）の間に相当する人口の減少が緩やかであり、台湾では両者を合わせて一つのピークをなしている。この膨らみが生産年齢人口比率を大きく引き上げたのである。

　以上のように、台湾では人口ボーナスの大きさゆえにそれに続く人口オー

第Ⅱ部　台湾の分析

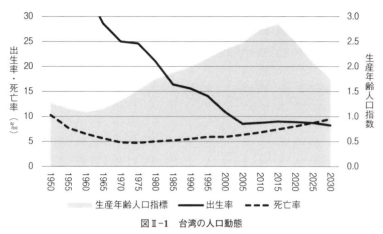

図Ⅱ-1　台湾の人口動態

出所：図Ⅰ-1と同じ。

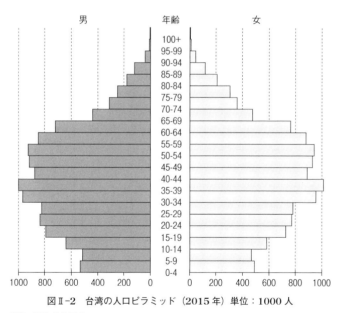

図Ⅱ-2　台湾の人口ピラミッド（2015年）単位：1000人

出所：図Ⅰ-2と同じ。

ナス問題は日本以上のペースで深刻化する可能性が高い。また、遠隔地では切り立った山間地域が広がり自然条件は厳しい。そうした地域では、近い将

図Ⅱ-3 台湾の調査地
出所:図Ⅰ-3と同じ。

来に深刻な人口オーナス問題が到来することが予想される。

しかし、台湾では遠隔地である山間地域や沿岸地域、島嶼地域には漢族とは異なる先住民族(以下、台湾での表記に従って原住民族・原住民とする)が居住している。しかも、社会的・経済的な統合が十分には進んでおらず、その人口の構成や動態は、多数派を占める漢民族とは大きく異なる。このため、本書のテーマである土地所有権の空洞化も台湾の全国的な動向から推測される経路を取るとは限らない。

そこで、第6章では原住民社会固有の人口動態とその特徴を整理するとともに、現在の集落の状況やそれを取り巻く森林とその利用を描く。第7章では、原住民の土地がいったん国有化されたのちに、原住民や非原住民の個人への権利移動などによって複雑化する傾向が記述される。日本とは文脈が異なる土地所有権の空洞化がここに観察される。これを受けて、第8章では、土地所有および利用権原の細分化によりその利用が大きく阻まれる実態を

M. ヘラーが提唱したアンチコモンズの枠組みから理論的に考察する。細分化された土地所有権及び利用権への対策の軸は 2005 年に制定された原住民基本法と関連法制度を通じた集約化にある。この点は、第 9 章で検証される。

台湾の調査地は図Ⅱ-3 のとおりである。五つの郷の七つの原住民集落を対象としたフィールドワークから山村社会の現状が明らかにされる。

(飯國芳明)

第6章
原住民の地理的分布、人口動態および集落の状況

大田伊久雄

1 台湾の中山間地域と原住民の分布

　台湾はユーラシアプレートとフィリピン海プレートが交わる場所に位置しており、地殻変動が活発である。台湾の中東部にはおよそ4000mの玉山を擁する玉山山脈、阿里山山脈や中央山脈が連なり、山岳地域が広範に分布している。これらの山は傾斜が険しく、その地域は中山間地域というより現地語での呼称である「山地」がふさわしい。

　以下の台湾の分析では、台湾に広く分布する遠隔地である山地地域が考察対象となる。台湾の山地の分布は図6-1の太線で示す範囲にほぼ収まる。この線は標高500mの等高線であり、土地利用図でみた林野の領域にほぼ重なり、国有林地の範囲とも大きく重なっている。この領域は、また、原住民の領域でもある。台湾では原住民が伝統的に居住してきた55の鎮郷（県の下にある行政区分）を原住民地区に指定している。この地区は院台疆字第0910017300號（日本でいえば内閣府の行政命令相当）によって定められ、図6-1で灰色に塗分けられている。原住民地区の領域にある実線は鎮郷の境界である。図からわかるように、原住民地区はほとんど山地・林野の範囲をカバーし、東部で一部では林野以外の海岸や花東縦谷などの地域をも含む。

　55の原住民地区は、原住民の人口比率が高い。2017年の統計によれば、

第Ⅱ部　台湾の分析

図 6-1　台湾の標高 500m 以上の地域と原住民地区の分布
出所：鎮郷のデータのシェープファイルは政府資料開放平臺・郷鎮市區界線（TWD97 經緯度）による（https://data.gov.tw/）。また、原住民地区については、原住民委員会「55 個原郷列表」による（http://www.apc.gov.tw/portal/associate/village/list.html?CID=1E4A2846561931B1l）。標高データについては、DIVA-GIS のデータベース（http://www.diva-gis.org/gdata）から台湾の情報を入手し、QGIS（Grass の r.conter.step）により描画した（http://www.diva-gis.org/gdata）。

平均でその比率は 61.2% にのぼる。この地区に住む原住民総人口は、29万6000人で、原住民総人口の 53% を占める。ただし、対総人口の比率にはばらつきがある。新竹縣・關西鎮、南投縣・魚池郷、苗栗縣・獅潭郷では、その比率が 5% に満たないのに対して、屏東縣や臺東縣を中心にした 17 の郷鎮では、その比率は 90% を超える水準になっている。

第 6 章　原住民の地理的分布、人口動態および集落の状況

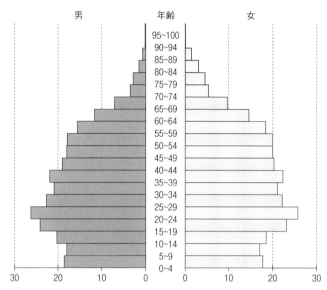

図 6-2　原住民の人口ピラミッド全国 2017 年（単位：1000 人）

出所：データは、臺閩地區各縣市鄉鎮市區「現住原住民人口數按性別及年齡分」中華民國 106 年 08 月による（http://www.apc.gov.tw/portal/docDetail.html?CID=940F9579765AC6A0&DID=3E651750B400646787463C0BF29ECEC1）。また、作図には R 言語のパッケージ pramid を用いた。

台湾での分析対象は地理的にみれば山地地域であり、社会的にみれば原住民地区である。

2　原住民の人口構成と移動

原住民の人口構成は、すでに述べたように、台湾全体のそれとは様相が異なる。台湾全体の人口構成（104 頁、図 II-2）と比較すると、その形状の違いは瞭然である。[2)]

図 6-2 に示す原住民の人口ピラミッドでは、最大の人口を有する年齢層が 20 歳代前半にある。これに対して、図 II-2 の台湾全体では、50 歳代前半と 30 歳代後半にピークがある。人口動態からみると、原住民の人口構成は台湾全体の動きから 30 年近く遅れていると考えることができる。ただし、い

109

ずれの場合にも、20歳未満の人口規模は小さく少子化がともに進展している点に留意したい。

　高齢化率を比較すると、原住民の比率は7.3%、台湾全体の比率は13.6%であり、両者にはここでも大きな差異がみられる。生産年齢人口指標については原住民で2.69、台湾全体でも2.73とともに高い水準にあるものの、今後の動向には差異がある。全国的には人口オーナス期への転換点にさしかかり同指標は低下することが予想されているが、原住民社会の指標は今後とも高い水準を維持する傾向にある。原住民社会はまだ人口ボーナス期にとどまっているのである。

　原住民社会の人口問題に関連して都市との間の人口移動がしばしば言及される。すなわち、青壮年期に原住民が都市へ流出し、一定の年数の後に帰村すると指摘されてきた。都市に定住しない大きな原因には、都市の労働市場のアクセスの悪さがある。傅仰止によれば原住民の就業先は全国民の平均と比較して、ブルーワーカーの比率が高く、責任者（主管）や監督補助者（監督佐理人）の比率が低い[3]。また、専門技術的職業の比率も低いものの、教員や看護師の比率は高い。これらの職業は養成学校では原住民に対して定員外の入学が設けられており、そうした優遇措置が機能しているとされる。

　労働市場へのアクセスの悪さは、原住民の教育水準の低さと連動している。原住民と全国民の最終学歴を比較すると、高卒までは原住民の比率が高く、専科や大学卒となるとその比率が逆転する。例えば、最終学歴が高卒の原住民の比率は39.2%であるが、全国民では31.0%である。逆に大卒の比率は17.3%と、全国民の25.8%と比べると原住民の比率は圧倒的に低い水準に留まっている（原住民委員會 2017）。

　以上のように、台湾の山岳地域に居住する原住民社会の人口動態は、第1章で述べた東アジアの人口転換仮説とはまったく異なる経路をたどっている。仮説では、経済発展とともに遠隔地の社会では人口流出が進み、人口オーナス問題が先行してあらわれる予測であった。しかし、台湾では都市部の労働市場での原住民の受け入れが進まず、都市に移動してもその後は還流する傾向にある。結果として、原住民社会の人口は安定した構造を維持しており、

人口オーナス期の到来は国全体よりはるかに遅れる状況にある。

　次節ではこうした原住民地区の集落活動に焦点を当て、その現状を確認する。ここで紹介する集落のほとんどは社区林業計画もしくは大学等と連携した同様のプログラムに参加し、国と共同で原住民地区の森林を管理し利用を試みている地域である。果樹やコーヒーなどの特産物の栽培、伝統文化を活かした民族舞踊ショーやエコツーリズムなど、地域の資源を最大限に利用した産業振興の試みが続いている。

3　原住民集落の状況

(1) 国有林共同利用の制度的枠組み

　台湾の森林面積は210万haであり、国土の約6割を占める。そのほとんどは中央山脈等を中心とする山地に位置し、歴史的経緯からその大部分は国有林となっている。かつて台湾はその豊富な森林資源を外貨獲得の手段として盛んに木材生産をしてきたが、1990年に大きな政策転換があり、それ以降林業はほぼ活動停止状態となった。そうしたなか、国有林経営を統括する行政院農業委員会林務局では、森林環境教育や森林レクリエーション活動に重点を移している。さらに、現在国有林となっている森林地帯のもともとの住人であった原住民との共同管理という方策を推進することで、国有林の適正な管理と原住民集落の経済振興という二つの目的を同時に達成しようとしている。

　「原住民保留地」は原住民族基本法によって保有権が認められた土地で、原住民の私有林として自由な土地利用が許されている（ただし、土地を外部へ売ることはできない）。現地での聞き取りによれば、原住民部落をとりまく山林には、このほかに「国有地」「国有林」「林班地」がある。このうち「国有地」とは保留地として囲われているエリアのなかで原住民の所有になっていない土地で、原住民が植栽をして5年間保育を続ければ手に入れることができる土地、「国有林」とは天然林の保護林で立ち入りが禁止されている森林、そして「林班地」とは林務局が木材生産のために管理している人工林の

ことである。

　社区林業計画は2002年に始まった国有林における地域との共同管理のプログラムで、原住民だけを対象としたものではない。1）自然資源調査、2）森林保護、3）森林育樂、の3種類の活動のなかから1）および2）もしくは1）および3）の組み合わせで活動計画を立て、最寄りの森林工作站に申請し、審査に合格すれば年間10万元の予算が付く（第一ステージ）。地域の人々と林務局との間に良好な関係を築くとともに、地域住民のエンパワーメントを推進し、身近な森林を地域住民が主体となって保護管理していこうというのが社区林業計画の目指すところである。

　これまでに全国で2000件を超える採択件数がある。このうちさらに進んだ森林管理のモデルケースとなる第二ステージまで移行したのは8か所しかない。ただし、第一ステージの助成金は毎年申請を更新することで何度も獲得することが可能である。第一ステージでは、地域住民に一定の教育を施したうえで森林の現況調査を行い、さらに生態系や希少種の知識に加えてインタープリテーション技術を教え、エコツーリズムによる地域振興を目指す計画などが多い。

　表6-1にこれまでの社区林業計画の採択件数を示す。原住民部落が対象となるものは全体のほぼ3分の1で、これまでに700件あまりの社区林業計画が原住民部落において展開されている。

（2）原住民部落における国有林利用の実態
1）達娜伊谷（嘉義縣阿里山郷新美村・山美村）

　達娜伊谷は阿里山山脈山間部のツォウ（鄒）族が居住する地域であり、新美村と山美村の2村が含まれる。新美村には70家族300人、山美村には約700人が暮らしている。達娜伊谷は標高500m付近に立地しているが、幹線道路（省道24号線）沿いの山美村に対して新美村は10kmほど奥地にあり交通の便がよくない。いまでこそ車の往来は可能であるが、30年前には道路などのインフラや医療・衛生状況も劣悪であり、麓の町まで何十kmもの山道を歩かねばならなかった。それゆえ、村は人口扶養力に乏しく、当時の

表 6-1　社区林業計画の原住民・非原住民別の採択件数

年	原住民社区	非原住民社区	合計
2002	34	36	70
2003	106	110	216
2004	63	135	198
2005	52	133	185
2006	29	121	150
2007	48	126	174
2008	56	94	150
2009	73	129	202
2010	47	95	142
2011	48	103	151
2012	43	84	127
2013	39	91	130
2014	28	77	105
2015	35	78	113
合計	701	1,412	2,113

出所：行政院農業委員会林務局『林業統計』（各年版）。

人口はいまの半分程度であったという。

　新美村では住民のほとんどは原住民保留地のなかで私有化している農地で農業をしている。中心作物はお茶および山茶油の生産である。また、国有林を借地して筍の生産などをしている者もいるが、社区林業計画による活動はしていない。筍の生産が行われているのは、日本統治時代から代々国との契約で利用を許されてきた竹林で、現在は20世帯が収入源として国有林を借地している。村長の汪堅雄氏によれば、筍の生産は昔ほど収益が上がるものではなくなったが、先祖伝来の土地を保有し続けたいという思いから国との契約を続けているという側面が強いということである。なお、農業だけでは十分な収入が得られない世帯では、町へ通勤してパートタイムの仕事をするか、あるいは出稼ぎという形で遠隔地に行く者も少なくない。

　一方の山美村では山美社区発展協会が1995年から自然生態公園を経営し

写真 6-1　達娜伊谷自然生態公園内の吊り橋（大田撮影）

ており、観光業による収入が大きい。2009 年のモーラコット台風（台風 8 号）被害で公園は一時期閉鎖を余儀なくされたが、2011 年にリニューアルオープンして以降、順調に客足を伸ばしている。近年では中国から団体で訪れる観光客が多く、年間 30 万人程度の観光客を集めている。年間の売上高は約 1000 万元（費用は約 600 万元）とのことである。

　山美村社区発展協会のメンバーは 256 人であるが、自然生態公園で雇用される村人は約 30 人で、エコツアーのガイド・生態系モニタリング調査（とくに川魚の保護が重要）・レストラン・土産物店・民族舞踊ショーなどの業務をこなしている。この観光施設が山美村に与える経済的な効果は大きく、隣接する新美村との経済格差は小さくない。公園のおかげで村に多くの雇用が

第6章　原住民の地理的分布、人口動態および集落の状況

生まれることで若者の定着も進み、出稼ぎの必要性も減少した。「経済的に豊かになることが目的ではなく、村に住み続けることができることが何よりありがたい」という社区発展協会長の莊信義氏の言葉がその存在の大きさを物語っている。

2）達来部落（屏東縣三地門郷達来村）

　達来部落は中央山脈南部のパイワン（排湾）族の居住する部落で、住民登録上の人口は408人だが実際に居住するのは250人程度である。残りの150人あまりは、仕事や学校のため普段は村を離れて暮らしている。滞在先としては、屏東市や高雄市が多い。2009年の台風被害ののち、16戸が離村して屏東県内の他の町へ移住したので少し人口が減少した。

　達来部落では、国立屏東科技大学の支援プログラム（補助金も含む）を受けてエコツーリズムを始めた。このプログラムは社区林業とは異なるものであるが、その内容には共通する部分が多い。村人のなかから選ばれた候補者が、1年間にわたって地域に存在する動植物の同定や伝統的利用法を学び、インタープリターとしての訓練を受けたうえでエコツーリズムを展開するというものである。学習プログラムの講師となるのは、大学教員と大学院生、そして地元の古老たちである。2016年5月の調査時点でインタープリターとしての資格を得たものは4人で、そのほかに補助的役割を担える者が4人いる。

　エコツアーには3種類のコースが用意されており、1）トレイルの散策や弓矢体験ができる1日ツアー（1300元／人）、2）吊り橋を渡っていまは無人となっている旧集落まで歩き石板造りの家に宿泊して伝統料理を食べる1泊2日のツアー（2100元／人）、3）予約なしの訪問客用に自由に対応する半日のプログラム（300〜600元／人）がある。これまで4年間の実績があり、2015年には300人の参加者があった。達来部落にとってエコツーリズムはまだ始まって数年の試みであり、現時点ではそれほど経済的な効果があるとはいえないが、Uターンした若者数名の雇用創出につながっており将来性はあると考えられている。

　現在の集落は山腹の斜面上部に位置しているが、昔は川を挟んだ対岸の奥

地に集落があった。土砂災害の影響を避けるために1990年に現在の場所に移住した。達来部落のパイワン族の人々はこれまでに5回移住を繰り返してきたということで、もともと先祖は川をさかのぼった高地に暮らしていたが、部族間の争いに敗れて現在の場所の近くに移動し、さらに大きな自然災害を受ける度に移動を余儀なくされたという。4回目の移動は日本統治下で、これは政策的な理由による移住であった。現在の部落周辺はほとんどが国有林であり、原住民が所有する私有地との境界は定かではないという。許可を得て狩猟をする村人は多少はいるが減少傾向にあり、その他に森林を利用した活動はあまり行われていない。国有林内での行為に関しては規制が厳しく、村民は罰則をおそれて関わりたくないというのが本音のようである。また、集落内に街路樹や花を植えたり、2009年の台風による崩壊斜面に地域固有の草本種の植栽を行ったりというような仕事はあるが、それほど規模が大きいわけでもなく、単発的であり継続的な事業ではない。

昔と比べると道路が整備されたので、1時間程度で山麓の町に通えるようになり、人口の流出には一定の歯止めがかかっている。しかし、このことは同時に村外への通勤者の増加という生活形態の変化をもたらすことになった。村での主な生活基盤は自給的農業であったが、現在では村外での農業従事者（果樹園などでの雇用労働者）が非常に多い。

3）徳文部落（屏東縣三地門郷徳文村）

徳文部落はパイワン（排湾）族およびルカイ（魯凱）族が混住する部落（パイワン族が多数派）で、住民登録している人口は約600人である。達来部落からさらに車で30分以上も山道を登った標高840mにある遠隔地集落で、入山申請書を提出しないと立ち入れない地区となっている。麓の町への通勤は困難であり、居住している住民のほとんどは農業に従事（130戸約450人）しており、残りの約150人（主に若者）は他出している。ただし、週末には村に戻れる近隣地域に住む人が多い。

農業生産のなかでは日本統治時代に日本人が持ち込んだアラビカ種のコーヒー栽培が盛んであり、自家焙煎したコーヒーが飲める喫茶店が観光の目玉にもなっている。コーヒー豆の収穫時期には他出している若者たちも帰郷し

第6章　原住民の地理的分布、人口動態および集落の状況

写真6-2　徳文部落のコーヒー店（大田撮影）

て作業の手伝いをするという。ほかには、原住民の伝統的な食糧作物である紅藜（アカザ／*Chenopodium formosanum*）が生産されている。コーヒーは広葉樹やアカシアの樹下に植えることも多く、一種のアグロフォレストリーになっているが、これらはすべて原住民保留地内の私有地で行われており、国有林内で栽培することはない。ここでも、国有林の積極的な利用はみられない。ただし、保留地内でまだ私有化されていない国有地に関しては5年間耕作もしくは植林をして管理を続けていれば私有地として譲り受けることができるので、少ないながらも私有地獲得を目指して行動する村民もいるようである。

　村内には小学校しかなく、中学になると山を下りて隣の瑪家郷まで通うことになる。村にある地磨兒國民小学徳文分校では、原住民の言語や文化に関する教育に力を入れており、週に2日は「母語」「歌謡舞踏」「山林智慧」「手工芸品」「狩猟文化」など原住民の伝統を伝える科目を教える日になっている。母語の授業では、排湾語と魯凱語をそれぞれの部族の子弟に対して教え

ている。こうした授業の講師は地元の年輩者であり、高雄市に移り住んだ家族の子弟なども通ってきている。元村長の柯大白さんによれば、子供たちに原住民としてのアイデンティティーを育むことを目標としているということである。

　徳文部落には徳文社区発展協会があり、理事会メンバー7人のうち3人が女性である。パイワン族では女性の地位が高く、相続は男女を問わず第一子が行うとされている。この点は男子のみが相続するルカイ族とは異なるが、近年ではいずれの原住民においても徐々に一般国民と同様の均分相続を採り入れるようになってきているということである。国有林との社区林業契約は行っていないが、1年前から国立屏東科技大学の支援を受けてエコツーリズム事業を開始した。7人の村民がインタープリテーションの研修プログラムを受講し、トレイル散策・石焼き料理・弓矢・コーヒーづくり・つる工作など各人の得意分野を生かした活動を展開している。エコツアーの料金は、1日ツアーが1050元、1泊2日が1990元となっている。夜には星や夜行性動物の観察、フクロウやカエルの鳴き声を聞くイベントなども開催される。

4）高士部落（屏東縣牡丹郷高士村）

　高士部落はパイワン（排湾）族の居住する部落で、住民登録上の人口は約600人だが、実際に居住するのは400人あまりである。村の人口は1990年頃には700人以上あったので、近年減少気味である。高士部落は台湾最南端の恆春鎮の中心街から北東へ40分ほどの山中にある。この付近の山は阿里山郷や三地門郷と比較すると海抜も低く傾斜も緩やかである。高士社区発展協会は理事11名、監事3名という体制であり、10年前から社区林業計画を採り入れた活動を展開している。活動に参加しているのは約40人であるが、5人の常勤職員枠を創出して若者の雇用を確保している。この5人はいずれもUターン者であり、社会福祉・産業推進・環境（エコツーリズム）・文化創造・伝統教育の五つの担当業務をそれぞれが受け持っている。

　社区林業計画としては、これまでに自然資源調査・森林保護・森林育樂の3部門すべての活動を行ってきた。年間20万元の補助金を得ているが、その使途は半分を生態系保全活動や動植物種の同定作業に、残りの半分はトレ

イルの整備や植林活動に充てている。いずれにせよ、支出の多くは人件費となっている。エコツーリズムはまだ始めて間もなく、活動としては村の昔話の収集、伝統食や伝統工芸の維持伝承、池やトレイルの整備、花樹の植栽や風景の美化などに取り組んでいる。

　村の主要産業は農業であったが、現在では自給的なものを除いて農業生産はほとんど行われていない。それは、村の農地の大半が渓流沿いで特別に保護すべき地域に入ることから、1990年代以降に土地持ち農民のほぼ全員が国と契約をして保護地域の指定を受け入れるかわりに年間1ha当たり2万元の補償金を受け取る道を選んだからである。そうした農地では作付けや家畜の放牧等の利用が禁止されており、管理されることなく自然な遷移にまかされるままになっている。そこで、村では農業に変わる産業としてエコツーリズムに期待をかけているが、まだ軌道に乗るまでには至っていない。

　現村長の妻で社区発展協会の事務長をしている張美江氏によれば、村では補償金に依存して生活する人が多くなり、またかつての部族長一家が台北に移住したことで求心力がなくなったという。正月の先祖供養などの伝統行事に参加する村人の数も年々減ってきており、村が抱える課題は多いようだ。なお、保護地域への補償金は土地の相続によって子孫にも引き継がれ、さらに在村でなくてももらえることから、契約をして保証金をもらいつつ家族で都市部へ移住する原住民もいるらしい。

　とはいえ、高士部落には原住民部落の良き伝統もまだ息づいている。村人約50名で構成される村の警備隊組織では、村内の巡視、川の見回り、清掃活動、道普請、災害救助等をボランタリーベース（1日100元で月10日を限度とした手当はある）で行っている。また、張氏は無給で社区発展協会の様々な仕事をフルタイムでこなしているが、村の人たちは採れたての野菜やわな猟でしとめた獲物などを彼女の自宅（村長宅）に随時届けてくれるので、互助の精神が息づく村のなかでは現金収入がなくても暮らしていけるということであった。

5）利嘉部落（台東縣卑南郷利嘉村）

　利嘉部落はプユマもしくはピヌユマヤン（卑南）族の居住する村である。

台東市からほど近い農村地帯にあり、住民登録人口は約 1300 人で在住者数は約 1000 人である。人口の 6 割は原住民であるが、残りの 4 割は漢人である。農業が中心であるが、台東市まで車で 20 分程度で行けるので、働きに出る者もいる。以前は水田やパイナップル・バナナ・オレンジ・レモングラスなどの栽培も盛んであったが、現在は釈迦頭（バンレイシ／*Annona squamosa*）と蒟醬（キンマ／*Piper betle*）の生産が中心である。バンレイシは低木になる果実で、形が釈迦の頭に似ているので台湾では釈迦頭あるいは釈迦と呼ばれている。また、キンマの葉は檳榔（ビンロウ／*Areca catechu*）の実を石灰に混ぜて包むときに用いられるもので、台湾では結構需要が大きい。

　生産された農産物は仲買人に売る。それ以外の流通経路はない。仲買人は台東市等に住む漢人の商人であり、生産者である原住民は自分達の生産物がその後どこへ売られるのか関知していない。栽培する作物がしばしば移り変わるのは生産過剰による値崩れが大きな要因であるが、仲買人を通した販売に依存している現状では積極的な作付け転換ができる状況にはないといえよう。そうした意味では、近隣の都歷部落などが展開しようとしている農業をベースとしたツーリズムは、地元に付加価値分を落とすことにつながる将来性のある方策である。

　利嘉部落では社区林業を 2010 年から始めた。最初の 3 年間は育樂活動を中心に行ったが、十分な成果が得られないことから森林保護（山の巡視）を中心とする活動に切り替えた。これが成功し、林務局長による表彰をもらうまでになった。この地域の国有林にはクスノキの天然木があり、樟脳を採るために盗伐が絶えなかったが、村民がパトロールを始めてから何人もの犯人を捕まえたためにここ数年で被害は激減した。村内に見慣れない車や不審な行動をする人物が現れた場合、林務局の森林巡視員だけで取り締まることは難しいが、村民が意識的にそうした車や人物に注意を払いながら生活していると、昼夜を問わず結構情報が集まる。村民間の情報網は強固なので、そうした情報はすぐに巡視員や警察および林務局に伝わる。そこで、連絡を受けた巡視員と森林警備員が村民とともに国有林内で待ち伏せして犯行現場を取

り押さえるのだという。

　村長の林長毅氏によれば、林務局の森林巡視員は樹種や森林植生の知識が豊富なうえに銃を持っており、待ち伏せ場所の選定や犯人逮捕のときには頼りになるという。こうした原住民と林務局との連携関係は社区林業計画による森林保護活動を通じて醸成されたもので、以前には考えられなかったような信頼関係がお互いのなかに形成されつつあるようだ。

　なお、農地の利用に関しては、他出や高齢化によって耕作ができなくなった場合、親戚に預けるか部落内の知人に貸す場合がほとんどであり、耕作放棄地になるようなことはないという。また、台北市や新北市などの都会に出た若者も50歳ぐらいまでには村に帰って来るのが普通なので、農家の後継ぎ問題もそれほど深刻ではないとのことである。

6）布農部落（台東縣延平郷桃源村）

　桃源村はブヌン（布農）族が居住する山村で、中央山脈の東側山麓に位置し、人口は約1500人である。この村に住むブヌンの人々の祖先は、もともとは標高のかなり高い山岳地帯に暮らしていたが、日本統治時代に山を追われて平地に近いこの場所に移住させられたという。1995年、この村に財団法人布農文教基金会によって「布農部落休閒農場」が設立された。布農文教基金会は地元出身の白光勝牧師がブヌンの子供たちの教育や民族の伝統継承と経済的自立を目的に設立した団体で、キリスト教会系列の国際的ネットワークを通じて獲得した寄付金をもとにつくりあげたものである。

　布農部落休閒農場では村民150人（常勤職員は約100人）を雇用し、20haの敷地内では、劇場・レストラン・カフェ・土産物店・機織り・有機農場・牧場・農作物加工場・炭焼き小屋・宿泊施設・工作教室・キャンプ場などを手広く経営している。有機農畜産物・加工食品・竹炭・竹酢液・檜オイル・伝統工芸品などの生産物はネットでも販売している。劇場では毎日民族舞踊のショーが行われているが、出演者は農場内の各所で働く原住民の老若男女である。

　農園の周辺には約1500haの原住民保護区の森林があるが、天然林に混じって檳榔やバナナが植えられているほかは放置された竹林が拡大しており、

第Ⅱ部　台湾の分析

写真 6-3　布農部落休閒農場の民族舞踊ショー（大田撮影）

あまり利用されていない。国立台東大学原住民生態研究室の劉烱錫教授によれば、そうした森林資源を有効活用して経済的価値を生み出すことが必要であり、台湾でも取得する森林が増え始めた FSC 森林認証制度を導入した林産物の製造販売を構想しているという。劉教授は過去に研究室で受け入れた地元出身の何名かの原住民学生を布農部落休閒農場に就職させており、これまであまり利用されてこなかった森林と木材その他の資源の利用を卒業生や白牧師夫妻とともに考えている。ただし、森林所有者を束ねて森林計画を立てるという森林認証取得に必須の作業はそう簡単ではないようである。また、ここでは社区林業のような国有林との契約に基づく活動はいまのところ予定はしていない。

4　原住民社会における土地所有権の空洞化問題

　台湾の山村における社会構造は、日本や韓国とは大きく異なっている。台湾島の中心部を占める山岳地帯や東海岸一帯は 20 世紀に入るまでもっぱら独自の慣習と文化を持つ生番あるいは高砂族と呼ばれた原住民族が暮らす場

所であり、日本統治時代以降その土地のほとんどは国有林に編入されている。前節のいくつかの事例にもあったように、原住民の集落は強制的に中下流域へと移住させられた場合が多く、現在の村は古くから存在する自然集落ではない。さらに、山岳に居住する原住民は基本的に農耕民ではなかった。そうした歴史ゆえに、現在でも台湾の山間部には漢人農民はほとんど居住していない。

　すなわち、山村問題が原住民問題と直結していることが、台湾の大きな特徴である。西海岸の平地に暮らす原住民が清の時代から漢民族との同化を進めた（余儀なくされた）のに対し、山岳の原住民は現在においても同化を拒み自らのアイデンティティーを強く主張しようとしている。そうした人々は、戦後の日本にみられたような都市部への労働力の供給源とはなりにくい。現金収入を得る必要性から近隣の町場へ出稼ぎ的に移り住むことはあっても、文化的背景や考え方の違いが大きい都会にはなじめずに故郷へ戻る若者も少なくない。しかし、田舎に仕事がないという状況は日韓台を通じて共通であり、原住民部落の多くには貧しい家々が立ち並ぶ。

　それでも、台湾の経済成長の恩恵は原住民社会にも及んでおり、道路や医療をはじめとするインフラの整備により山村地域の人口扶養力は上がっている。原住民部落に住みながら自動車で1時間近くかけて麓の村での農作業や建設作業等に通う若者も珍しくない。聞き取り調査の結果からは、人口は漸減傾向にあるとはいえ限界集落や消滅集落に至るような危機的な状況は顕著ではないことがうかがえた。

　森林行政の視点から原住民問題を考えたとき、環境保護政策の強さが懸念材料となる。台湾では1990年以降天然林の伐採が禁止され、年間の木材生産量にも大きな制限がかけられている。その結果、林務局の森林管理体制は弱体化しており、社区林業計画による地元住民との共同管理は、これを補うものという性格を有している。しかし、そこでは生態系保全やエコツーリズムなどの活動が中心であり、積極的な森林への働きかけによる木材や森林副産物の生産活動はみられない。それゆえ、森林資源の利用状況は低位であり、管理の手が行き届かず放置される私有林は今後も広がる可能性がある。

さらに、国有林内での伝統的手法による狩猟は一定の制限内で認められているが、若い世代の原住民たちは野生動物を殺して食べることが野蛮だと思われることを嫌ってあえてその伝統に背を向けようとする傾向があるという話も聞いた。そうした考え方の広まりは原住民の生活と森林との間に距離を作るものであり、画一的な原住民対策の限界もみえ始めている。社区林業計画において各地の原住民部落が同じような内容のエコツアーを提供しても、すべての地域が十分な雇用と収入を確保できるわけではなく、それだけで山村の人口減少を長期にわたって食い止める決定打になることは期待できない。

　他方、こうした状況とは別に、現在の原住民社会には人口構造の変動とは異なる理由で土地所有権および利用権の行使が困難な状況にあることが報告されている。すなわち、本来、原住民族が行使すべき所有権ないし利用権は、伝統領域においてはその多くがいまだ設定されておらず、保留地においては細分化・断片化されている。台湾の原住民族社会において進行しつつある土地所有権及び利用権の行使の困難さは、本章や日本において観察された現象とは異なる。しかし、その課題や対策のあり方は、法人格の付与等による登記の促進や土地区画のとりまとめという点で底通するところがあり、両者の比較から射程の広い分析視点を得ることが期待できる。

　そこで、続く三つの章では、もっぱら、原住民社会に進行中のこうした空洞化の可能性に焦点を当てた分析を法学の視点から展開する。

注
1) 原住民55地区の総人口と原住民人口と総人口は、それぞれ内政部戸政司人口資料庫 http://www.ris.gov.tw/346 および、原住民人口数統計資料による。
http://www.apc.gov.tw/portal/docDetail.html?CID=940F9579765AC6A0&DID=0C3331F0EBD318C23CFDD1560C0038B8
2) なお、2017年8月の統計では、総人口は約56万人である。これは台湾の総人口の2.36％にすぎず、原住民の人口動態が全国の動態に反映される規模にはない。
3) 傅仰止（2001）「都市原住民概説」蔡明哲編著『臺灣原住民史篇』80頁。

参考文献
傅仰止（2001）「都市原住民概説」蔡明哲編著『臺灣原住民史篇』。
原住民委員會「55個原郷列表」。

https : //www.apc.gov.tw/portal/associate/village/list.html?CID=1E4A2846561931B1（2017年 11 月 1 日閲覧）

行政院農業委員會林務局（1999～2016）「林業統計」。

焦國模編著（2004）『林業政策與林業行政』洪葉文化事業有限公司。

第7章
原住民保留地の土地所有権の空洞化現象

程明修

　現在、台湾の原住民族は約55万人おり、総人口の2%を占めている。原住民身分法（2008年12月3日）第2条によると、「本法において、原住民とは、山地原住民及び平地原住民を含み、その身分の認定は、本法が別途規定を有する場合を除き、以下の規定による。一、山地原住民：台湾光復前の原籍が山地行政区域内にあり、かつ戸口調査簿にその本人又は直系血族の尊属が原住民に属すると登記されている者。二、平地原住民：台湾光復前の原籍が平地行政区域内にあり、かつ戸口調査簿にその本人又は直系血族の尊属が原住民に属すると登記されており、並びに戸籍所在地の郷（鎮・市・区）役所に平地原住民として登記するように申請したことが記録にある者」とされる。したがって、いわゆる「原住民」は立法上、山地原住民と平地原住民とを別に区分されている。[1]

　「原住民」は異なる原住民族に別々に属する。原住民族の認定については、初期では原住民身分法第1条第2項の規定により、「前項の原住民の族別認定辦法は、行政院がこれを定める」とする。そこで行政院は2002年6月12日行政院院台疆字第0910026162号令を通して原住民民族別認定辦法の全文12条を定め、公布した。原条文第2条の規定は、「本辦法において、民族別とは、アミ族・タイヤル族・パイワン族・ブヌン族・プユマ族・ルカイ族・ツォウ族・サイシャット族・ヤミ族・サオ族及びその他行政院の認定を経た民族を指す」とした。2004年4月7日行政院院台疆字第0930012765号令は

第 2 条の条文を修正・公布し、内容を調整して二つの民族を加え「本辦法において、民族別とは、アミ族・タイヤル族・パイワン族・ブヌン族・プユマ族・ルカイ族・ツォウ族・サイシャット族・ヤミ族・サオ族、クバラン族、タロコ族及びその他行政院の認定を経た民族を指す」とした。その後、立法院が 2005 年 2 月 5 日に原住民族基本法を制定し、第 2 条は「原住民族」を定義し、「台湾に既に存在し国家の管轄内となる伝統民族は、アミ族・タイヤル族・パイワン族・ブヌン族・プユマ族・ルカイ族・ツォウ族・サイシャット族・ヤミ族・サオ族、クバラン族、タロコ族及びその他原住民族であると自認し、かつ中央原住民族主管機関が行政院に報告・申請して認定を経た民族を含む」とした。その後、中央原住民族主管機関（原住民族委員会）が行政院に報告・申請して認定を経た原住民族には、サキザヤ族・セデック族・サアロア族・カナカナブ族がある。したがって、現在政府の認定を経た原住民族にはあわせて 16 の民族がある。2016 年段階で 3 万人以上の人口を擁する部族として、アミ族（約 20 万 5000 人）、タイヤル族（約 8 万 8000 人）、パイワン族（約 9 万 8000 人）、ブヌン族（約 5 万 7000 人）、タロコ族（約 3 万人）があり、原住民族の人口は他のすべての部族をあわせて合計約 55 万人となっている。また、アミ族が平地に居住しているのに対して、他の部族の大部分は山間部にとどまっている。さらに、原住民族において、女性の人口が顕著に多く、タイヤル族では女性が男性より 1 割以上多い[3]。

　台湾の土地の最初の主人として、それぞれの段階の異なる国家政権に接触したのち、原住民族は山林地国有化の国家政策に直面し、土地に対する権利を次第に失っていった。最後に「原住民保留地」の創設により、一定の条件のもとで国家により設定される権利を再び取得し、そのなかには最も核心的な権利である所有権が当然に含まれていた。しかしながら、原住民保留地は、その地理的な特殊性により、多くがたとえば国家公園法・水土保持法・山坡地保育条例等の環境保護法令が統制する地区に位置している。このことにより、原住民が法により土地上に取得した権利の行使はきわめて大きな制限を受けることとなった。そのうえ、原住民族は、国家法における権利取得に多くを期待せず、きわめて大きな割合の原住民保留地の土地がいまだ登記処理

されていない。たとえ原住民が法により保留地の土地所有権を取得したとしても、法令で制限されたり、農林使用による経済利益が著しく低かったり、さらにはここへ若年労働力の流失も加わることにより、土地の遊休化や転換利用の現象がきわめて普遍化してきている。これにより、類似する原住民保留地の土地所有権の空洞化・虚偽化など（後述）の現象も発生しうる。

これに対して、日本では、山地集落の人口流失と高齢化現象によって、集落の機能が失われつつある。同時に、相続発生時に相続人が相続財産の状況をまったく知らない（相続した土地の所在も知らない）、さらに、相続登記の処理をまったくしない場合があり、土地の管理放棄同然の事態が起きている。換言すれば、土地には依然として所有権が存在しているにもかかわらず、所有権者の管理放棄により「所有権の空洞化」の現象が発生している。[4]

以下では、まず、台湾における原住民保留地制度の現況を述べ、次に、台湾における所有権の空洞化、虚偽化などの現象を確認しその原因を分析する。最後に、台日両国の山林の土地で生じている「所有権の空洞化」などの現象および原因・対策を比較検討する。

1 台湾原住民保留地の法制の現況

（1）日本統治時代の土地国有化と保留地の雛形

台湾原住民と近代国家の法律体系の接触の始まりは、原住民の土地に対する支配権が剥奪されはじめたときであった。清国が1871年「牡丹社事件（宮古島島民遭難事件）[5][6]」の前後に、「理番」政策の調整につき、実際にまだ統治されていなかった台湾の山地と東部地域等の原住民居住地区に対して漢人の入植を積極的に実施する「開山撫番」を開始した。これに対して、1895年の日清戦争ののち、日本は台湾統治を開始し、末期清朝がまだ統治していなかった上述の地区に対して植民地の「理番政策」を積極的に実施した。まず、台湾総督府は、1895（明治28）年10月31日に日令第26号官有林野及樟脳製造業取締規則を公布し、その林野調査事業の先駆けとした。規則第1条は、「所有権ヲ證明スヘキ地券又ハ其他ノ確證ナキ山林原野ハ總テ官有トス」[7]と

規定した。さらに進んで、1900（明治33）年2月22日に律令第7号を発布し、「蕃人ニアラサル者ハ何等ノ名義ヲ以テスルニ拘ラス蕃地ヲ占有シ使用シ其他権利ノ目的ト為スコトヲ得ス」と命じ、非原住民が山林原野の利用権を取得することを厳格に禁止した。原住民は「地券」または「確證」の提示が困難であったことから、無主地理論と規則第1条を根拠にほとんどの所有者不明地を「保管林」として官有林に編入し、警察権力の武力鎮圧による同化政策を通じ、土地官有化を次第に実現した。

その後、総督府は1910（明治43）年から1914（大正3）年に林野調査事業を次々と実施し、1915（大正4）年から1925（大正14）年に官有林野整理事業を通じて、原住民居住地区外の測量と地籍調査を完成させた。1928（昭和3）年に総督府は訓令第81号で森林計画事業規程を制定し、土地の性質の差異により官有林野を「要存置林野」「不要存置林野」および「準要存置林野」に区分した。「要存置林野」は、保安林ならびに治水・国土保安およびその他公益の立場上開墾又は限墾を許さない土地をおおよそ含む。「不要存置林野」は原則的に「要存置林野」以外で、民業使用に供することができる土地であり、農林適用地・山地集落燃料牧草採取地・放牧地を含む。「準要存置林野」については、山地人民の生活を保障するために留保すべき林野と、理番上山地人民の移住を奨励するために留保すべき林野であり、あわせて「蕃人所要地」と呼ぶものであり、したがって、「準要存置林野」は「山地保留地」または「高砂族保留地」とも呼ぶことができる。それは原住民族の生活・活動の場として、つまり今日の原住民保留地の前身ともなったものである。もっとも、「蕃人所要地」または「高砂族保留地」は、形式的には官有地として、国家が所有権を有し、実質的には原住民が使用することができる利益・効果を承認しているにすぎない。彼らが当該地域においていかなる地上物であれこれ設置すること、または木材を伐採し家屋を建築することを許可するという、一種の用益権を付与するにすぎず、植民者が蕃地国有と一貫して考える立場を抜け出せていないのである。

（2）国民政府統治後の発展

　1945年以降の国民政府による台湾統治は、日本の旧制を踏襲して国有地原則を採用し、日本統治時代の官有林野地の接収後に国有として登記した。さらには、日本政府の原住民に対する類似の呼称を踏襲し、「高砂族」を「高山族（ガオシャンズゥ）」に改称し、その後「山地同胞（シャンディトンバオ）」を改称し「山胞（シャンバオ）」と略称した。また、国民政府は日本統治時代の「番界」の境界線をそのまま使用し、県以下の地方自治単位「山地郷（シャンディシャン）」を画定する輪郭とした。同時に、日本政府の「準要存置林野」の設計様式もそのまま使用し、1948年7月に台湾省政府が制定した台湾省各県山地保留地管理辦法を通して管理を開始し、またこれらの「高砂族保留地」を「山地保留地（シャンディバオリウディ）」に改称した。当該辦法は1960年に修正されて台湾省山地保留地管理辦法となった[17]。1980年に「山地保留地」の名称を「山胞保留地」に改め、主管機関の階級を引き上げ、改めて行政院が山胞保留地開発管理辦法を制定した。1994年には、憲法追加修正条文中の「山胞」の用語を「原住民」に改称し、また「山胞保留地」を「原住民保留地」に改称するように改正し、辦法の名称もまた同時に原住民保留地開発管理辦法に改訂した[18]。1958年から1966年までの初期調査では原住民保留地は約24万634haあった。その後、原住民の発展する余地が制限されたことにより1988年から1992年までに原住民保留地の増加編入と区画編入がそれぞれ起こり、また、原住民の情報不足と識字の問題により申請が遅延し、2007年から2011年まで原住民保留地の増加・区画編入を補充的に行った[19]。原住民族委員会の2015年の統計資料によると、現在の原住民保留地の土地面積は合計で26万2700.165haある[20]。

　現在、台湾の原住民保留地は宜蘭・新北・桃園・新竹・苗栗・台中・南投・嘉義・高雄・屏東・台東・花蓮等の12の県市内の30の山地郷（区）および25の平地原住民郷（区）に分布している。原住民保留地は、台東県の蘭嶼郷以外、すべて傾斜地に位置しており、それは標高が100m以上、または、平均斜度が5％以上であるものである[21]。原住民保留地の標高の分布は海抜100mから2000mの間とかなり広範であり、蘭嶼郷を除きその他はすべ

表 7-1　原住民保留地面積（単位：1 万 Ha）および用途別比率表[23]

利用形態	面積	割合
建地	0.16	0.61%
農牧用地	7.52	28.63%
林業用地	17.06	64.94%
その他（交通、特定目的、水利、国土保安等）	1.53	5.82%
合計	26.27	100%

て台湾の山麓地区に位置し、大部分の原住民保留地が 400m から 1200m の山腹傾斜地に集中している。同時に行政院が認定した台湾省農林辺際土地宜農・宜林・宜牧劃分標準によると、原住民保留地の土地のなかで、林業用地が約 65％ と最も多くを占め、その次に農牧用地が 3 割近くを占めている[22]。

　上述したように、原住民が原住民保留地上の諸権利の取得に関する現行の根拠規範は、主に原住民保留地開発管理辦法である。辦法第 1 条は、「本辦法は山坡地保育利用条例第 37 条の規定によりこれを制定する」と規定しており、原住民保留所在地がその地理的な環境において、大多数が山腹傾斜地に位置するという地理的環境の現実をまさに説明しているのである。山坡地保育利用条例第 37 条は、「山坡地の範囲内の山地保留地は、原住民が開発し、および耕作、地上権又は承租権を取得することを指導する。その耕作権・地上権は満 5 年継続して経営したときは、土地所有権を無償で取得し、政府が指定する特定の用途を除き、権利の移転先は原住民に限る。その開発管理辦法は、行政院がこれを定める」と規定する。原住民がこの規定を根拠として取得できる原住民保留地の権利の種類には、「耕作権」、「地上権」または「承租権」と「所有権」が含まれる[24]。原住民保留地開発管理辦法第 17 条第 1 項は、「本辦法により取得した耕作権又は地上権について、［原住民が］登記後継続して満 5 年自ら経営または自ら使用した事実が確認された場合、中央主管機関が耕作権者又は地上権者と共同で現地の登記機関に所有権移転登記の処理を申請することができる」とする（カッコ内は筆者が補記）。この規定に基づき、原住民は自ら使用する土地については、耕作権・地上権・所有権・リース権・無償使用権を取得することができる。具体的には、1. 農地につ

いては耕作権設定から満5年で土地所有権、2. 建設用地については地上権設定から満5年で土地所有権、3. 林地については農育権設定から満5年で、それぞれ土地所有権を取得できる。また、中央主管機関の許可により、4. 牧地・工商業用地については経営租賃権(ただし、9年に一度契約を更新しなければならない)、さらに、5. 雑・池・溜地等の土地は無償使用権をそれぞれ取得できる(ただし、10年に一度契約を更新しなければならない)。

山坡地保育利用条例第37条は、別途、特別に、原住民が取得した土地所有権を移転する場合、移転先を原住民に限定する旨の規定を置く。また、原住民保留地開発管理辦法第15条第1項も「原住民が取得した原住民保留地の耕作権、地上権、承租権又は無償使用権は、相続をすることができる原住民、元来配分を受けた世帯内の原住民又は三親等内の原住民への相続・贈与以外に、譲渡又は貸出しをすることができない」とする。そして、第16条は、「郷(鎮・市・区)役所は、原住民が前条第1項の規定に違反したときは、原住民保留地を回収する場合を除いて、以下の規定によりこれを処理しなければならない。一、既に耕作権又は地上権の登記をしたときは、法院に登記の抹消を請求する。二、賃借又は無償使用のときは、その契約を終了する」と規定する。さらに、第18条第1項は、「原住民が原住民保留地の所有権取得後には、政府が指定する特定用途を除いて、その移転の譲受人は原住民に限る」と規定し、それぞれ立法者が原住民保留地上の権利に高度の原住民属人性を認めていることがはっきりと見てとれる。

加えて、原住民保留地開発管理辦法第19条によると、原住民が耕作権・地上権・承租権または無償使用権を取得した原住民保留地は、死亡により相続をする者がなく、自ら耕作を行う力がなく、転居又は転業により継続して使用できなくなったときは、原住民保留地土地権利審査委員会の審議を経て、郷(鎮・市・区)役所がこれを回収する。換言すれば、土地法第10条第2項の精神に倣い、私有地の所有権が消滅するときは国有地に復帰することを規定したものである。

2 原住民保留地の所有権の空洞化現象

(1) 原住民保留地の登記意欲の落ち込み

　日本統治時代の「高砂族保留地」から戦後の国民政府統治後に延長された「原住民保留地」まで、台湾の原住民保留地制度は、山林地が国有であるという政策前提のもとで推進された。両統治者は、統治者が支配する法律制度を通して、伝統的な原住民の保留地以外の土地の剥奪を強化すると同時に、原住民の土地利用を土地面積の割合が相対的に小さい原住民保留地内に限定した。これに加え、原住民保留地の多くが地質敏感地帯の天然林地または国家公園の範囲内に位置し、実際、原住民族が農耕に従事するのに真に適するものは決して多くない。いままでのところ、半数近くの原住民保留地の土地面積が実際に登記処理・使用されていない可能性がある（原住民保留地の総面積26万2700.165haのうち、12万8079.91haが登記処理・使用されておらず、すでに所有権取得の登記を経た土地の比率は保留地の総面積の僅か三分の一を占めるにすぎない）。その上に、台湾の地理・気候の特徴は降雨が集中し、山崩れが続出し、土壌流失が著しい点にある。もし保留地が水源水質保護区の範囲内に位置するものであれば、その使用はさらに厳格な制限を受ける。このため、収益性の高い事業を営むことは容易ではなく、原住民が保留地を取得し利益が生み出す可能性を疑問視する者もいる。しかしながら、法令が非原住民の保留地使用の制限を次第に緩和するにしたがって、原住民と資本主義社会は接触し、現金経済への依存関係を生み、原住民は保留地を現金収入の商品とし、さらには違法売買や違法リースが発生し、保留地が事実上失われるという現象が加速することになると思われる。

　原住民保留地制度の実施でまず遭遇する難題は、保留地がなおも登記処理・利用されていない状況が深刻であるということである。原住民保留地の多くは斜度が大きく、農牧経営に向かない山地に位置し、もともと利用上の客観的な障害がある。しかし、さらに重要な原因は原住民文化の共有制度のもとの所有権概念にあり、個人主義のもとで確立された近代法の所有権概念

表 7-2　原住民保留地権利分配統計（2015 年現在、単位：1 万 ha）[32]

原住民保留地土地総面積	原住民が取得した所有権	原住民が取得したその他の対物権			公共用又は学校用の政府保留地	原住民及び原住民団体の租借地	非原住民及び公営企業の租借地	未使用又は未登記の保留地
		建地地上権	農育権（林地地上権）	耕作権				
26.27	9.36	0.01	1.79	0.78	0.65	0.11	0.75	12.81

とはやはり差異があり、加えて、原住民の伝統の耕作と狩猟の慣習が国家の法律の制限枠組み（すなわち、保留地使用に対する制限）が生み出した衝突や不適合状態が発生している[33]。そのため、原住民が制定法上の手続によらず当事者限りで土地の権利を設定または取得して土地をそのまま使用する比率が高まりかねない[34]。

（2）原住民保留地の遊休化による所有権の空洞化

その次に、土地の経済利用の効率性から見ると、山地の原住民人口が流失する現象がきわめて深刻であることで（表7-3参照）、労働力不足に加えて経済収益も限られている（保留地の多くが林地に属し、造林の収益はほんの僅かである）[35]。たとえ保留地の所有権を有していても、現に原住民が保留地を使用して得られる報酬率が資本・労力を投入するその他の生産活動に及ばないときには、保留地は使用されず、原住民保留地の土地遊休化という現象が発生する[36]。土地所有権の未使用による土地の遊休化は、土地所有権の機能の低下を引き起こすほか、林地保育機能のマイナスの影響——荒廃化——をももたらし得る[37]。土地所有権資源の放棄に近いこのような現象は、一種の「所有権の空洞化」の現象でもある[38]。

（3）原住民保留地の造林の奨励補助の引き上げ

原住民保留地の多くが斜度のかなり大きい山林に位置し[40]、同時に農業耕作または建築の用途に供しうる比率が高くないため、その大部分の土地は林業用地に属している（約64％を占める、表7-1参照）。森林法第6条第2項の規定によると、「林業用地として編成された土地は、その他の用途の使用に供

表 7-3　原住民族の地域別人口比率（2016 年 7 月現在）[32]

性別	総計	割合	山地郷	割合	平地郷	割合	都市部	割合
計	550,268	100.00%	163,022	29.63%	132,414	24.06%	254,832	46.31%
男	267,656		85,045		66,923		115,688	
女	282,612		77,977		65,491		139,144	

してはならない。但し、直轄市・県（市）の主管機関の同意を得て、中央主管機関に報告・申請して中央地政主管機関と共同で審査・許可をするときは、この限りでない」とする。しかしながら、林業に従事する一般農民は土地に対して伝統的に愛着があり土地を保有し続けているものの、保有者は必ずしも林業経営に関心が有るとは限らず、経営意欲はもともと高くない。そして、原住民自身の林業経営をきわめて粗放なまま放置または放棄させておくことが収穫量の著しい低下を招いており、同時に材価が低迷しているため造林の経済利益は決して高くはない[41]。原住民は生計を維持するために、造林の意欲が高くない状況下で、違法な転用により収益がより高いその他の事業（たとえばキャベツ栽培）に変わっていくとすれば、土地の「超限利用」[42]の結果が次々と引き起されることになる[43]。土地の遊休化または違法使用を防止するために、画定された各種使用区または編成された各種使用地に照らして利用し、林業用地の一部において、期待に合う造林補助の方法を採用するとすれば、それは一種の可能な政策の方向である。これまで造林補助奨励額の限度が高くなかったために、造林の意欲を高めることができなかった。

　このような苦境のなかで、2016 年 1 月 6 日に立法院は原住民保留地禁伐補償及造林回饋条例を通過させた。この条例は原住民保留地の禁伐補償および造林還元の問題を処理し、さらには、国土保安・水資源維持・環境緑化・自然生態保育および気候変動対応・自然災害軽減の目標を達成し、かつ受益者負担・被制限者補償の原則に基づいて、また政府の造林・育林の政策と組みあわせて、原住民族の経済事業の発展を促すものであった。

　ここで、補償および還元の問題とは、原住民保留地を禁伐地域として画定することによる禁伐補償のこと、および原住民保留地を林業用地または農牧用地として編成することによる造林奨励のことを指す（第 3 条）。そして、

本条例第 6 条の規定によると、原住民保留地の土地所有者または原住民身分を有する合法使用者は、本条例の規定により造林所在地の郷（鎮・市・区）役所に禁伐補償金または造林還元金を申請することができ、禁伐補償金の限度は 2016 年では 1ha 毎に毎年 2 万元を補償し、2017 年から毎年 1ha 毎に 3 万元を補償する。造林奨励金につき、1 年目は 1ha 毎に 12 万元、2 年目から 6 年目は毎年 1ha 毎に 4 万元、7 年目から 20 年目は毎年 1ha 毎に 2 万元、21 年目以降は禁伐補償の限度で奨励する。

（4）原住民保留地の所有権の虚偽化

原住民保留地制度の実施は現在、本来到達しようとしていた「原住民生計の保障・原住民行政の推進」という目的からすでにそれてしまっている[44]。しかしながら、法令が絶え間なく変動するにつれて、保留地が次第に原住民の現金収入の「商品」に変わり、保留地の違法売買や違法リースの現象が加速していることが不変の事実であることは否定できない[45]。元来原住民保留地の権利移転は、法律により原住民間のみに限られている。その目的は保留地の流失を防止するためである。しかしながら、この制限のために、土地の「取引価格」が一般の市場価格と均衡が取れなくなってしまい、原住民の債務弁済能力が低いため、一般の公・民営銀行の多くが融資を控えるようになった。このように原住民が現金資金を得るパイプが狭まる状況下で、平地の資金と技術への依存度が絶えず上昇し、間接的に保留地の違法売買または違法転リースの現象を加速させている[46]。このような現象は所有権主体の帰属紛争であり、原住民保留地の土地利用の遊休化問題は比較的発生しづらいだろう。しかし、形式的な所有権者と実質的な賃借人の主体の相違によって、次のような所有権内容の虚偽化・泡沫化・異質化の現象が生じ得る。

前述のとおり、原住民保留地開発管理辦法第 18 条第 1 項は、原住民が原住民保留地の所有権取得後、当該保留地の「譲受人は原住民に限る」とする。しかしながら、本辦法は、売買（所有権移転）以外の方法——形式上合法に見える財産権の操作・処置を通して非原住民を保留地所有権者に類似する地位に立たせて非原住民の使用に供させ、同時に原住民の所有権者には土地登

第 7 章　原住民保留地の土地所有権の空洞化現象

記簿上の名義だけを残し保留地の使用・収益・処分につき実質的な権利を奪う——は制限していない。たとえば、まず不動産典権（不動産質権）を設定して非原住民に保留地に対して使用収益権を取得させる。次に、原住民が非原住民に対して代理権を授与し、または委任契約を締結することで、非原住民に保留地の処分を可能にさせる。原住民が翻意したり保留地を別途処分したりするのを防ぐために、非原住民と原住民間で消費貸借契約を別途締結することができる。さらに、限度額を引き上げたり債権を担保するために設定される保留地抵当権を追加したりすることもできる。また原住民が非原住民債権者に印鑑・権利証の保管を「授権」し、その権利を確保しているということがつねに見られる。そうすると、形式的には原住民と非原住民の間に合法に見える契約が存在するが、実質的には土地所有権は非原住民に買い取られたにほぼ等しい。[47] 原住民は、このような法律関係の構造のもとで、形式的には所有権を有しているが、実質的には有名無実であり、虚偽の所有権である。

　そのほか、類似の違法取引の類型としていわゆる「仮売買」がある。非原住民が実際に原住民の有する保留地の土地を購入しようとしても、法令上、所有権登記の処理をすることができないが、原住民身分を有する第三者と所有権者が保留地の売買契約を締結することによって、実際にその名義を借用して登記の処理をすることができる。ただ実際の取引行為は原所有権者（原住民）と「実質的買受人」の非原住民の間に存在する。この原住民身分を有する第三者と当該「実質的買受人」の非原住民の間には、いわゆる「借名登記契約」が存在し得る。この「脱法行為」に属する名義貸しによる登記契約の法律効果の如何は、実務上激しい争いがある。[48] 民法第71条の規定によると、「法律行為は、強制又は禁止の規定に違反したときは、無効である」とされ、原住民保留地開発管理辦法第18条第1項の規定は「取締規定」ではなく「効力規定」である[49]強制禁止規範（日本でいう強行法規）に属し、当該辦法に違反して締結した契約は無効とすべきであると筆者は考える。

137

(5) 原住民保留地の所有権の泡沫化

　法令が取引主体を制限しているため、原住民がつねに経済的な需要によってやむなく保留地を取引の商品として現金化する時によく見られるもう一つの形式は、権利の「放棄書」によって保留地を譲渡することである。非原住民はまず原住民の地主との「協議」を行い、原住民の地主は権利放棄書に署名し、保留地の権利を放棄する。当該保留地は返還されて公有となり、公共部門が当該土地を非原住民の使用者（多くの場合は土地開発者）に貸す。[50)51)]そうすると、原住民が有する保有地の所有権もこれにしたがい消滅していき、土地も最終的には非原住民の手に流入し、形を変えながら原所有権を泡沫化させる。

(6) 原住民保留地の所有権の異質化

　原住民保留地開発管理辦法第28条の規定によると、「非原住民が本辦法施行前に既に原住民保留地を借用して継続して自ら耕作し、又は自ら使用するときは、継続して賃借することができる」とする。このように保留地制度実施前にすでに原住民保留地を借用して継続して自ら耕作し、または自ら使用しているのは、その多くが日本統治時代に山地に入って戸籍を設けた平地漢人の世帯が原住民（山地）保留地を賃借しているためである。1993年に「全台山地郷平地居民権益促進会」（「平権会」と略称する）が成立した。その構成員に前述した原住民保留地において不法売買により保有地「租用権」を取得した非原住民が含まれ、組織の力で保留地を積極的に獲得し、放領と解体を行った。その結果、原住民保留地は流失した(保留地の性質が改変された)だけでなく、同時に非原住民の手中に流入した。[52)]次に、2001年に「原住民身分法」が可決された。第4条は、「原住民と非原住民が結婚して生まれた子女が、原住民身分を有する父又は母の姓又は原住民伝統名に従うときは、原住民身分を取得する」と規定したことにより、その父親が非原住民であり母親が原住民であるときもまた、原住民身分（まずは戸籍上の改姓をする）を取得することができるようになった。もしすでに合法的に保留地の土地を借用していれば、原住民身分の取得により順当に原住民身分をもって法によ

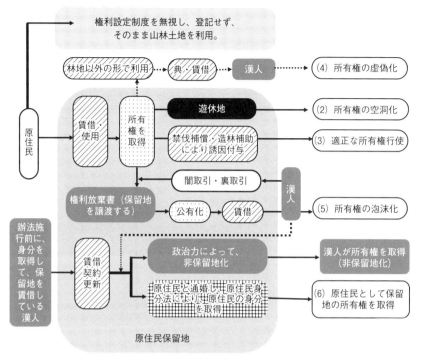

図 7-1　原住保留地所有権の変化（筆者製図）

り原住民保留地の所有権を取得することもできる。[53]

3　土地利用適正化のための政策強化

　台湾における山林の多くは原住民保留地である。現時点では、原住民保留地において、日本と同様の所有権空洞化が起きているとはいえない。しかし、原住民の土地との関係については、近代国家法的な所有概念との齟齬もあり登記が進んでいない。また、所有権の虚偽化・泡沫化・異質化が、今後進展する可能性がある（可能性があるのか現実に徐々に起きているのかはっきりさせる）。

第Ⅱ部　台湾の分析

　第一に、所有権の虚偽化については、実質的所有者と形式的所有者の乖離がみられる。第二に、所有権の泡沫化については、原住民の所有権放棄によって、一度国有化・公有化されたのちに、非原住民の所有に帰する結果になっている。なお、仮売買については強行法規に違反するため無効であると考える。第三に、所有権の異質化については、2001年原住民身分法が可決され、非原住民が原住民と結婚して生まれた子女が原住民としての身分を取得した場合には、原住民の身分を取得することができるようになった。この場合には、元非原住民は原住民保留地に位置する区画を適法に取得できることになる。

　適正な異質化の場合を除き、原住民保留地が非原住民に実質的に帰属する事態は好ましいものではない。原住民保留地の土地利用を正常化するため、禁伐補償が行われるようになった。近年、禁伐補償の補助率が引き上げられたが、原住民保留地の適正利用を促すために政策的に十分であるか否かは、今後、実証的な分析が必要である。

注
1）山地原住民と平地原住民の区分概念は、「平地原住民」を「平埔族」と同等の概念として理解するべきではない。清朝統治時代において、台湾の原住民は「生番」と「熟番／平埔番」に区分されており、後者が指すのは平原地区の漢化の程度が比較的早く、同時に統治領域に組み入れられ、納税・兵役の範囲に繰り入れられた原住民である。前者は統治領域に組み入れられていない、山地における原住民である。両者は共にオーストロネシア語族（Austronesian）に属する。19世紀末、日本の学者伊能嘉矩が原住民の各集落の実地調査を開始し、台湾原住民族群の分類体系を確立し、これら漢文化の影響を早くに受けたが、言語文化の多くがすでに流失した族群を、祖源伝説や文化特性によりクバラン（Kavaran）・ケタガラン（Ketagalan）・タオカス（Taokas）・パポラ（Papuran）・パッゼへ（Pazzehe）・パブザ（Pavoza）・アリクン（Arikun）・ロア（Llo'a）・シラヤ（Siraya）・マカタオ（Makattao）等の族に分けた（國立臺灣大學人類學系、流動的歷史軌跡與收藏的平埔記憶――瑪蘭與凱達格蘭、國科會國家型科技計畫――數位典藏創新應用前鋒計畫（EPEE）、1930年代臺灣平埔族群影音資料整合應用與推廣放映計畫（http : //www.pinpu.digital.ntu.edu.tw/concept.php 2016年8月24日閲覧）。その後、日本統治時代において、幾度かの国勢調査を通して、原住民の区分を「生番／高砂族」と「熟番／平埔族」とした。国民政府の台湾統治に至り、1950年代には、地方自治選挙制度と選挙区・選挙人の認定のため、また同時に、「平地居住の山地同胞」の選挙人身分の認定問題を解決するために、任意申請制度と同制度に

140

第 7 章　原住民保留地の土地所有権の空洞化現象

　　おける認証制度が採用された。任意申請制度において、「平地山胞」の概念を日本統治時代の普通行政区の高砂族と平埔族の延長とすると同時に、申請を行わなかった 5 万人近くの平埔族人（熟番）が漢人世界のなかに身を隠し、身分を失った。しかし、1990 年以降になって身分意識が復活し（詹素娟（2005）「臺灣平埔族的身分認定與變遷（1895-1960）——以戶口制度與國勢調查的「種族」分類為中心」臺灣史研究第 12 巻第 2 期、151-161 頁参照）、未申請の平埔族人が平地原住民の認定を申請するか否かが問題となっている。

2 ）ただし、いまのところ関連する原住民族の認定の要件・手続等は明確な規範を欠いている。原住民族委員会が 2005 年に提出した原住民族認定法草案は、いまだに完成・立法に至っていない。

3 ）原住民族委員會 HP（http://www.apc.gov.tw/portal/index.html　2016 年 8 月 24 日閲覧）掲載の「原住民人口數統計資料」2016 年 7 月分（メインページより本會資訊＞主動公開資訊＞統計資料＞原住民人口數統計資料＞【105 年】7 月）「10507 台閩縣市原住民族人口-按性別年齡」のデータをもとに筆者で調整した。

4 ）国土交通省土地・水資源局（2008）『我が国の土地利用の課題と展望（これからの土地利用を考える懇談会　報告書）』9 頁、山本幸生・飯國芳明（2014）「中山間地域における土地所有権の空洞化と所有情報の構造」『農林業問題研究』194 号、88 頁参照。

5 ）藤井志津枝（1992）『近代中日關係史源起——1871〜74 年台灣事件』1 頁以下、呉密察（1994）「綜合評介有關「台灣事件（一八七一〜七四）」的日文研究成果」同『台灣近代史研究』209 頁以下参照。牡丹社事件の発生原因に関連する日本語の研究については、おおむね以下のようなものを参照することができる。紙村徹（2004）「なぜ牡丹社民は琉球漂流民を殺害したのか？——牡丹社事件序曲の歴史人類学的素描」山本春樹・黃智慧・パスヤ・ポイツォヌ・下村作次郎編『台湾原住民族の現在』草風館、146 頁以下、大浜郁子（2010）「「牡丹社事件」はなぜ起こったのか「原住民」——琉球島民・客家人からみた事件の発端に関する検討」國立政治大學原住民族研究中心主宰・2010 年第三回台日原住民族研究論壇會議論文（http://nccur.lib.nccu.edu.tw/handle/140.119/79776）。

6 ）宮古島民遭難事件は、「八瑤灣事件」とも呼ぶ。宮國文雄（1998）『宮古島民台湾遭難事件』那覇出版社参照。

7 ）日令第 26 号の中国語訳文では「無上手證據、及山林原野之地契、算爲官地。」と翻訳されている。李文良（2001）『帝國的山林——日治時期台灣山林政策史研究』國立臺灣大學歷史學研究所博士論文、28 頁参照。

8 ）律令第 7 号の内容は一種の原則禁止・例外許可の制度である（すなわち、「その他の法規が特別の規定を有し、又は台湾総督府の許可を得たときは、この限りでない」）と同時に、罰則規定をも含む。その全体の内容は、「蕃人ニアラサル者ハ何等ノ名義ヲ以テスルニ拘ラス蕃地ヲ占有シ使用シ其他權利ノ目的ト為スコトヲ得ス但別段ノ規定アルモノ又ハ臺灣　總督ノ許可ヲ得タルモノハ此限ニアラス前項ノ規定ニ違背シタル者ハ五圓以上百圓以下ノ罰金ニ處シ又ハ十一日以上六月以下ノ重禁錮ニ處ス」である。

9 ）山路勝彦（2004）『台湾の植民地統治——〈無主の野蛮人〉という言説の展開』日本

141

図書センター、石垣直（2007）「現代台湾の多文化主義と先住権の行方――〈原住民族〉による土地をめぐる権利回復運動の事例から」『日本台湾学会報』第 9 号（2007 年）、204 頁以下、涂照彦（1975）『日本帝国主義下の台湾』43 頁参照。
10）李承嘉（1999）『原住民保留地政策與問題之研究』行政院原住民族委員會、14 頁参照。
11）この官有地は「保管林」利用者や「無断」開墾などの縁故者に払い下げ、または予約開墾成功地として売り渡すことができ、人民または民間企業に購入させ開墾地としたり、事業経営を行わせたりすることができた。涂（1975）、44 頁参照。
12）林淑雅（2006）『解／重構台灣原住民族土地政策』國立台灣大學法律學研究所博士論文、75 頁。寧要存置林野の面積の積算根拠について、石垣直は、「「蕃人」一人当たりに対し、定住地 0.2 ヘクタール、耕作地 1.8 ヘクタール、用材燃料採取共用地 0.5 ヘクタール、牧畜其他産業増進用地及災害予備地 0.5 ヘクタール、計 3 ヘクタールの使用のみが認められることになった」とする。続けて、陳元陽（1999）『台湾の原住民と国家公園』九州大学出版会、59 頁のデータ参照しつつ、当時の「蕃人」（高砂族）の人口は約 8 万 4500 人と見積もられていたため、「合計で約 25 万 3500 ヘクタールが「生活保護上の理由」から「蕃人」に残された」と述べる（石垣前掲註 9・204 頁）。
13）徐世榮（1997）「歷史上台灣原住民土地流失之政治經濟分析」『原住民土地與文化學術研討會論文集』中國土地經濟學會、2-15 頁参照。
14）國立臺北大學不動產與城鄉環境學系（2012）「臺東縣原住民保留地非原住民使用爭議事項之研究報告書」臺東縣政府、8 頁。
15）林秋綿（2001）「灣各時期原住民土地政策演變及其影響之探討」『台灣土地研究』第 2 期、32 頁参照。
16）したがって、所要地を与えることは、形態上一種の「準権利化」という転換であると指摘する学者もいる。藤井志津枝（1999）「探討台灣原住民的土地問題」許介麟主編『原住民族權利國際討論會論文集』國立台灣大學法學院、33 頁参照。
17）その後当該辦法は 1966 年および 1974 年にもそれぞれ 2 回の修正が行われた。
18）石垣前掲註 9・204-205 頁、國立臺北大學不動產與城鄉環境學系（2012）、11 頁参照。
19）國立臺北大學不動產與城鄉環境學系（2012）、11-12 頁参照。
20）原住民族委員會 HP（http://www.apc.gov.tw/portal/index.html）掲載の「104 年公務統計報表―原住民保留地權利分配統計（土管處）（2016 年 3 月 8 日作成）」（メインページより本會資訊＞主動公開資訊＞統計資料＞本會公務統計方案報表＞104 年度）を参照。
21）山坡地保育利用条例第 3 条（「本条例で言うところの山坡地は、国有林事業区、試験用林地及び保安林地のほか、中央又は直轄市主管機関が自然形勢、行政区域又は保育・利用の必要性に照らし、左記の状況の一つに合致したときに、範囲を画定し、行政院に報告して公告の査定を申請する公・私有地である。一、標高が 100 メートル以上のもの。二、標高が 100 メートル未満であり、その平均斜度が 5％ 以上のもの」）参照。
22）陳竹上（2012）「我國原住民保留地政策之當代課題與司法案例分析」『台灣原住民族研究』季刊第 5 巻第 2 期、86 頁参照。データの更新資料は、新北市新店地政事務所 HP（http://www.xindian.land.ntpc.gov.tw/ch/index.jsp）掲載の「原住民保留地大紀事」（メインページより右上「原住民區」をクリック、2016 年 8 月 24 日閲覧）を参照。

第 7 章　原住民保留地の土地所有権の空洞化現象

　　それによると、林業用地が約 70% と最も多くを占めており、その次に農業用地が約 24% を占め、牧畜用地が 1% と最も少なく、その他の土地が約 5% であった。
23）「監察院糾正案文 105 内正 0012 号」（監察院 HP（http://www.cy.gov.tw/）メインページより監察成果＞糾正案文で検索可能、2016 年 8 月 25 日閲覧）3 頁参照。
24）民法物権編は、2010 年 2 月 3 日の改正後、第 850 条の 1 を新たに創設し、他人の土地において農作・森林・養殖・牧畜・竹木の植栽または保育をする権利を「農育権」とした。ゆえに、竹木を植栽するときは、地上権の設定登記をすることはできず、「農育権」による登記処理に改めなければならない。現行の山坡地保育利用条例第 37 条には「農育権」設定の規定がまったくないため、原住民が竹木を植栽する部分については、現在行政院原住民族委員会 2010 年 9 月 22 日原民地字第 09900445072 号函により農育権の設定登記を処理している。
25）原住民保留地開発管理辦法第 13 条の規定によると、「原住民が商工業の経営により、事業計画を作成して郷（鎮・市・区）役所に申請し、原住民保留地土地権利審査委員会の審議を経て、直轄市又は県（市）の主管機関に回付して審査・許可された後、法により建築のために使用することができる原住民保留地の賃借は、各賃借期間が 9 年を超えてはならず、満期後継続して賃借することができる」とされる。
26）これはすでに廃止された台湾省山地保留地管理辦法第 23 条が、「山地人民が無償使用を申請する雑・池・溜地は自ら経営・使用するものに限る」と規定していた。
27）中華民国憲法第 143 条第 1 項は、「中華民国領土内の土地は、国民全体に属する。人民が法により取得した土地の所有権は、法律の保障と制限を受けなければならない（以下略）」と規定し、土地法第 10 条第 1 項は、「中華民国領域内の土地は、中華民国人民全体に属し、それにつき人が法により所有権を取得したときは、私有地とする」と規定する。
28）政府資料開放平台（http://m.data.gov.tw/node/33685（2017 年 2 月 17 日閲覧））より引用。
29）梁煒智（2001）『百年來臺灣原住民族土地分配制度的變遷與國家法令』國立臺灣大學法律學研究所碩士論文、89 頁、藤井志津枝（1999）「探討台灣原住民的土地問題」許介麟主編『原住民族權利國際討論會論文集』國立台灣大學法學院、35 頁参照。
30）林櫻櫻（2009）「從「準要置林野」到「原住民保留地」──從財產權觀點探討我國原住民保留地之增編與劃編」『國有財產雙』月刊第 55 期。
31）石垣（2007）、205 頁参照。
32）原住民族委員會 HP（http://www.apc.gov.tw/portal/index.html）掲載の「104 年公務統計報表─原住民保留地權利分配統計（土管處）（2016 年 3 月 8 日作成）」（メインページより本會資訊＞主動公開資訊＞統計資料＞本會公務統計方案報表＞104 年度）を参照。
33）顔愛靜教授の研究において、登記処理により発生する租税負担につき懸念する老人世代の原住民がいくらかいることも原住民が登記処理を躊躇する原因の一つであることが示されている。顔愛靜「原住民保留地與公有土地制度之研究（III）」（國科會研究計畫（國立政治大學地政學系））（http://nccur.lib.nccu.edu.tw/handle/140.119/4875）（2016 年 8 月 25 日閲覧）参照。

34）國立臺北大學不動產與城鄉環境學系（2012）、25 頁參照。
35）屏東県の林業経営に関するとある研究において、屏東県の原住民の造林の世帯ごとの平均林地収入は調査によると 39,234 元であり、造林が生み出す利益は期待とまったく一致していないことが示されている。李達平（2003）『屏東縣原住民林業經營認知與需求』國立屏東科技大學森林系碩士學位論文、71 頁參照。
36）徐士堯（2002）「原住民保留地的土地使用分析」『土地問題研究』季刊第 1 卷第 4 期、84 頁參照。
37）保留地のうち遊休・荒廃化して利用されていない面積の比率については、正確な資料がない。原住民族委員会が委託した研究報告で、アンケート調査に現れた比率は約 2.1％である。ただし、このデータが実際に参考可能であるかはさらなる検証を要する。原住民族委員會委託、官大偉（計畫主持人）・蔡志偉（協同主持人）・林士淵（協同主持人）（2015）『103 年度原住民保留地政策調查研究——非原住民使用總登記為原住民保留地問題研析成果報告』106 頁（原住民族委員會 HP（http：//www.apc.gov.tw/portal/index.html）メインページより本會資訊＞主動公開資訊＞委託研究報告）（2016 年 8 月 26 日閲覧）參照。
38）日本は山地集落の人口流失と高齢化現象により、集落の機能が失われてしまった。同時に、相続原因発生時に、相続人が相続財産の状況をまったく知らないばかりか、相続する土地の所在をまったく知らないということや相続登記の処理をまったくしていないといったことが起こっている。それゆえに、土地資源の放棄同然のことが起こっている。換言すれば、土地には所有権が存在するが、相続人または所有者の管理の放棄によって「所有権の空洞化」の現象が生じている。国土交通省土地・水資源局（2008）『我が国の土地利用の課題と展望（これからの土地利用を考える懇談会報告書）』9 頁、山本幸生・飯國芳明「中山間地域における土地所有権の空洞化と所有情報の構造」農林業問題研究第 194 号（2014 年）88 頁參照。
39）「10507 台閩縣市鄉鎮市區原住民族人口－都會比例」（原住民族委員會 HP（http：//www.apc.gov.tw/portal/index.html）メインページより本會資訊＞主動公開資訊＞統計資料＞原住民人口數統計資料＞【105 年】7 月）（2016 年 8 月 26 日閲覽）參照。たとえば、新北市烏来区のように、いくつかの原住民集落における人口が特殊な条件によって却って増加している現象も生じているようである。あり得る原因には原住民に群集現象があることが含まれ、他の県市から北部に来て働く多くの原住民は、市区に近く交通が比較的便利な烏来に居住することを選択し、または選挙の条件のために戸籍を留保している。唐嘉邦「偏鄉人口皆流失　烏來反增 28%」（中國時報電子版 2013 年 8 月 7 日新北報導、http：//www.chinatimes.com/newspapers/20130807000526-260107）（2016 年 8 月 26 日閲覽）參照。
40）山坡地土地可利用限度分類標準第 2 点は、「甚浅層である四級坡（斜度が 30% を超え 40% 以下の土地を指す）で、土壌侵食が重大であり、又は硬質母岩に下接しているときは、林業用地の範囲に属さなければならず、林業用地は造林又は自然林木若しくは植生覆蓋の維持をしなければならず、農耕使用をしてはならない」と規定する。
41）李達平（2003）『屏東縣原住民林業經營認知與需求』國立屏東科技大學森林系碩士學位論文 12-13 頁參照。

42) 山坡地保育条例第 6 条の規定によると、「山坡地は土地の自然形勢・地質条件・植生状況・生態並びに資源保育・利用可能限度及びその他関係する条件を考慮し、区域計画法又は都市計画法の関連する規定に照らし、それぞれ各種使用区を画定し、又は各種使用地を編成する」とする。およそ地区編成の利用方式に基づくことができずに当該山坡地の利用限度を超えるものは、いわゆる「超限利用」である。鍾秉正（2015）「山坡地超限利用相關法制與其衍生之法律問題」『高大法學論叢』第 10 巻第 2 期、7頁参照。
43) 林修榮（1999）『原住民保留地超限使用因素之研究——以曾文水庫集水區為例』逢甲大學土地管理研究所碩士論文、75 頁、徐士堯（2002）「原住民保留地的土地使用分析」土地問題研究季刊第 1 巻第 4 期、84 頁参照。
44) 原住民保留地開発管理辦法第 3 条第 1 項参照。
45) 石垣前掲註 9・205 頁参照。
46) 顏愛靜（1999）『原住民保留地與公有土地資源管理制度之研究 (1)』行政院國家科學委員會專題研究計劃（NSC86-2415-H-004-005, 1997）、109 頁、林秋綿（2001）「臺灣各時期原住民土地政策演變及其影響之探討」『台灣土地研究』第 2 期、37 頁参照。
47) 林淑雅（2006）『解／重構台灣原住民族土地政策』國立台灣大學研究所博士論文、123 頁、原住民族委員會委託、官・蔡・林（2015）、150 頁、「監察院糾正案文 105 内正 0012 号」（監察院 HP（http://www.cy.gov.tw/）メインページより監察成果＞糾正案文で検索可能）（2016 年 8 月 25 日閲覧）、7 頁参照。
48) 無効説を採るのは、たとえば最高法院 100 年度台上字第 775 号判決である。「游阿和は、係争する土地の所有権を取得して登記するのは法令に制限され、売買契約により移転登記の処理をすることができず、そこで王文増等八人（王文増が代表として）と借名契約を成立させ、王文増等八人が係争する土地につきその名で借名登記をすることに合意した……係争する土地は原住民保留地であり、譲受人は原住民に限られ、上記の係争する土地の売買契約及び借名契約は全て脱法行為に属し、法により無効である」。有効説を採るのは、たとえば最高法院 102 年度台上字第 2189 号判決である。「原住民保留地を原住民身分の無い者に売り渡すのに、もし同時に買受人が指定する原住民身分を有する人への登記を約定したならば、その約定は法律が許さないところのものではなく、不可能な給付を目的としているとは言いがたく、その契約は有効である。金中玉が張美英と係争する土地を売買する合意を成立させたのは、金中玉が原住民身分を有していなかったためであり、そこで張美英が係争する土地につき原住民身分を有する陳玉女に移転登記することを約定したのは、証人即ち代書人の吳美玉の証明を経て、かつ土地登記謄本・土地移動索引・土地所有権移転契約書により調べることができる。金中玉が張美英と通謀虛偽により係争する土地の売買契約を成立させたのではなく、かつ金中玉が張美英と売買契約を成立させたときに、既に同時に係争する土地につき原住民身分を有する陳玉女に移転登記することを約定しており、上述の説明により脱法行為であるとは言いがたく、当該売買契約は有効であることがわかる」。
49) 詹森林（2009）「效力規定與取締規定之區別標準——最高法院裁判之評析」范光群教授七秩華誕祝壽論文集編輯委員會主編『范光群教授七秩華誕祝壽論文集』元照出版社、289 頁以下参照。

50) 審査手続において、土地を必要とする非原住民が影響を及ぼしうる「原住民保留地土地権利審査委員会」（原住民保留地開発管理辦法第 6 条参照）によって審査・決定がなされれば、手続の障害も解決され得るだろう。
51) 藤井（1999）、官大偉（2014）「原住民族土地權的挑戰——從一個當代保留地交易的區域研究談起」『考古人類學刊』第 80 期、26 頁参照。
52) 藤井（1999）参照。
53) 官（2014）、27 頁。

参考文献
石垣直（2007）「現代台湾の多文化主義と先住権の行方——〈原住民族〉による土地をめぐる権利回復運動の事例から」『日本台湾学会報』第 9 号、197-216 頁。
大浜郁子（2010）「「牡丹社事件」はなぜ起こったのか「原住民」——琉球島民・客家人からみた事件の発端に関する検討」國立政治大學原住民族研究中心主宰・2010 年第三回台日原住民族研究論壇會議論文（http://nccur.lib.nccu.edu.tw/handle/140.119/79776 2016 年 8 月 25 日閲覧）。
紙村徹（2004）「なぜ牡丹社民は琉球漂流民を殺害したのか？——牡丹社事件序曲の歴史人類学的素描」山本春樹／黃智慧／パスヤ・ポイツォヌ／下村作次郎編『台湾原住民族の現在』草風館。
国土交通省土地・水資源局（2008）『我が国の土地利用の課題と展望（これからの土地利用を考える懇談会報告書）』。
涂照彦（1975）『日本帝国主義下の台湾』三民書局。
陳元陽（1999）『台湾の原住民と国家公園』九州大学出版会。
宮國文雄（1998）『宮古島民台湾遭難事件』那覇出版社。
山路勝彦（2004）『台湾の植民地統治——〈無主の野蛮人〉という言説の展開』日本図書センター。
山本幸生・飯國芳明（2014）「中山間地域における土地所有権の空洞化と所有情報の構造」『農林業問題研究』第 194 号 88-93 頁。

藤井志津枝（1992）『近代中日關係史源起——1871～74 年台灣事件』全采出版社。
———（1999）「探討台灣原住民的土地問題」（許介麟主編『原住民族權利國際討論會論文集』國立臺灣大學法學院。
詹素娟（2005）「臺灣平埔族的身分認定與變遷（1895-1960）——以戶口制度與國勢調查的「種族」分類為中心」『臺灣史研究』第 12 卷第 2 期、121-166 頁。
吳密察（1994）「綜合評介有關「台灣事件（一八七一～七四）」的日文研究成果」同『台灣近代史研究』稻香出版社。
李文良（2001）『帝國的山林——日治時期台灣山林政策史研究』國立臺灣大學歷史學研究所博士論文。
李承嘉（1999）『原住民保留地政策與問題之研究』行政院原住民族委員會。
林淑雅（2006）『解／重構台灣原住民族土地政策』國立台灣大學法律學研究所博士論文。
徐世榮（1997）「歷史上台灣原住民土地流失之政治經濟分析」『原住民土地與文化學術研討

會論文集』中國土地經濟學會。
國立臺北大學不動產與城鄉環境學系（2012）「臺東縣原住民保留地非原住民使用爭議事項之研究報告書」臺東縣政府。
陳竹上（2012）「我國原住民保留地政策之當代課題與司法案例分析」『台灣原住民族研究』季刊第5卷第2期、83-144頁。
梁煒智（2001）『百年來臺灣原住民族土地分配制度的變遷與國家法令』國立臺灣大學法律學研究所碩士論文。
林櫻櫻（2009）「從「準要存置林野」到「原住民保留地」——從財產權觀點探討我國原住民保留地之增編與劃編」『國有財產雙月刊』第55期。
原住民族委員會委託、官大偉（計畫主持人）・蔡志偉（協同主持人）・林士淵（協同主持人）（2015）『103年度原住民保留地政策調查研究——非原住民使用總登記為原住民保留地問題研析成果報告』（原住民族委員會 HP、http : //www.apc.gov.tw/portal/index.html 2016年8月26日閱覽）。
唐嘉邦（2013）「偏鄉人口皆流失烏來反增28%」（中國時報電子版2013年8月7日新北報導、http : //www.chinatimes.com/newspapers/20130807000526-260107 2016年8月26日閱覽）。
李達平（2003）『屏東縣原住民林業經營認知與需求』國立屏東科技大學森林系碩士學位論文。
鍾秉正（2015）「山坡地超限利用相關法制與其衍生之法律問題」高大法學論叢第10卷第2期1-43頁。
林修榮（1999）『原住民保留地超限使用因素之研究—以曾文水庫集水區為例』逢甲大學土地管理研究所碩士論文。
徐士堯（2002）「原住民保留地的土地使用分析」『土地問題研究』季刊第1卷第4期79-88頁。
顏愛靜（1997）『原住民保留地與公有土地資源管理制度之研究（1）』行政院國家科學委員會專題研究計劃（NSC86-2415-H-004-005）。
林秋綿（2001）「臺灣各時期原住民土地政策演變及其影響之探討」『台灣土地研究』第2期23-40頁。
林淑雅（2006）『解／重構台灣原住民族土地政策』國立台灣大學研究所博士論文。
詹森林（2009）「效力規定與取締規定之區別標準——最高法院裁判之評析」范光群教授七秩華誕祝壽論文集編輯委員會主編『范光群教授七秩華誕祝壽論文集』元照出版社。
官大偉（2014）「原住民族土地權的挑戰——從一個當代保留地交易的區域研究談起」『考古人類學刊』第80期。
「監察院糾正案文105內正0012号」（監察院 HP、http : //www.cy.gov.tw/ 2016年8月25日閱覽）。
國立台灣大學人類學系、流動的歷史軌跡與收藏的平埔記憶——瑪蘭與凱達格蘭、國科會國家型科技計畫——數位典藏創新應用前鋒計畫（EPEE）、1930年代臺灣平埔族群影音資料整合應用與推廣放映計畫、http : //www.pinpu.digital.ntu.edu.tw/concept.php 2016年8月24日閱覽）。
「原住民人口數統計資料」（原住民族委員會 HP、http : //www.apc.gov.tw/portal/index.html

2016 年 8 月 24 日閲覧)。
「104 年公務統計報表――原住民保留地權利分配統計（土管處）（2016 年 3 月 8 日作成）」（原住民族委員會 HP、http://www.apc.gov.tw/portal/index.html 2016 年 8 月 25 日閲覧）。
「原住民保留地大紀事」（新北市新店地政事務所 HP、http://www.xindian.land.ntpc.gov.tw/ch/index.jsp 2016 年 8 月 24 日閲覧）。
「監察院糾正案文 105 內正 0012 号」（監察院 HP、http://www.cy.gov.tw/ 2016 年 8 月 25 日閲覧）。
政府資料開放平台（http://m.data.gov.tw/node/33685 2017 年 2 月 17 日閲覧）。
顏愛靜（1999）「原住民保留地與公有土地制度之研究（III）」（國科會研究計畫（國立政治大學地政學系）、http://nccur.lib.nccu.edu.tw/handle/140.119/4875 2016 年 8 月 25 日閲覧）。

第8章

現代国家の支配下における
所有権の実態の解明
―台湾高山地区原住民の土地利用の苦境―

高仁川

　かつて原住民が支配した領域の大部分は、日清戦争後に日本政府が国有化し、原住民族は平地に移住した。その後、台湾政府は、山地の土地を使用している原住民個人に対して、保留地使用権や保留地所有権を付与することを試みている。しかし、本書第7章においてすでに論じたように、原住民にしか付与されないはずの保留地所有権や保留地使用権は、違法な売買やリース等を通じて漢民族に移転するという事態が発生し、原住民の居留地において、所有地が個別化・細分化され、原住民の自治が難しくなっている。

　本章では、第1節において、台湾の原住民の土地問題の比較対象として、アメリカ少数エスニックグループの所有権空洞化の経験を紐解く。次に、第2節では、マイケル・ヘラー（Michael Heller）のアンチコモンズ論を手掛かりとして、高山原住民族の土地集団共有制の変遷について述べる。続く第3節では、環境生態保護法規の競合がもたらす制限について検討する。さらに、第4節では、高山土地所有権の空洞化の理論構造を検討し、第5節において本章の結論を述べる。

1　アメリカ少数エスニックグループの所有権空洞化の経験

　台湾の高山原住民族の土地利用の苦境については、比較法の観点から見ると、アメリカ合衆国において事実上少数民族が現代国家の支配下に身を置い

ているという状況下の所有権の実態と相当程度類似している。1887年にアメリカの国会は「インディアン一般土地割当法（ドーズ法）」(General Allotment Act, or Dawes Act) を可決し、当該法律はアメリカのインディアンを白人の文化に同化させようとした。当該法律は原住民が有する土地を個別の部族員に割り当てることを要求し、かつ「余剰」(surplus) の土地を白人入植者に開放し、その結果、インディアン居留区の3分の2にあたる9000万エーカー近い土地の所有権を次第に喪失した[1]。マイケル・ヘラーは、その影響を次のように述べている[2]。

　ホデル対アーヴィング[3]とバビット対ユーピー[4]という二つの連邦最高裁判決において、その背景にある事実は、財産権の権利の束の中核部分を切り離す際に政府が犯した誤りが、アメリカ合衆国においていかにしてアンチコモンズ・プロパティ（anticommons property）を作り出したか、また、その後、バラバラにされた権利の束を合理的に束ねなおすことがいかに困難かを鮮やかに示している。1880年代には、連邦議会は一連の土地法を制定し、多くのインディアンの居留区を分解（dismantle）し、原住民一人当たり160エーカーの共同体所有地を割り当てるとともに、インディアンの家族の家長は1人当たり320エーカーの土地を割り当てた。白人入植者から原住民を保護することを目的の一つとして、アメリカ政府はこれらの土地を信託財産として保有することとしたため、インディアンはこの土地を譲渡（alienate）または分割（partition）することができなかった。実務上、原住民は遺贈（devise）、または、大多数の場合、無遺言相続（intestacy）によってのみ土地所有権を移転できた。

　ホデル判決において裁判所が述べたように「このようなインディアン土地割当の政策は、インディアンにとって破滅的であることがすぐに判明した。土地が信託され、つねに譲渡または分割できないことによって、細分化問題（fractionation problem）は時とともに増大した。1928年には、連邦議会は当該政策が機能していないこと、および、「潜在的な生産力を有する良い土地は、このような方法で保有されている財産の管理が困

難であるため、困窮の真ったただ中にあって休耕状態で放置されている」。1934年には土地割当計画改革のために、連邦議会議員の一人は次のように述べている。

　行政コストは信じられないほどに増加している……土地割当された居留区において、個々の相続人の土地のリースによる所得が1カ月にわずか1セントというケースは数えきれないほどある……インディアンとインディアンサービスの行政職員はこのように無意味な微細な分割制度に労力を取られており、可能な土地利用を通して人々の生活の必要性を満たすという考え方は、会計処理の数学の霞のなかで、次第に失われている。改革によって最終的に土地のさらなる割当は止められたが、すでに割り当てられ細分化（fractionate）し続けている数百万エーカーの土地に生じている問題を解決することはできなかった。……連邦最高裁判決の記載によると、1980年代以前には、割り当てられた土地1区画（tract）平均で196人の所有者がおり、それぞれの所有者は未分割の持分利益を有しており、平均で14区画上に分散していた。[5]……裁判所は、連邦議会が1983年インディアン土地統合法（Indian Land Consolidation Act）[6]が制定されたときまでに、原住民の土地の細分化の問題が極端で異常になっていたことに言及する。当該法律第207条は少額の利益を与えることによって土地所有者が死亡時に土地の持分を部族に返還することを促し、過度に細分化が進んだ土地を統合しようとした。しかしながら、政府がいったん「アンチコモンズ・プロパティ」を作り出すと、政府が損失補償を行うか、または、政府に対する信用に傷をつけるかしない限り、当該権利の再定義は難しくなる。……

　アンチコモンズ・プロパティは過少利用の悲劇（tragedy of underuse）を容易に引き起こす。財産権が「明確に定義されていた」としても、さらには契約が法の支配に従っていたとしても、一度アンチコモンズ・プロパティが出現すると、市場の作用であれその後の規制であれ、それを使い勝手の良い財産権に確実に転化することは難しい。

ヘラーは、上記のようなインディアンの土地細分化を「共有物の細分化」（share choppers）と呼ぶ。土地所有権者に土地をきわめて小さい単位に分割する権利を与える理由があり、分裂した土地を生産性の高い状態に戻すためのメカニズムがない場合には、「共有物の細分化」のリスクを冒すことになるが、このような現象は世界的にみられる[7]。

　さらに、ヘラーは、土地細分化がアメリカ原住民の経済的な困窮を引き起こしたことに加えて、「市松模様化」（checkerboarding）が部族の自治（tribal self-governance）を妨げると指摘する[8]。すなわち、「元来保留地として分画された土地が割り当てられる際には、土地割当が原住民の主権に対して与えうる影響につきまったく考慮されていなかった。現在、多くの保留地の土地は集団的に信託された土地、個別のインディアンに割り当てられた土地および非インディアンが所有する私有地を含んでいる。この市松模様化した土地は簡単に集団的部族所有権（collective tribal ownership）に復帰させることができない。そのうえ、近年の最高裁判決により、一度、居留地が市松模様化すると分割された部族の主権を分割する効果を持ち、主権は部族の非構成員が所有する土地には及ばない」[9]。

　共有地の細分化および市松模様化によって、少数民族の子孫の伝統的な財産権および部族の主権は次第に現代国家法秩序下の市場経済と個別化された私有財産制へと変化した。しかし、その土地所有権は行使が難しいために空洞化し、部族の子孫の家族やコミュニティを解体し、部族の経済的苦境を招来するとともに社会的地位の低落をもたらした。

2　高山原住民族の土地集団共有制の変遷

　アメリカ合衆国のインディアン部族の土地割当法の教訓を検討することは、台湾高山原住民の土地所有または管理制度にとってどのような意義があるのだろうか。本章はまず台湾高山原住民の土地集団共有制の変遷から観察し、インディアン部族の経験と台湾高山原住民族のそれとの類似点と相違点を比較し、そうしてはじめて土地所有権の空洞化の理論が、台湾高山原住民の土

第 8 章　現代国家の支配下における所有権の実態の解明

地財産権制度の変遷の現象と問題を説明するのに適当であるか否か、あるいは、理論自体をいかに調整・修正すべきかを考察することができると考える。

　台湾の原住民族の部族社会において、同一のエスニックグループの異なる部族において、土地制度に多少の差異は存在するものの、基本的には日本統治が始まった段階では、原住民族は、土地を部族民の共同所有または部族の様々な集団の共同所有としていた（たとえば、ブヌン族は定住せずに父系血族単位で焼畑と狩猟を行っていたため、個別化された永続的な土地所有権という観念はなかった）[10]。しかし、日本統治時代には、原住民の所有権を証明できた土地のみを準要存置林野（高砂族保留地）とし、それ以外の土地についてはすべて官有とした[11]。第二次世界大戦終結後、国民政府管轄下の台湾省政府は、日本統治時代の準要存置林野を改称し、当該土地を新たに「山地保留地」とした。また、台湾省各県山地保留地管理辦法を制定し、保留地財産権が国有に帰すると明示して原住民族に使用収益権を賦与したが、政府による許可のない交換・売買・典押は禁止されていた。さらに、1946年12月18日に公布された台湾省土地権利清理辦法は、「前台湾総督府が土地調査および林野調査により整理した結果、国有に帰した土地は一切返還しない」と明確に規定した。換言すると、日本統治時代の高砂族保留地は、国民政府による日本の制度を踏襲した後の転換を経て、土地財産権は政府に帰属することとなった[12]。

　原住民の生活は貨幣経済の浸透等により徐々に困窮していったため、いかにして山地社会を再建し、原住民の生活を改善し、原住民族を保護・援助するかが、次第に国民政府が保留地利用を計画する際の重要課題となっていった。そのなかで、保留地の原住民による個別所有化に影響する山地政策・措置には、山地造林・山地定耕・保留地の編成・調査・測量および保留地財産権の賦与等が含まれていた。山地造林の推奨措置は、原住民族の土地使用を長期化させることにより排他的財産権概念を浸透させ、間接的に原住民が保留地財産権を個別所有する要因となっていった。また、山地定耕により、個別の原住民が長年使用した後でも耕地の放棄を望まなくなり、保留地の永久使用権を形成し、また原住民が保留地財産権を個別所有する要因となって

いった。「そして、個別の原住民が家産を分ける手間を避けるため、保留地の測量事業が「家」を単位に実施されたことで、実施期間において次々と家庭が別にできあがった。……家庭の分立によって、原住民の伝統的社会制度が土地利用方式に与える影響力が次第に失われ、保留地は個別の原住民が独自に制御できる生産要素となり、その伝統的な社会制度にもはや束縛されなくなり、原住民が保留地財産権を個別所有するのに有利な社会条件を形成された[13]」。

　山地造林・定耕の普及により、原住民が保留地の永久使用権を有するという観念が受容された後に、市場経済が山地社会に入り込み、保留地の商品化をさらに促進した。保留地の編成・調査・測量により個別の原住民の保留地使用範囲を確定した後、続けて保留地の放領作業が進められ、1948年に台湾省各県山地保留地管理辦法が公布された。同辦法において、登記後、一定期間にわたり継続的に使用されている保留地について、個別の原住民に所有権取得を認めた[14]。1960年には、同辦法が改正され、山地における原住民の定住農耕を奨励するとともに、非原住民の保留地借用も原住民の開拓や行政を阻害しない限りにおいて許容されることとされた（11～13条）。1966年には、同辦法が再度改正され、個別の原住民が農業用の保留地に対して耕作権を登記し、または、建築用の保留地に地上権を登記した後に、継続して10年間（1990年改正後は5年間）使用した場合には、保留地の所有権を無償で取得できると明確に定めた（8条）。これをもって、原住民族の土地財産権制度は、日本統治時代初期の共同所有から個別所有に変化した[15]。翻って、保留地制度の最初の理念は、国家が「無償」で土地財産を資本と技術が共に劣勢に置かれた原住民に与えることであった。しかし、保留地の利用を市場経済に順応させるためには、大規模な資本と技術が必要である。ところが、前述した保留地管理辦法において、原住民の土地所有権等の権利移転を制限する規定が存続したため、原住民に資金と技術の面で後発の優位性を獲得させることができなかった。また、非原住民が継続して保留地を違法に使用するのを阻止することもできなかった[16]。

日本統治時代から20世紀末までを俯瞰すると、原住民族は異なる政権の統

第 8 章　現代国家の支配下における所有権の実態の解明

治を受け、その土地財産権制度は、伝統的な共同所有から個別所有へと変わっており、エスニックグループ間の土地財産権制度の相違は小さくなった。政府による制度設計上、保留地は高所または急傾斜地に位置しているため、原住民が保留地を利用して生産性の高い活動に従事することを困難にしている。加えて、政府が非原住民による保留地の使用を絶えず許容していることから、原住民族の保留地財産権が絶え間なく流出している。土地財産権制度の変遷に伴い、原住民族の生産形態も日本統治時代の半耕・半猟の生産方式から農業生産に変わったが、保留地から賃料収入等の営業収入が得られるようになってから、総収入に占める農業収入の割合は次第に低下し、平地人民との差が次第に拡大した。全体的に言うと、日本統治時代からいまに至るまで原住民族の土地財産制度が共同所有から個別所有に変わった結果、原住民の土地財産権が絶えず流失し、また、原住民の経済力を引き上げられていないことによってその社会的地位が低落している。このような現実を踏まえて、呉樹叢は、保留地制度および保留地財産の形態を適度に調整すべきであり、将来一定面積の保留地を確保して、土地財産権を原住民の共同所有として与えることを考慮すべきであると主張する。

　ここで、台湾の高山土地所有権の空洞化の理論構成に入る前に、我々はまず「共有」(common) 概念の脈絡に立ち戻り、台湾高山原住民族の土地財産権の「共有」概念が、アメリカの学者が指摘する「共有」概念といかに異なるかを簡単に説明することができる。台湾の学者は以下のように考える。すなわち、「ハーディンのコモンズの悲劇 (the tragedy of the commons) において、公共資源 (common-pool resources, CPRs) がもしすべての個人が使用権を有する状態に置かれた場合には、権利を行使する個人はその行動が他人に対して与える影響を軽視しやすくなり、公共資源の価値の減損を引き起こすとされる。とくに財産権の線引きがあらかじめ存在しないならば、人々が取引を通して問題を解決するのが難しくなる。しかし、タイヤル族の共有地に「コモンズの悲劇」が発生していない主要な原因は、実際のところタイヤル族の「共有」とハーディンの「共有」の内容が異なるからである。ハーディンの描写のなかの「いかなる者も進入・使用することができるが、いか

なる者または集団も移転または管理することができない」という資源は、「開放資源」(open-access resources) に限られるべきである。またタイヤル族の共有地の性質は、「団体が資源を有することで個別の構成員が進出・使用する権利を有し、集団は当該資源を移転・管理し、または非構成員の使用を排除する権利を有し」、これを「共有財産」(commons property) と呼ぶことで区別することができる。換言すると、タイヤル族の「共有」はそれ自体が、内部管理を通して外部性が効果的に引き下げられた一種の土地財産権制度である」[20]。

　第1節で紹介したマイケル・ヘラーが提唱する「アンチコモンズ・プロパティ」について、台湾の林淑雅は以下のように論じている。すなわち、「共決財産 (anticommons property) とは、「いかなる者もみな資源に対する他人の使用を排除し、かついかなる者も他人の同意を経てはじめて当該資源を使用することができる」ものを指す。共決財産の問題は、多くの人が他人の使用を排除することができる権利を獲得することで、(社会的に最適な程度に比べて) 過少な利用による浪費が発生しやすくなることである。commons と anticommons の悲劇の構造は類似している (必ずしも発生しない) が、理性ある個別の行動者が集合するため望ましくない結果が生じたものである。ヘラーは、commons と anticommons の二つの課題は、極端な資源使用・排除形態により、その間の各財産権の決定原則が過大利用と過少利用の非効率性の問題をいかに回避するかにあると説明する」[21]。ただし、林は、台湾高山原住民の土地共有制が、ヘラーの著書におけるインディアンの土地流失や経済的苦境のような状況を発生させ得るか否かに関して、比較・検討を深めていない。また、林はタイヤル族を例として説明する「共有財産」(commons property) とヘラーが言う「共決財産」(anticommons) にはある程度の類似点と相違点があり、ひいては過去のタイヤル族の土地財産権概念下の「共有資源」において、資源の過少利用による浪費現象が発生するか否かは、詳細な田野調査分析が「資源利用の最適性」について線引きする必要があるだろうし、そうしてはじめて明らかにすることができる。ただ林は以下のように主張する。すなわち、「まさに各民族は元来独立したコミュニティであるため、

民族を跨いだ土地問題に直面したときに、各民族が対等な交渉を経て共同で認めた制度・処置を発展させ、集団の利益を形成することが、このような制度・処置と集団の利益の有効性と安定性の鍵であった。もしあるコミュニティまたは国家が強制的にその他のコミュニティをそのなかに取り込むならば、そのようにして新しく作られた「集団」または「総体」は、土地使用の外部性を解決する正当な基礎または有効な条件を有するとは思えない」[22]。

　他方で、我々はまた次の点に注意しなければならない。すなわち、自由市場主義の観点から出発して「最適」な財産配置として定義付けられた土地制度において、重視されるのは経済価値であり、原住民が土地資源の利用において形成した互恵的な社会関係や文化価値は軽視され得る。台湾は、多文化主義的な憲政文化として原住民基本法が原住民の土地に対する権利の原則[23]を承認するとともに、原住民の土地に対する権利を尊重するという国際的人権の発展趨勢に直面しており、国家が継続して植民の歴史の脈絡を踏襲する保留地制度について、このような土地所有のあり方を根本から修正すべきであるとの主張もある[24]。

3　環境生態保護法規の競合がもたらす制限

　前述した、土地割当が原住民の使用に対して与える問題以外に、土地の利用・管理に偏った環境生態保護法規は、規制の重複および総合調整の欠如ないし不足により台湾の高山土地所有権の空洞化と違法化を相当程度に引き起こした。国際的な環境保護と生態保護・保全意識の高まりにより、台湾政府は 1980 年代からこれらの法規の新規立法や運用強化に強い関心を持ちはじめ、多くの国家公園、野生動物保護区、生態保護区も次々に設立された。しかし、その場所は常に原住民保留地の設置区域と重複しているため、環境生態保護法規との競合現象が生じるとともに、高山原住民の土地利用に対して相当な制限をもたらした。このような法規には、水土保持法（特定水土保持区）、国家公園法（国家公園）、水道法（水源保護区）、野生動物保護法（野生動物保護区）、文化資産保存法（自然文化景観）が含まれる。規範の階層

上、環境生態保護法令の多くが法律の階層に属するため、高山原住民の生活習慣および土地利用行為を無意識のうちに制限した。[25] 原住民保留地開発辦法は保留地開発管理の主要な根拠であり、その授権の基礎を山坡保育利用条例第37条に置くが、原住民保留地開発辦法は行政基準にすぎず、上記の競合する環境生態保護法令よりも階層が低い。そこで、行政基準より高い階層にある法律を制定し、これを根拠として原住民族の基本生活を保障すべきであると提案・主張された。[26]

このような保護区が常に原住民保留地と重複することについては、かつて研究統計があった。原住民保留地のうち約40％の土地が水源水質水量保護区に位置し、保安林の範囲とも高度に重複し、そのほか約4％の保留地が国家公園の範囲と重複していた。国家公園法の制限により、原住民の採集・狩猟・耕作等の活動がすべて違法行為となりうるため、原住民族の土地権益および伝統的な生活権の実現が妨げられている。[27] また山坡地保育利用条例第16条第1項は「山坡地を農業利用に供するにあたっては、中央または直轄市の主管機関が、土地利用可能限度の分類を実施し、かつ、農業用地・牧地・林業用地・保育強化地の認定を完了しなければならない。土地経営者又は使用者は、超限利用をしてはならない」と規定する。いわゆる「超限利用」については、水土保持法施行細則第26条において「本法第22条にいう山坡地の超限利用とは、山坡地保育利用条例の規定により認定された林業地域又は保育強化地において、農・漁・牧業に従事する開拓、経営又は使用をすることを指す」と規定されている。第26条については、林業用地に限っていえば、原住民保留地の74％が使用できず、規制の影響は深刻であると指摘される。[28] また、若干、引用データは古いものの、法令による前述のような制限があるにもかかわらず、事実上、違法な超限利用の状況はかなり深刻である。すなわち、「全台湾の原住民保留地の超限使用の面積の合計は、約1万5122ヘクタールであり、そのなかで最も深刻な地区は南投県に属し、面積は5808ヘクタールに達し、その次は台東県で、超限使用の面積は1997ヘクタールに達する」。[29]

環境生態保護法規と原住民保留地の競合について、林業を例にとると、森

第 8 章　現代国家の支配下における所有権の実態の解明

林は原住民の生存空間であり、もし林業用地を経済的効用がより高い利用方法へと誘導すれば、あるいは原住民の土地財産権の利用価値の向上が可能かもしれない。しかし、林業用地は、前述した水土保持法施行細則第26条の「超限利用」の制限以外に、森林法第 6 条第 2 項および第 3 項の制限も受ける。すなわち、「林業用地として編成された土地は、その他の用途の使用に供してはならない。ただし、直轄市・県（市）の主管機関の同意を得て、中央主管機関に報告・申請して中央地政主管機関と共同で審査・許可をするときは、この限りでない。前項の土地が原住民の土地であるときは、前項による処理を除くほか、中央原住民族主管機関と共同で審査・許可しなければならない」とする。そのほか、林木生産は一次産業に属し、粗放な土地利用形態であるため、もし経営規模が不足すれば、長期的な林木収穫を維持することもできない。また、単位面積当たりの収入が相対的に低く、収入が実現するまでに要する期間が長いため、原住民はその生活の需要を満たすことができる経済発展政策を打ち出すよう、政府に絶えず要求している。仮に、台湾の林務局が積極的に造林奨励措置を推進しても奨励額は限られており、正常な経済活動ができない場合にはおそらく原住民の生活の需要を十分に満たすのは難しく、高山原住民の土地財産権の利用促進の効果も相当に限られることになろう[30]。「地質が比較的安定した地区で、異なる立地環境（斜度・土壌）の場所を選択して実証研究を行い、収益性がより高い樹種を造林奨励対象樹種に適度に取り込むとともに、木材生産の経営を考慮し、林木の生長と林地の安定性に影響が出ないことを条件に、副産品の生産を許容すべきである[31]」との提案・主張があったが、その実際の効果については、依然、観察を要する。

　高山地の利用管理については、国家が様々な目的から各種法律によって適切な制度を創設し、原住民族・国土開発・環境生態の育成・保護を保障したはずであるにもかかわらず、なぜ効果が現れないのだろうか。ツォウ族の「達那伊谷」の事例を挙げ、部族が伝統的な漁場を共同管理する方式が国家法の体系より優れていることを証明しようとする研究がある。達那伊谷渓は曽文渓の遊水区の支流であり、嘉義県阿里山郷山美村に位置し、行政上の河川管

159

理者は県政府で、外縁部分の多くは、国有林班地および複数の保留地である。達那伊谷渓の苦花魚は長期的にわたり濫獲にあいほぼその姿を消した。渓谷への立入や漁獲の制限による魚類保護を提案した人もいたが、原住民には法律上の権限がないため、原住民による渓谷への立入や漁獲の制限は違法となりうる。また、渓谷への立入や漁獲を禁止することによる部族民の活動の制限は、部族民の生計と地域経済に打撃を与えることから、流域における苦花魚の減少につき公共部門は対応に消極的であった。しかし、原住民族のうち達那伊谷渓に対して伝統的な管理権を有する五大氏族は、その後管理権を引き渡すことに同意し、山美の部族民が共同管理を始めた。1989年には、村民大会において「河川自治公約」が可決され、「河川保護委員会」「河川巡邏隊」が作られ、明文で達那伊谷渓が山美村ツォウ族民の共同管理下におかれた。それからほぼ10年の歳月を経て、達那伊谷渓の苦花魚の復活・育成が成し遂げられた。公共部門も保全活動の表彰・基礎建設経費支出を通して補助と指導を開始した。1995年には、「達那伊谷渓自然生態公園」を正式に対外的に開放・運営し、観光客から清掃管理保護費用を徴収することにより、コミュニティ発展と業務執行に必要な基金として蓄積した。さらに、基金を原資の一部として公共サービスと社会福祉を推進したため、部族の自治的管理および就業機会の増加により、一度は大量に流失した人口が次第に戻り、「達那伊谷神話」と讃えられた[32]。達那伊谷の「河川自治公約」が共同管理方式によって自然界の活力を復活させたことは、現代国家法の機能不全によって、台湾の高山の人口が空洞化し、自治的な資源管理が既存の法令において承認されていなかったという苦境に直面しても、法律の改正により、原住民の自治的な共同管理を利用することで転機がもたらされうることを意味している。

　1980年代以降の台湾の民主化に伴い、土地と自身の権利に対する原住民の強い主張も絶えず高まった。2005年に公布・施行された原住民基本法は、原住民の権利主張の指標としての意義を有する。さらに、近年の台湾の国土利用法制と原住民法制との連動・変革について付言すると、その間の国家法制が国土利用の合理性と効率化を促進する際に、同時に環境生態保護を取り

入れ、また原住民族の権益に対してさらに尊重を加えており、多元的考慮を与えていることを見出せる。2016 年 5 月 1 日から施行された国土計画法は、その第 6 条で「国土計画の企画基本原則は以下の通りである。……九、国土計画が原住民族の土地に及ぶときは、その伝統文化、領域及び知恵を尊重・保存し、かつ互利共栄の仕組みを創設しなければならない。……」と規定する。第 11 条第 2 項は、「全国国土計画中の特定区域の内容は、原住民の土地又は海域に及ぶ場合に、原住民族基本法第 21 条の規定により処理し、かつ中央主管機関が中央原住民族主管機関と共同で策定しなければならない」とする[33]。これらと国土空間利用および原住民族に関連する法規の近年の変革には、たとえばいわゆる「部落公法人」がある。その固有の意義や執行上の困難について検討することにより、高山または原住民の土地財産権制度を、比較法的および理論的に新たな展開を生み出すよう導き、示唆を与える可能性の有無につき、注視する価値が十分にある[34]。

4 　高山土地所有権の空洞化の理論構造

　アメリカ少数エスニックグループの所有権の空洞化の経験と台湾高山原住民族の土地集団共有制の変遷現象につき、筆者は両者の間に以下のような類似点および相違点が存在していると考える。

　①インディアンの土地の個別的な所有物の細分化現象および共有物の細分化、市松模様化によって、少数民族の子孫の伝統的な財産権の概念が市場経済と個別私有財産制へと取って代わった。そして、土地所有権は行使が困難であるために空洞化し、さらには少数民族の子孫の家族コミュニティの結びつきを瓦解させ、経済発展を苦境へと陥れ、社会的地位の低落をもたらした。これと台湾高山原住民の土地所有権の改革とその結果は、ほぼ一致する。とりわけ、台湾の高山土地財産権が個別所有化される過程において、保留地の測量が「家」を単位としたため、家産を分ける手間を省くために、実施期間において次々と家庭が別にできあがった。原住民の伝統的社会制度が土地の所有および利用方式に与える影響力が次第に失われ、保留地は個別の原住民

が独自に制御できる生産要素となり、原住民が保留地財産権を個別所有するための社会条件が形成された。相違点としては、台湾原住民族の土地財産制度において、日本統治時代初期の共同所有から現在の個別所有に変わる途中で、1946年の台湾省土地権利清理辦法に基づき日本統治時代の高砂族保留地を国民政府による法規の踏襲し、その後の転換を経て原住民保留地とし、その土地財産権は一度政府所有に帰属した、という点があるにすぎない。

②マイケル・ヘラー教授の理論によると、「市松模様化」(checkerboarding)した土地所有権の構成形態も部族の自治（tribal self-governance）を妨げた。この市松模様化した土地は簡単に集団的部族所有権（collective tribal ownership）のもとに回復させることはできない。

しかし、台湾高山地区の原住民族の実際の経験は以下のことを示した。すなわち、集団的民族所有権へと回復させるのは困難だが、決して不可能ではない。たとえば、達那伊谷の「河川自治公約」は共同管理の方式で自然界の活力を回復させた。この事例は、おそらく台湾の高山原住民の人口流出と自治的解決の違法化という苦境を反映しており、その解決の道のりはまさに原住民族の土地その他の自然資源の共同管理をいかにうまく用いて転機を求めるかにあった。とくに現国家法制が原住民族の権利利益をより多く尊重し、原住民が同意参与権を有すべきということを法規範を通してはっきりと認めた。当然、同意参与の仕組みをいかに形作るか、いわゆる「部落公法人」の概念を用いることで達成できるのか、それによって比較法上高山または原住民の土地財産権制度を、理論的または実務的に新たな展開を生み示唆を与える可能性の有無については、今後の観察・評価を待つとする。

③理論上、ヘラーはまた以下のように主張する。すなわち、「アンチコモンズ・プロパティ」は過少利用の悲劇（tragedy of underuse）を容易に引き起こす。しかし、台湾の学者がタイヤル族を例として説明するところの「共有財産」(commons property)とヘラーが言うところの「共決財産」(anticommons property)はどれほどの類似点または相違点があるのか、過去のタイヤル族の土地財産権概念のもとの「共有財産」では資源の過少利用による浪費現象が発生するのか、「資源利用の最適性」はいかに線引きをすべきか、という

第 8 章　現代国家の支配下における所有権の実態の解明

これらの問題は台湾の高山土地所有権の空洞化の理論構成を構築する前提となるはずである。筆者は以下のように考える。すなわち、自由市場主義の観点から出発して「最適」な財産配置として定義付けられた土地制度、あるいは資源の過少利用による浪費現象では経済価値に過度に偏ってしまい、原住民族の土地資源の利用において形成される互恵的な社会関係と文化価値を貶めるだけでなく、目の前の国際社会が普遍的に強調する持続可能な発展の理念を軽視してしまうこととなる。

5　文化的多元性を尊重する自治的土地法秩序に向けて

　台湾は西洋法制を継受した一つの国家として、日本統治時代から 21 世紀に至るまで、つねに西洋法制の価値観を「先進的な」考え方として無自覚に受け止め、自身の歴史的発展と社会的脈絡、ないしそのなかの元来有する固有の文化と価値をなおざりにした。各時期の異なる政府の植民、強固な政府のもとでの制度踏襲に伴い、原住民族の伝統・家庭・部族コミュニティ構造・財産権制度も次第に解体された。本章の検討から、我々は原住民族の土地というものが主権（または自治権）と財産権という二つの概念に密接に関連することに容易に気がつく。しかしながら、原住民族自身の主権が衰退・消失したことによって、元来台湾高山原住民の土地所有権と土地利用の関係の背後にある理念、たとえば、共同所有の財産権制度、大自然と調和して共生共存する持続可能性を尊重する精神も、次第に国家の法秩序下の個別所有制と各種利用規制規範に取って代わられ、高山地区の原住民の土地利用の苦境をもたらした。市場経済が追求する効率性と現代西洋法制が重視すると公平性は、高山原住民族の経済条件と社会的・経済的地位を高めることに寄与していない。西洋の「先進的な」国家法制の継受は、高山原住民族からみると、他民族が原住民族およびその土地と文化伝統を「異化」させる道具にすぎない。

　さらに、国家法の体系への編入過程において、原住民の土地に対する権利は、伝統的な集団的な共同管理制から個別私有財産制へと変容し、高山原住

民の土地およびその家庭・社会・文化の各層に対して激しい衝撃をもたらした。また、環境生態保護法規が複雑に競合してもたらした制限も、台湾の高山原住民の土地利用の空洞化・虚偽化・異質化または自治的共同管理の違法化を相当程度に引き起こした。しかし、違法行為により得られた土地その他の自然資源の利用効率化や経済的利益をどのように評価し対応すべきなのだろうか。換言すると、結局は高山の土地利用および自然資源利用の空洞化は、実質的に緩和されたのかそれとも別の形態が現れたのか、さらに、これらの現状は法的にどのように評価すべきなのだろうか。我々は以下のように考える。すなわち、たとえ違法行為で高い経済的利益を手に入れることができ、比較的高い資源利用効率を得られたとしても、法治主義に違反するリスクは現代国家統治の正当性を浸食するおそれがあり、軽率に経済的利益を追求しないほうがよい。本章では、東アジア諸国の具体的な社会的・歴史的文脈を踏まえて、東アジア諸国の高山土地所有権の空洞化の成立状況と対策を比較するため、「アンチコモンズ理論」の枠組みから、現代国家における所有権の実態の解明を試みた。植民時代から数百年にわたり、国家の法規が主権者に対する多元的尊重と理解を欠き、原住民族の伝統的な土地財産権観念の内在的な価値を過度に軽視したことから、法と社会的な現実の乖離および台湾高山地区の原住民の土地利用の苦境が生じた。本章が、東アジア諸国の社会と歴史文化、法制の相互理解の助けとなるとともに、理論上のいくつかの疑問を整理・明確化し、台湾原住民族の土地所有権およびその利用の合理化に寄与することを願う。

注

1） Indian Land Tenure Foundation, https：//www.iltf.org/land-issues（last visited 2017/2/28）
2） Heller, Michael A.（1998), The Tragedy of the Anticommons： Property in the Transition from Marx to Markets. 111 HARV. L. REV. pp.621, 685-688.
3） *Hodel v. Irving*, 481 U. S. 704（1987）.
4） *Babbit v. Youpee*,117 S. Ct. 727（1997）.
5） *See Hodel*, 481 U. S. at 712.
6） Public. Law. No. 97-459.

7) Heller, Michael A.（2008）, *The Gridlock Economy*, p. 121.
8) *Id*., pp. 125-126 and Indian Land Foundation, Land and Tenure issues, checker-boarding, https://www.iltf.org/land-issues/checkerboarding（last visited 2017/2/28）.
9) Carcieri v. Salazar, 555 U. S. 379（2009）.
10) 吳樹叢（2000）『臺灣原住民族土地財產權制度變遷之研究——日治時期迄今從共同所有到個別所有的演變』政治大學地政研究所博士論文、55頁。
11) 程明修「原住民保留地の土地所有権の空洞化現象」本書第7章。陳元陽（1999）『台湾の原住民と国家公園』55-72頁。
12) 前掲注10、吳樹叢、111-112頁。
13) 前掲注10、吳樹叢、120-122頁。
14) 前掲注10、吳樹叢、123頁。
15) 前掲注10、吳樹叢、189頁。
16) 林淑雅（2007）『解／重構臺灣原住民族土地政策』臺灣大學法律學研究所博士論文、118-119頁。本書第7章程明修「原住民保留地の土地所有権の空洞化現象」中の、原住民保留地の所有権の虚構化および異質化に関する該当部分の説明も参照。
17) 前掲注10、吳樹叢、188頁。
18) 前掲注10、吳樹叢、198-199頁。
19) 前掲注10、吳樹叢、200頁。
20) 前掲注16、林淑雅、150-151頁。
21) 前掲注16、林淑雅、151-152頁。
22) 前掲注16、林淑雅、153頁。
23) たとえば、原住民基本法第21条第1項（政治参加の原則）は「政府又は私人が原住民族の土地又は集落及びその周辺の一定範囲内の公有地において土地開発、資源利用、生態保育及び学術研究に従事するには、原住民族又は集落の同意又は参加を諮問・取得しなければならず、原住民は関係する利益を共有することができる」とし、第23条（尊重の原則）は「政府は原住民が選択する生活方式、風俗習慣、服飾、社会経済組織形態、資源利用方式、土地保有・利用と様式管理の権利を尊重しなければならない」とする。
24) 邱寶琳（2010）『原住民族土地權之探討——以花蓮太魯閣族為例』東華大學民族發展研究所碩士論文、200頁。
25) 臺東縣政府委託・臺北大學不動產與城鄉環境學系（2012）『臺東縣原住民保留地非原住民使用爭議事項之研究報告書』28-29頁。
26) 前掲注25、研究報告書、30頁。
27) 陳竹上（2012）「我國原住民保留地政策之當代課題與司法案例分析」『臺灣原住民族研究』季刊第5巻第2期、94頁。
28) 前掲注27、陳竹上、97-98頁。
29) 当該資料は1999年に整理・分析され、前掲注27・研究報告書（2012年）45頁より引用した。
30) 李桃生（前臺灣農委會林務局局長）（2013）「原住民族林業發展之探討」『林業新思維』第39巻第6期、4頁。

31) 前掲注30、李桃生、10頁。
32) 前掲注16、林淑雅、133-135頁。
33) 当該法律は全台湾の国土を四大功能分区に分けており、そこには国土保育地区・海洋資源地区・農業発展地区・都市農村発展地区が含まれ、第23条は次のように規定する。すなわち、「国土保育地区以外のその他の国土功能分区は、もし国土保育地区の設定原則に符合するならば、各国土功能分区の使用原則によって統制を行うほか、その資源、生態、景観又は災害の特性及び程度によって禁止又は使用制限をしなければならない（第1項）。国土功能分区及びその分類の使用地類別の編成、変更、規模、建築可能用地及びその強度、要申請同意使用項目、条件、手続、申請同意免除使用項目、禁止又は使用制限及びその遵守すべき土地使用統制事項に関する規則は、中央主管機関がこれを定めなければならない。但し、都市計画又は国家公園計画の実施に属するものは、都市計画法、国家公園法及びその他関連する法規実施統制による（第2項）。前項の規則中で原住民の土地及び海域の使用を統制する場合には、原住民族基本法第21条の規定により処理し、かつ中央主管機関が中央原住民族主管機関と共同で取り決めなければならない（第3項）」。
34) これに関しては、張惠東、本書第9章を参照されたい。

参考文献

Indian Land Tenure Foundation, https://www.iltf.org/land-issues（last visited 2017/2/28）

Heller, Michael A.(1998) 'The Tragedy of the Anticommons : Property in the Transition from Marx to Markets.' 111 HARV. L. REV. pp.621, 685-688.

――――（2008）*The Gridlock Economy*, Basic Books.

陳元陽（1999）『台湾の原住民と国家公園』九州大学出版会。
吳樹叢（2000）『臺灣原住民族土地財產權制度變遷之研究――日治時期迄今從共同所有到個別所有的演變』政治大學地政研究所博士論文。
林淑雅（2007）『解／重構臺灣原住民族土地政策』臺灣大學法律學研究所博士論文。
邱寶琳（2010）『原住民族土地權之探討――以花蓮太魯閣族為例』東華大學民族發展研究所碩士論文。
臺東縣政府委託・臺北大學不動產與城鄉環境學系（2012）『臺東縣原住民保留地非原住民使用爭議事項之研究報告書』。
陳竹上（2012）「我國原住民保留地政策之當代課題與司法案例分析」『臺灣原住民族研究』季刊第5卷第2期、83-114頁。
李桃生（2013）（前臺灣農委會林務局局長）「原住民族林業發展之探討」『林業新思維』第39卷第6期、3-13頁。

第9章

原住民族基本法による新たな土地管理システムの運用と課題
―台湾における原住民族の土地所有権および利用権の実質化に向けて―

張惠東

　台湾における原住民族の人口は、全体の約2％を占める。原住民族は、狩猟・農耕などの生活のために、様々な形で土地利用を行ってきた。しかし、原住民族による土地利用は、度重なる統治体制の変化に伴って変容し、現在、きわめて困難な状況にある。

　原住民族の土地所有権および利用権が制約の歴史は、主として、日本植民地政府の官有（国有）化政策に始まった。すなわち、官有林野及樟腦製造業取締規則（1895年10月22日令）1条は「所有權ヲ證明スヘキ地券又ハ其他ノ確證ナキ山林原野ハ總テ官有トス」と規定し、地券等による証明のない山林原野の土地を官有化した。また、国民政府は、日本政府によって国有化された土地を戦後においても返還しなかった。

　原住民の苦境を打開するため、国民政府は、1948年には台湾省管理山地保留地辦法には土地測量を実施し、原住民族の構成員個人に対して最大20ヘクタールを配分した。しかし、これらの国有地の一部は、様々な方式により非原住民が所有する私有地へと変わった。さらに、1976年の山披地保育利用条例の制定および同法37条を施行するため1980年の台湾省管理山地保留地辦法の改正（1994年に原住民保留地開発管理辦法と改称）を行い、原住民保留地の増加や区画編入を行った。[1]2005年には原住民族基本法が制定され、同法は、「原住民保留地」に加えて「伝統領域」を「原住民の土地」として正式に承認しているが（2条5款）、問題が解決されたとは言いがたい。本章

が検討する原住民族土地所有権および利用権の実質化に向けた施策に関連する土地利用規制はきわめて複雑であるため[2]、以下では、原住民族基本法に係る四つの課題に焦点を絞る。

　第一に、台湾の各原住民族の伝統領域は、未だ完全には画定されていない。原住民族委員会は、原住民族基本法21条の下部規則（原住民族土地或部落範囲土地画設辦法3条2項。後述）により伝統領域の設定を試みているが、対象を国有地に限定したため、私有地では権利設定の際の根拠規範の制定が必要であり、新たな物権の創設が必要である。

　第二に、台湾における原住民族の保留地制度は、米国などにおける保留地制度と異なる。米国の居留地制度は、条約や連邦法に基づいて保留地における集団単位での土地共有と自治権を認める一方、連邦法により徐々に保留地を個人に配分する仕組みである。これに対して、台湾における保留地は、元来、原住民族の勢力範囲（いわゆる蕃地）のうち、政府が認めた範囲内（準要存置林野＝高砂族所用地）において、山胞（原住民族）の個人が登記手続を経て使用権を獲得した土地である[3]。そして、個人による登記を経て原住民保留地に編入された土地についても、非原住民が、原住民から原住民の身分を借用することによって、原住民保留地を買収し、かつ原住民を名義人として登記を行っている。それにより、原住民保留地の現実の利用者は数多くいるものの、その多くはまったく原住民ではないという状況が現出している[4]。

　第三に、手続上、原住民族基本法は21条において「同意・参加の諮問及び利益共有の権利」を規定したものの、条文の規定ぶりが粗いために適用が難しく、実務においても、裁判官の一部は、21条は政治的表明にすぎないと解釈している。そのうえ、原住民族委員会が制定するはずの法規命令の制定が遅れ、原住民族の土地において土地開発を行う私人がいても、実務上、原住民族基本法21条を遵守できないという状況が生じている。

　最後に、前述の問題を解決するための組織形成の根拠規定として、原住民族基本法2条の1（2015年12月に追加）と22条に焦点を当てる。2条の1は、要件を充足する場合に、原住民集落（部落）に、公法人としての資格を付与することにより、登記や手続的権利の主体として、権利を現実に行使できる

可能性を高めることが期待されている。22条は資源共同管理制度を創設したが、まだ機能していない。

以下では、まず、原住民族の土地に対する権利の大まかなイメージと課題をつかむため、ブヌン族の土地に対する権利の原型と変容を簡潔に記述する。次に、原住民族の土地所有権および利用権の実質化をめぐって、伝統領域確定、名義貸し、同意諮問権について検討する。さらに、法人格の付与等の手段によってこれらの課題がどの程度まで可能かを検討し、今後の展望を探る。

1　原住民族の家族と土地に対する権利

　原住民族のなかには、ブヌン族に見られるように、大家族単位で狩猟や焼畑農耕を目的として土地を利用していたものが多く、これらの部族は3〜5年単位で地力の低下や獲物の増減に伴って移動していた。また、数戸から10戸程度の単位で小規模集落を形成していた。

　ブヌン族の土地制度は、使用者・居住者のいない土地を誰が最初に利用したかを重視していた。通常は、狩猟が行われてから、開墾・耕作が行われるため、土地に対する権利を持つ集団である父系拡大家族（父系クラン）は、「「土地の持主」または「猟場の持主」と呼ばれる。父系拡大家族の許可を得れば、「その領域内で狩猟活動を行うことも、休耕地を耕作することも可能であった」。……「他者の土地を利用したものは、その返礼として、土地から得た獲物の一部……や収穫した粟で酒を醸して「土地の持主」を饗応することになっていた。……ただし、この場合もその土地で最初に狩猟活動を行った父系クラン成員の「土地の持主＝猟場の持主」としての権利は存続しており、二次的に耕作された土地で獲物があった場合、「耕地の持主」は「猟場の持主」に獲物の一部を贈った。このように、かつてのブヌン社会には土地とその利用者をめぐる重層的な権利関係が存在した」。その理由は、他者がすでに利用している土地を利用する場合、先住者の霊魂の状態が土地利用者の吉凶禍福に影響を与えると考えられていたからである（呪術的・宗教的〔霊的〕土地所有権）。植民地化以前にも、猟場や耕作地の不足によって分戸が

必要になる場合があったが、新しい土地の選定や開墾はあくまで分戸者の実力で行われており、分戸に際して土地の分配は行われなかった[5]。しかし、現在、ブヌン族の家族および土地制度は、次のように変化している[6]。

　第一に、元来ブヌン社会には土地の分配という概念自体がなかったが、その後、保留地については分配・相続の必要性が生じ、土地は男子が相続するという観念が生まれ、その後、男子による相続というルールも変化しつつある。第二に、相続において、理念としての平等を実現するための均分相続と、宅地と耕作地の割当における日本風の「クジビキ」の普及がある。第三に、父系拡大家族は、植民地統治時代の集団移住政策に伴う家屋の割当や稲作の導入によって分裂が進み、父系拡大家族の分裂は、班単位の互酬労働、さらには1950年代以降の土地測量・土地登記事業により加速した。第四に、「土地測量土地登記事業を通じて獲得された個々の保留地は父系拡大家族の分裂によって増加した直系家族さらには各家族ごとで、地理［的］・空間的にもばらばらに登記された」。第五に、かつてのブヌン社会には、土地の個人所有という観念はなかったが、現在では、個人の所有という観念は受容されるようになった。第六に、保留地は、原住民の医療費・家屋建設・借金返済などのために、脱法的な「売却」・「リース」などの形で、事実上、権利関係が変動し、土地の商品化が進んだ（これらの権利変動の法的評価については次節で検討する）。

　ここでは、次の課題を指摘しておきたい。第一に、冒頭で述べたように、原住民族の土地は、国有地化された。国有地の一部は、原住民族保留地として原住民族が利用権ないし所有権を取得することとなったが（山坡地保育利用条例37条・原住民保留地開発管理辨法）、非原住民族に違法売買や違法リースによって流出して私有地化した部分もある。第二に、原住民族は様々な事情で移住しており、次節で検討するように伝統領域自体が他の伝統領域や私有地と重なってしている。第三に、原住民族が利用権または所有権を取得した土地についても、稲作の普及により個別化された所有権観念が浸透するとともに、相続や核家族化によって断片化・細分化が進んでいる。では、これらの課題は、原住民族基本法によって解決されたのだろうか。

2　原住民土地所有権および利用権の制約の現状

　本節では、原住民族基本法の概要を簡単に説明し、(1) 伝統領域の確定をめぐる法的課題と解決策、(2) 名義貸し（借名登記）、(3) 同意諮問権（原住民族基本法21条）の形骸化について検討する。

(1) 伝統領域画定をめぐる課題と解決策

　1947年に制定・公布された中華民国憲法は、5条および7条において民族の平等をうたうが、新疆や西蔵を国家の一部の領土として想定しており、原住民族の先住権を認めていない。[7] その後、1994年の憲法修正において原住民族との文言が初めて使用され、2002年、陳水扁政権は、「原住民族と台湾政府との新しいパートナーシップ」および「再肯定協定」を締結したが、憲法の条文は改正されていない。2005年に制定された原住民族基本法は、現行憲法を前提に制定されており、台湾の原住民族の先住権は認めていない。原住民族基本法に規定された権利には、どのような法的性格があるのだろうか。

　原住民族基本法は、原住民族の基本権利を保障するとともに、原住民族の生存発展を促し、諸族の共存共栄を図るために制定された (1条)。この法律は、伝統領域および原住民保留地からなる「原住民の土地」を対象とし (2条5款)、自治の実現 (4-6条)、伝統的な地名の回復、原住民族による土地管理及び土地開発における同意 (20-22条)、強制退去の禁止 (33条) について規定する。また、2015年には、集落会議の設置が義務付けられ、中央原住民族主管機関の認定を経て、集落会議は公法人となる旨の規定が追加された (2条の1)。

　これらの規定のうち、原住民族基本法第21条は、原住民族が同意・参加の諮問及び利益共有の権利を有することを規定する。すなわち、「政府又は私人が原住民族の土地又は集落及びその周辺の一定範囲内の公有地において土地開発、資源利用、生態保育及び学術研究に従事するには、原住民族又は

集落の同意又は参加を諮問・取得しなければならず、原住民は関係する利益を共有することができる（第1項）。政府又は法令が、原住民族に前項の土地及び自然資源の利用を制限するときは、原住民族、部落又は原住民に諮問し、かつその同意を取得しなければならない。制限を受けることにより生じる損失は、当該主管機関が十分な予算的措置を講じて、これを補償する（第2項）。前二項の営利所得は、一定の割合を原住民族総合発展基金に収めるようにし、返還又は補償の経費としなければならない（第3項）。前三項の原住民族の土地又は部落及びその周辺の一定範囲内の公有地に関連する設定、原住民族又は集落の同意又は参加の方式、制限を受けることにより生じる損失の補償方法は、中央原住民族主管機関が別途これを定める（第4項）。」

同条第4項に基づき、原住民族委員会は、原住民族土地或部落範囲土地画設辦法[8]及び諮商取得原住民族部落同意参与辦法[9]を公布した。そのうち、原住民族土地或部落範囲土地画設辦法は、伝統領域[10]の設定方法について規定する。また、伝統領域において成立しうる権利としては、「同意・参加の諮問及び利益共有の権利」（21条1項。同意諮問権）に加えて、「狩猟権」[11]、「森林産物採取権」（森林法15条）、「造林・護林等の業務の優先執行権」（森林法38条の1第2項）、さらには、伝統祭儀・祖霊聖地・文化伝統習慣等と伝統領域の利用と保存に関係する権利がある。

まず、原住民族土地或部落範囲土地画設辦法の3条2項は、「原住民族の伝統領域の土地」について、「本辦法が定める手続により画定された、原住民族の伝統祭儀、祖霊聖地、集落及びその猟区と開墾耕作又はその他の原住民族の文化・伝統習慣等の特徴によりその範囲を確定することができる公有地を指す」と規定する（傍点付加）[12]。この規定は伝統領域を「公有地」に限定したことから、台湾社会にかなり大きな論争を巻き起こした。原住民族委員会が伝統領域を限定した主たる理由は、台湾憲法15条の人民の財産権保障を重視したためである。私有地が原住民族の伝統領域に繰り入れられ、法律の根拠なしに私有財産権を制約し「法律の留保の原則」に反する可能性を憂慮したのである。

たしかに、伝統領域における権利行使により、土地所有権者の財産権は制

第 9 章　原住民族基本法による新たな土地管理システムの運用と課題

限されるが、憲法上または法律上禁止されるわけではまったくなく、人民の財産権が法律または国家行為の制限または侵害を受け、所定の要件を充足する場合に国家が補償や賠償を支払えばよい。加えて、原住民族基本法 21 条は「伝統領域」について「公有地に限る」とは限定していない。だとすれば、行政は、法律上の権限の逸脱も、解釈による法律の実質的な改正もしてはならない。

　様々な歴史的原因により、数多くの原住民族の伝統領域の土地が私有地となり、同時に、様々な権利者がすでに存在している。では、私有地の所有権の行使と伝統領域の設定には、衝突が生じうるのだろうか。問題の鍵は、所有権がまったく「神聖不可侵」の権利ではないということにある。[13] 大法官は第 400 号解釈の解釈理由書において「所有権の行使は、法に基づき社会的責任及び環境生態責任の制限を受ける」と説く。公益を考慮するならば、私有地が伝統領域として設定されることが絶対にできないというわけではまったくない。法令により、私人の土地を原住民族の伝統領域として設定することは可能である。すなわち、私人の財産の利用が制限を受ける場合には、当該私人の利益がすでに特別な犠牲となっているため、国家機関は、法律に基づき必要な限度において権利を収用すべきであり、その権利が侵害を受ける程度により、当該私人に相応の補償を与えればよいのである。

　政府は、私有地の各権利者に補償を与えるとともに、伝統領域の当該土地の区画内において必要な物権の設定を認めるべきである。物権の設定については、現行法上、民法 832 条の地上権（他人の土地の上下において建築物またはその他の工作物を有することを目的としてその土地を使用する権利）や 850 条の 1 の農育権（他人の土地において農作・森林・養殖・牧畜・竹木の植栽または保護育成をする権利）、851 条の不動産役権（他人の不動産を、自己の不動産のための通行・取水・採光・眺望・電信またはその他の特定の便宜の用に供することを目的とする権利）を設定することができる。同時に、政府は立法を通して権利の衝突を調整するとともに、さらに進んで、新たな物権として「原住民族伝統領域役権」を創設し、これを伝統領域内の私有地上に設定することを許容すべきである。原住民族が必要とする権利内容が立法の方式によって

173

制定され、民法物権編および関連する法律規範（たとえば土地法規）のなかに組み入れられれば、財産権保障の議題における私人の土地と伝統領域の間の緊張関係を処理することができる。また、民法850条の1第2項但書の農育権に関する規定は、農育権の法定期限が、「造林・保護育成を目的とし、又は法令が別途規定を有するとき」には制限を受けないことに言及している。本条の「法令が別途規定を有するとき」は、伝統領域の法制化が民法へと、あるいは別途法令で規定する等の関連する法制化の作業へと組み込まれるように、伏線を張ったのである。

　伝統領域を設定する際、集落を主体とする場合には、別の問題に直面し、原住民族の所有権や利用権が制約される可能性がある。すなわち、集落は「一定区域」内の原住民族により構成される団体であるが、この「区域」は移動しうるものであり、この「移動」は自然移動か、外来の政治勢力の圧力下での移動（たとえば、日本統治時代の集団移住[14]）かを問わない。たとえば、陳有蘭渓の沿岸はもともとツォウ族の領域だったが、日本殖民地政府の集団移住政策施行の後、現在ブヌン族が主に居住している。ここで我々は以下のことを観察することができる。すなわち、強制的な集団移住を経た後の「集落」は、もはやもとの旧集落が直接に新集落に移住したものではないであろうし、また、異なる旧集落から来るいくつかの家族が一つの新集落を形成しているものでありうる[15]。このような状況下、「集落の境界の画定」と「伝統領域の設定」を行うときには、時間の経過も必ず考慮に入れなければならない。集落の構成員と境界線は、時間の経過によって変化しうるため、各集落は、伝統領域の認定が現実に重なることがあり、伝統領域の画定が遅延すれば、伝統領域を前提とする権利は、行使することもできない。本章は、伝統領域の未画定により実体的な権利行使が妨げられるのを防ぐために、伝統領域上の権利は、排他的・専属的な権利ではなく、優先性ないし共有性のある権利として設定すべきであると考える。

（2）借名登記

　原住民保留地において、原住民しか利用権を取得できず、利用権取得後、

5年間継続すれば所有できる。しかし、この地位は原住民族間でしか移転できないはずだが、現実には、名義貸しによる登記（借名登記）が行われている[16]。

最高法院民国106（2017）年2月14日第3次民事廷会議は、借名登記に関係する決議一則を可決した。借名人（名義借人）甲と出名人（名義貸人）乙は特定不動産につき借名登記関係が成立しており、乙は甲の同意を経ずに、当該不動産の所有権を第三者丙へと移転登記した。その処分行為の効力が問題となった事案につき、以下のように決議された。すなわち、甲が処分権を有するとする説（甲説）を採用する。不動産借名登記契約は、借名人と出名人間の債権契約であり、出名人はその借名人との間の借名登記契約の約定により、通常であれば借名財産を管理・使用・収益・処分する権利はもとよりないが、しかしながらこれは出名人と借名人間の内部約定にすぎず、その効力は第三者に及ばない。出名人がすでに当該不動産の所有権者として登記されている以上、当該不動産を第三者に移転登記するように処分するのは、おのずから処分する権利を有するということになる[17]。

この判決の効果について、一方では、原住民保留地における借名登記は、原住民族の土地所有権や利用権の行使を妨げる要因ではなくなったとの評価も可能である。他方では、今後、非原住民族からの金融手段が制限される可能性や、原住民族は裁判所による救済を選ばず（選べず）、泣き入りする可能性を指摘できよう。

（3）軽視される同意諮問権

原住民族の自治を実現するためには、原住民族の土地において土地や資源が開発される際に、同意諮問権を現実に行使できることが重要であるが、現実には次のような障害がある。

第一に、原住民族基本法21条は、「同意・参加の諮問及び利益共有の権利」を規定しているが、立法の質の低さにより、条文の文言自体の用語はまったく筋が通っておらず、基本的な文意解釈を経て、初めて適用することができる。たとえば、1項は、「政府又は私人が原住民族の土地又は集落及びその

周辺の一定範囲内の公有地において土地開発、資源利用、生態保育及び学術研究に従事するには、原住民族又は集落の同意又は参加を諮問・取得しなければならず、原住民は関係する利益を共有することができる」とする。ここで「原住民族又は集落の同意又は参加を諮問・取得しなければならない［應諮商並取得原住民族或部落同意或參與］」とあるが、いったいどのような内容を諮問しなければならないのか。取得に関して、原住民族または集落の同意を取得する、というような規定ならまだ理解できるが、「参加［參與］」は如何に取得［取得］するというのだろうか。条文の文意の解釈として、「それを参加させる［使其參與］」とするのが妥当であろう。

　このような粗雑な文言も一つの要因となり、実務上も21条はあまり利用されていない。また、裁判官によっては、この条文は単なる政治的表明であり、訓示規定にすぎないと考えている。さらには、原住民族委員会が授権されたはずの下部規則が未制定であり、原住民族基本法が適用できない状況にある。私人を「原住民族の土地」にの開発に従事させる場合にも、原住民族基本法21条の要求は軽視され、遵守されていないことがある。

　第二に、原住民族基本法21条の同意・参加の諮問及び利益共有の権利は、その他の行政手続との間の関係も不明である。鉱業法が規定する「鉱業権の設定及び期限延長の手続」を例にとると、もし鉱区が原住民族の土地に位置する場合、鉱業権を申請する私人は、鉱業法の規定だけではなく、原住民族基本法21条の手続も履践しなければならない。並立する二つの法定手続から二つの法律関係が形成され、集落も法律関係の成否を決する権力を有し、集落は行政手続法21条3項の「みなし行政機関」になるとの解釈が可能である。この解釈によれば、原住民族基本法の授権のもとで、集落は公権力の行使を受任し、その委託の範囲内において行政機関と見なされる。換言すると、原住民族基本法21条の規定と鉱業権申請の手続は、「多段階行政手続」——前段階の手続が原住民族基本法21条の同意権手続であり、後段階の手続が鉱業法の審査・許可手続——を形成することになる。

　もっとも、先行する、原住民族または集落による「同意・参加の諮問及び利益共有の権利」の対象および内容と、後続する鉱業権の設定および期限延

長の処分の対象および内容は、同一性を失ってはならない。もし事後的に鉱業権の内容が変更された場合には、新旧処分の異なる部分につき、原住民族または集落の同意を新たに取得すべきである。また、原住民族または集落の同意権の行使は、一回だけとは限らない。鉱業権の設定または期限延長の審査・許可手続の途中でも必要に応じて複数回行使することができるが、同意権は、制度の目的を損なわないように、状況に応じて適切なタイミングで行使すべきである。

　原住民族土地所有権および利用権の形骸化の問題を解決するには、法令上、いかなる組織、職権および手続が必要なのだろうか。次節では、前述の三点の問題を解決する手段としての主体に焦点を当て、集落公法人の制度の創設（2条の1）および原住民族基本法の原住民族の資源共同管理制度の推進（22条）について検討する。

3　原住民族土地所有権および利用権を行使する主体の創設

（1）法人化

　台湾の立法院は、2015年12月に原住民族基本法2条の1の追加を可決した。同条は、「原住民族集落の健全で自主的な発展を促進するために、集落は集落会議を設けなければならない。集落が中央原住民族主管機関の認定を経たときは、公法人となる（1項）。集落の認定、組織、集落会議の構成、決議手続及びその他関連事項の方法は、中央原住民族主管機関がこれを定める（2項）」と規定する。

　原住民族基本法によれば、「集落」は、「原住民が原住民族地区の一定区域内において、その伝統規範による共同生活を通じて結合した団体であり、中央原住民族主管機関の認定を経たもの」（2条4項）を指し、地方自治の行政区画上の村や里とは異なる。また、その運営において、最も重要な組織は「集落会議」たるべきとされている（2の1）。

　では、なぜ集落を「公法人」化しなければならないのだろうか。主要な手がかりは、「公法人」ではなく、「法人」にある。集落に法律上、「権利能力」

を付与するには、必ず集落を法人化しなければならない。台湾の法制度において、「公法人」は、公法社団、公法財団、行政法人、公営造物等の種類に分けることができ、これら公法人の存在と任務はすべて国家に由来する。公法人は、国家の法的拘束および監督を受け、「間接国家行政」を担う。国家自体は原始の行政主体となるのに対し、これら公法人は「派生の行政主体」であり、公法の権限の範囲内において、公法上の権利義務を有する。公法人には、構成員の所在地域の違いにより組織される「地域団体」(直轄市・県市・郷鎮市等の地方自治団体)と、構成員の身分または資格により設立される「身分団体」(農田水利会等)がある。

　原住民族の土地利用の文脈では、集落にとって最も重要なことは、「法人格を有する」組織を持つことである。集落が法人格を持ちさえすれば、独立した法主体として権利を享受し、義務を負担する資格を有することができるだけでなく、集落の産業を発展しやすくでき、同時に、中央と地方の政府機関の補助を受けることもできる。集落が関心を寄せる土地については、集落が法人格を有しさえすれば、公私有地を集落名義で登記する資格を得ることができる。そのため、公法人の地位を有する集落は、国有地を集落に割り当てるように申請することができ、また、法律上、特別法の授権さえあれば、国有地を割り当てるように申請し、かつ集落が設立した私法人上に登記することは必ずしも不可能ではない。

　次に、集落公法人が単なる「法人」ではなく「公法人」である理由は、場合によって公権力を行使する必要があるからである。一般の集落は必ず郷鎮市政府を通さなければならず、それ自体は公権力を行使する権能を有していない。ただそれでも、集落が公権力を行使する必要がある場合には、集落の公法人化にまったく必然性はない。公法上、「委託を受けた公権力行使」の形態もある。行政手続法第16条第1項は、「行政機関は、法規によりその権限の一部分を民間団体又は個人に委託して処理させることができる」と規定する。したがって、必要に応じて、集落は行政機関の委託を受けて公権力を行使することができる。さらに、集落公法人は公法原則または公法法規に関する拘束を必ず受けることになるが、一般の集落はその必要がなく、私法人

はその自由度が公法人よりもさらに高い。集落公法人とするか否かは利用する側が選択すればよい。

　ところで、原住民集落は、地域団体または身分団体のいずれの性格を有するのだろうか。筆者は、現実の集落の実態および制度的必要性から、両者の性質を兼ね備えるべきだと考える。すなわち、将来、集落公法人の法制を発展させるのに、地方自治団体及び農田水利会の関連規範を参考にして、その内実を完成させることができるかもしれない。大法官第628号解釈は、「農田水利会は法律により設立された公法人であり、地方水利自治団体であり、法律が授権する範囲内において自治の権限を有する」とする。第518号解釈も、「農田水利会は公法人であり、およそ農田水利会の事業区域内の公有・私有耕地の承租人・永代小作権者［永佃権人］、私有耕地の所有権者・典権者、公有耕地の管理機関若しくは使用機関の代理人、又はその他の受益者は、農田水利会組織通則第14条の規定により、いずれも当然の会員であり、その法律上の性質は、地方自治団体に相当し、法律の授権の範囲内において、自治の権限を有する」とする。

　以上の議論から、原住民族集落の将来について次のような予測が可能である。原住民族委員会の認定を経た集落が集落公法人となることにより、集落会議の運営を通して対外的に意思表示をすることができ、また、法律上独立して権利（たとえば、同意権の行使）を享受し、義務（たとえば、国有地を割り当てるよう請求して管理の責を引き受ける）を負担し、公権力を行使することができる。また、郷鎮市の役所の仲介または監督を通すことなく、自治権を行使することができる。我々はまた、集落公法人が法律上、原住民および各原住民族の生存・発展にとって相当な重要性を持つとみることができる[20]。なお、目下の計画では、原住民族自治法の法体系中、それを最小の自治単位とするようである。

（2）資源共同管理制度の強化と同意諮問権の実現

　原住民族基本法22条は、「政府は原住民族地区において国家公園、国家級風景特定区、林業区、生態保育区、遊楽区及びその他資源管理機関を設定す

179

るときは、現地の原住民族の同意を得なければならず、また原住民族と共同管理機構を確立しなければならない。その方法は、中央目的事業主管機関が中央原住民族主管機関と共同でこれを定める」と規定する。この規定は、原住民族と政府の「資源共同管理制度」の法的根拠を確立した。

　この規定に基づき、公権力の主体が国家公園、国家級風景特定区、林業区、生態保育区、遊楽区およびその他資源管理機関を設定するときには、原住民族が土地の所有権を保有していなかったとしても、同意権と共同管理の権利を取得することができる。林務局を例にとると、すでに林務局の各林区管理処と原住民族との間に多くの「資源共同管理会議」が設立されている[21]。

　加えて、国家公園法等の関連法規を改正し、原住民基本法21条の同意・参加の諮問および利益共有の権利の内容を特別法に取り入れ、原住民族の土地の権利を実質的に保障できるようにすべきである。現在、各機関と私人は、原住民族基本法の諸規定は、重視されないかまたは故意に用いられないために、このままでは実質性への疑念が生じかねない。

　鉱業法を例にとると、主管機関が鉱業権の設定および期限延長を審査・許可するか否かの際に、同様に他の機関に意見を求め、かつ他の機関の同意を得ることを義務付けている。同法43条3項および4項は、「主管機関は、第1項の認定をするときに、事前に地政、環境保護、水土保持、その他の関連する主管機関および土地所有者の意見を求めなければならない。国家公園の範囲に属するときは、国家公園の主管機関の同意を求めなければならない（第3項）。第1項が定める土地が公有であるときは、主管機関は、認定前に当該土地管理機関の同意を求めなければならない（第4項）」と規定する。原住民族基本法21条の原住民族又は集落の同意・参加の諮問および利益共有の権利の規定は、解釈により主管機関に遵守を促すことも可能だが、最善の方法は、鉱業法を改正し、原住民族基本法21条と同趣旨の規定を鉱業法43条3項および4項に倣って加えることであろう。

4 　原住民族の土地所有権および利用権を実質化するための法制度

　台湾の原住民族は、長きにわたり土地所有権及び利用権を現実には行使できていなかった。2005年に制定された原住民族基本法は、原住民の土地として原住民族居留地に加えて伝統領域を明記し、土地所有権および利用権という実体的権利だけでなく同意諮問権という手続的権利を規定したものの、原住民はいまなお権利を現実に行使できているとは言い難い。

　本章は、まず、原住民の土地に対する権利の変容について概観した。次に、原住民土地所有権および利用権の制約の現状として、伝統領域の設定、借名登記、同意諮問権のそれぞれの課題を指摘し、これらの課題を解決するために原住民基本法が同意諮問権に関する規定を置いたが（21条）、十分機能していない。そこで、これらの問題に対し、原住民族基本法は集落公法人化（2条の1）と資源の共同管理制度（22条）に関する規定を置き、原住民族が一度は所有権を失った土地について、実質的に権利を回復させることを試みている。将来的に集落公法人を設置することを通して、原住民族の土地所有権および利用権を実質的に回復させるのである。

　このほか、本章は次の問題を必ず指摘しなければならない。すなわち、過去から現在に至るまで、台湾の政府は、台湾の原住民族が直面した問題を解決する際に、いつも特別法により特殊化するという処理を行ってきた。それは原住民族基本法がもたらす問題にせよ、原住民保留地の問題にせよ、である。法制度上の特殊化以降の結果は、原住民族の権利侵害の問題をまったく解決していないばかりか、かえって問題をさらに厄介にし、さらに悪化させている、とみることができる。

　特殊化による法制度は原住民族のために「特別な保障」をもたらさなかっただけでなく、かえって原住民族が国民としての一般的な権利保障さえも得られないようにしたことに、我々は往々にして気づくことができよう。関連するそれぞれの一般法規のなかに、あるべき原住民族の権利保護の規定を直接に加え、原住民族の権利保障を立法という手段を通して一般化することが

できれば、台湾は実質的な法治法制国家へとさらに歩みだすことができ、原住民族の権利を真に保障する国家となることができると思われる。

注
1) 本書第7章を参照（程明修執筆）。
2) たとえば、国家公園法は、国家公園の生態保護区・特別景観区・史蹟保存区について規定している。野生動物保育法は、野生動物保護区および重要生息環境について規定している。文化資産保存法は、自然保留区の制限を規定している。森林法は、国（公）有林の自然保護区・保安林地および森林遊楽区内の景観保護区と森林生態保育区について規定している。飲用水管理条例は、飲用水水源水質保護区または飲用水の取水口から一定距離内の地区について規定している。水利法は、ダムの貯水範囲・河川区域・洪水氾濫区一級管制区・洪水平原一級管制区を規定している。水土保持法は、特定水土保持区を規定している、などがある。
3) 石垣直（2011）『現代台湾を生きる原住民』風響社、67-69頁および98-101頁。また、米国の保留地制度（General allotment Act of 1887 or the Dawes Act, 24 Stat. 388）についてはWilliam C. Canby, Jr.（2009）*American Indian Law in a Nutshell*, pp. 15-24。
4) 前掲註1（程明修執筆部分）は、名義貸しの法的背景について述べる。また、本書第8章（高仁川執筆部分）は、マイケル・ヘラーの議論を引用しつつ、原住民族の居留地に非原住民族の私有地が混在している状況を市松模様化と呼んでいる。
5) 石垣前掲註3・91-94頁。
6) 石垣前掲註3・116-124頁。
7) 石垣前掲註3・281頁。
8) 訂定「原住民族土地或部落範圍土地劃設辦法」http : //gazette.nat.gov.tw/EG_FileManager/eguploadpub/eg023031/ch02/type1/gov13/num1/Eg.htm
9) 「原住民族土地或部落範圍土地劃設辦法」http : //law.apc.gov.tw/LawContentDetails.aspx?id=GL000274&KeyWordHL=
10) 我々は数多くの関連文献において、各民族の伝統領域についての記述を見ることができる。たとえば、タイヤル族の分布に関して日本統治時代の文献では、「大體、臺中州の埔里と、東方花蓮港とを繋ぐ線の附近から、その以北に横はる臺灣全嶋蕃地の約三分の一に該當する廣大なる、北部一帶の山地には、濁水、北港、大甲、大安、後壠、大料崁、大濁流、タッキリ、木瓜、諸溪の本流支流の流域に沿うて、高きは海抜五千尺から低きは數百尺の地に、約三千万四千に餘るアタヤル族と、二百に近い彼等の蕃社とが在る」とされる（臺北帝國大學土俗・人類學研究室編（1935）『臺灣高砂族の系統所屬の研究　第一冊（本篇）』刀江書院、21頁参照。また中国語で翻訳されたものとして、楊南郡訳注（2011）『臺灣原住民族所屬系統之研究　第一冊本文篇』行政院原住民族委員會・南天書局出版、23頁参照）。また、日本の学者が日本統治時代において各族群の移動・分布についての調査で作成した地図により、我々は伝統領域の

第 9 章　原住民族基本法による新たな土地管理システムの運用と課題

所在を理解しやすくなる。たとえば、ツォウ族の移動と分布の図に関して、馬淵東一（1954）「高砂族の移動および分布―1―」『民族學研究』18 巻 1・2 号、148 頁を参照。中国語訳として、楊南郡訳注（2014）『台灣原住民族移動與分布』行政院原住民族委員會・南天書局出版、157 頁を参照。日本統治時代の政府資料の方面でも、伝統領域が占める面積の大小にかかわる記述を見ることができる。たとえば、台湾総督府より出版された『臺灣統治概要』には以下のような記述がある。すなわち、「……高砂族ハ本島ノ總面積ノ四割四部強ヲ占ムル中央山脈地帯の特別行政地域ナル蕃地内ニ居住シ……」とされる（臺灣總督府編（1945）『臺灣統治概要』臺灣總督府、86 頁参照）。伊能嘉矩が著した『臺灣蕃政志』においても、石を立てて蕃界を定めることに関する叙述がある（伊能嘉矩（1904）『臺灣蕃政志』臺灣總督府民政部殖産局、156 頁以下参照）。

11) 関連する規定には、野生動物保育法第 21 条の 1 第 2 項、原住民族基於伝統文化及祭儀需要獵捕宰殺利用野生動物管理辦法第 6 条、原住民族基於伝統文化及祭儀需要獵捕宰殺利用野生動物管理辦法第 6 条附表等が含まれる。

12) 司馬庫斯（すまくす）の国有林において、2005 年 10 月 14 日、タイヤル族の構成員がケヤキの倒木を拾って彫刻に用いたところ、森林法 52 条に基づき、窃盗事件として起訴された。被告らは、伝統領域であり、倒木の利用は原住民族の権利であり、無罪であると主張した。第一審および第二審は被告人らを有罪としたが、2009 年 12 月 3 日、最高法院は原判決を破棄差戻し、差戻し審において無罪が確定した。本件は国有地における伝統領域の設定に関する事件であるが、私有地でも同様の事件は起こりうる。

13) 現代社会における「所有権は社会的責任を負う」との概念、「社会的連帯（Solidarité sociale）」の理念および憲法第 23 条の規定に基づいて、財産権は、一方では法律の具体的な規範を通して実践されるが、他方では相応の制限を受ける（王澤鑑（2010）『民法物権』（王澤鑑発行・三民書局經銷、2010 年、増訂 2 版）16-17 頁参照）。たとえば、釈字 747 号解釈（土地の所有権者が、公道が地下を通り抜けるために、地上権の徴収を請求できるとした案件）で大法官は以下のように指摘する。すなわち、「人民の財産権が保障されなければならないことは、憲法 15 条が明文で定めている。土地を必要とする者［需用土地人］……の事業が、私有地の上空又は地下を通り抜け、所有権者の社会的責任に受忍されるべき範囲を超え、個人の特別な犠牲を形成するときは、……土地所有権者は、土地を必要とする者に請求して主管機関に地上権の徴収を申請させることができる」とする。さらに、本号解釈の文脈に踏み込まずに検討し、その主旨のみを取り出すと以下のようになる。すなわち、国家が人民の財産権を制限し、それが所有権の社会的責任に受忍されるべき範囲を超える場合には、個人の特別な犠牲（Sonderopfer）が形成され、国家は適切な補償を与えなければならない。（李震山『行政法導論』（三民書局、2014 年、修訂 10 版）598 頁、陳敏『行政法總論』（新學林出版、2011 年、7 版）1181 頁以下参照）。

14) 台湾総督太田政弘が 1931 年 12 月 28 日に発布した理蕃政策大綱 5 項。

15) 宜蘭県の南澳郷のタイヤル族南澳群の集落はこのようである。李亦園『南澳的泰雅人』（中央研究院民族學研究所、1963 年）21 頁を参照。

16) 程前掲註1・本書第7章を参照（程明修執筆）。
17) 大法院Websiteを参照（http://jirs.judicial.gov.tw/GNNWS/NNWSS002.asp?id=259240）。また、台湾が公信力説ないし形式主義を採用していることについては、本書15章（呉宗謀執筆）を参照。
18) 陳敏『行政法總論』（新學林出版、2011年、7版）892-894頁。
19) 陳新民『行政法學總論』（三民書局、2015年、新9版）139-140頁。
20) 前述の集落が直面する鉱業法に関する困難は、集落が公法人となれば、集落は「みなし行政機関」となり、集落の土地上の権利に関する保護については、あるいは鉱業法27条5項を適用できるかもしれない。すなわち、「その他の法律が主管機関の審査・許可を経なければ探鉱・採鉱してはならないと規定する地域内で、未だ当該機関の審査・許可を経ていないもの」とする規定により、主管機関たる鉱務局はその鉱業権を審査・許可してはならないことになる。
21) たとえば、林務局嘉義林区管理処と阿里山郷のツォウ族は「原住民族資源共同管理会議」を設置し、定期的に会議を招集している。

参考文献

Canby, William C. (2009) *American Indian Law in a Nutshell*, West Academic.
石垣直（2011）『現代台湾を生きる原住民』風響社。
臺北帝國大學土俗・人類學研究室編（1935）『臺灣高砂族の系統所屬の研究　第一冊（本篇）』刀江書院（楊南郡訳注（2011）『臺灣原住民族所屬系統之研究　第一冊本文篇』行政院原住民族委員會・南天書局出版）。
馬淵東一（1954）「高砂族の移動および分布―1―」『民族學研究』18巻1・2号、123-154頁（楊南郡訳注（2014）『台灣原住民族移動與分布』行政院原住民族委員會・南天書局出版）。
臺灣總督府編（1945）『臺灣統治概要』臺灣總督府。
伊能嘉矩（1904）『臺灣蕃政志』臺灣總督府民政部殖産局。
王澤鑑（2010）『民法物權（増訂2版）』王澤鑑発行・三民書局經銷。
李震山（2014）『行政法導論（修訂10版）』三民書局。
陳敏（2011）『行政法總論（7版）』新學林出版。
李亦園（1963）『南澳的泰雅人』中央研究院民族學研究所。
陳新民（2015）『行政法學總論』三民書局。
大法院ウェブサイト（http://jirs.judicial.gov.tw/GNNWS/NNWSS002.asp?id=259240　2017年11月1日閲覧）。
訂定「原住民族土地或部落範圍土地劃設辦法」（http://gazette.nat.gov.tw/EG_FileManager/eguploadpub/eg023031/ch02/type1/gov13/num1/Eg.htm　2017年11月1日閲覧）
「原住民族土地或部落範圍土地劃設辦法」（http://law.apc.gov.tw/LawContentDetails.aspx?id=GL000274&KeyWordHL=　2017年11月1日閲覧）

第Ⅲ部
韓国の分析

　韓国の人口変動の様子は台湾（図Ⅱ-1）とよく似ている。いずれの国も生産年齢人口指標は2015年頃に増加から減少に転じ、人口ボーナスから人口オーナスへの転換点を迎えようとしている。また、1960年代後半からの出生率の急速な低下や死亡者数が出生者数を上回る人口自然減段階の到来の時期などにも大きな差異はみられない。さらに、生産年齢人口指標のピークの水準が高く、その値はともに2.5を超えて依存人口に対して生産年齢人口が2倍を大きく超える水準にあった。

　これとは対照的に、韓国と日本の人口転換の図（図Ⅰ-1）の違いは歴然としている。日本の人口オーナスへの転換は韓国よりも20年ほど先行し、また、ピーク時の生産年齢人口指標も日本の指標は2.3に留まっている。

　韓国の人口構成（図Ⅲ-2）をみても、台湾（図Ⅱ-2）との類似性は高い。ただし、年代別の人口を比較すると台湾では緩やかに二つのピークが確認されたのに対して、韓国ではほぼ単峰型となっている。最大の人口を持つ年代は、40歳代であり、台湾の一つ目のピークより若い世代となっている。

　第1章で述べたとおり、急速な生産年齢人口指標の上昇は大きな人口ボーナスの拡大をもたらし、その後には深刻な人口オーナス問題を引き起こす可能性が高い。韓国では大都市の財閥に主導され、産業の多くが大都市や一部の地方拠点都市に集中したため、農村には兼業機会が乏しく、農家の若者は都市へと吸い出された。この結果、韓国の農家の専業農家率（農業所得が家

第Ⅲ部　韓国の分析

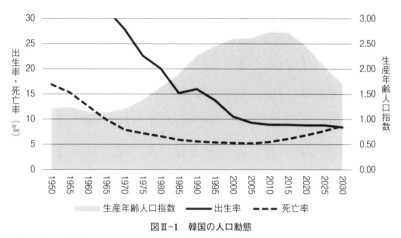

図Ⅲ-1　韓国の人口動態

出所：図Ⅰ-1と同じ。

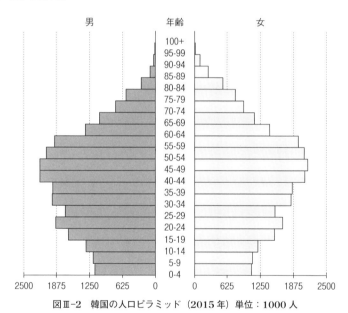

図Ⅲ-2　韓国の人口ピラミッド（2015年）単位：1000人

出所：図Ⅰ-2と同じ。

計所得の過半を占める農家の比率）は経済の成長期以降に6割前後で推移している。1970年代以降の日本の専業農家率が10％代に留まっているのと比較

するとその高さがわかる。また、韓国の農業経営主の高齢化も急速であり、60歳以上の比率はすでに6割を超えており、農地を始めとする家産の相続がこれから本格化すると予想される。そして、その相続権者の多くは都市部の居住者である。

　こうしてみると、韓国では近い将来にきわめて深刻な人口オーナス問題の発現を促す条件が整うことが予想される。以下の分析からはそれを裏付ける分析とともに、問題を緩和する要因も浮かび上がってきた。

　分析の構成は次の通りである。まず、第9章では韓国における人口の長期的な動向と農村からの人口移動が鳥瞰される。また、後継ぎ世代が都市に流出した後の労働力不足やその対策とともに、韓国で関心を集めている「逆都市化」現象の実態と評価が整理される。第10章では、農地の相続や貸借に対する意識に焦点を当てた分析が展開される。農家が所有する農地の相続や農業経営の継承に関わる韓国固有の実態と意識が明らかにされる。第11章では、農業経営の個別事例研究から、農地がいかに利用・継承されるかや土地所有者が村に居住しない不在地主となるメカニズムが検討されている。また、第10章で考察された農地の貸借が韓国農村社会の構造に規定されていることも明らかにされる。

　フィールド調査の対象地は図Ⅲ-3のとおりである。第10章の分析では全羅南道の潭陽郡（タミャン）で、また、第11章の分析では全羅北道の完州郡（ワンジュ）で実態調査を実施した。

第Ⅲ部　韓国の分析

図Ⅲ-3　韓国の調査地

出所：図Ⅰ-3と同じ

(飯國芳明)

第 10 章

韓国における農業・農村の変容
―都市・農村間の人口移動を中心に―

金泰坤

　農業・農村は、工業・都市の成長によって急速な変化をもたらされる。韓国は、経済の高度成長過程で、農村の人的資本や土地等の大量の資源が都市に移転された結果、農業は急速に縮小する過程を辿った。

　都市と農村との関係でみると、1970 年代以降、農業資源が一方的に都市に移転した。在村在宅離農の日本とは違って、韓国の場合、雇用の機会を求めて都市へ向かう離農（離村脱農）が主流であった。その結果、農村は人口の過疎化と高齢化が急激に進行した。

　このような過程で、農業の現場では、労働力の不足による規模拡大への制約、また作業受委託の幅広い普及、そして農地賃貸借の増加などの現象が現れ、これがまた、農業の成長を制約する要因にも作用した。

　しかしながら、新しい動向が現れている。高度成長が終焉し、安定成長へと切り替わるのに応じて、都市での雇用機会の制約、過密や混雑、汚染などの問題が現れた。また、同時に 2010 年を境にして都市から農村への人口移動、すなわち、帰農や帰村が増加しはじめた。

　一方、農村地域では、農産物の需要飽和のなかで、グローバル化による海外からの輸入増加、これによる価格下落等による所得の減少や雇用縮小等の問題が拡散し、都市農村間の所得格差と農業内部の所得格差が同時に拡大される二重の格差問題が現れている。

　こうしたなかで、最近、農業の 6 次産業化、農村観光、ローカルフード（地

産地消）等のグローバル化に対応した新たな農業ビジネスが登場し拡散している。これは高齢者に雇用機会を提供し、同時に帰農者の創業機会ともなっている。すなわち、農業の縮小産業化と限界農村の消滅という懸念を払拭して農業の持続的な発展と農村社会の安定という面で注目に値する。

本章では農業成長の制約要因として作用している人的資源の視点から、都市・農村間の人口の移動を把握し、労働力の不足に対応する新たな現象として労働節減型農業経営、そして、高齢化と過疎化に対応した新たな農業支援制度などについて検討する。

具体的には、都市・農村間の人口の量的な変化、人口の急速な減少に伴う農業・農村の諸問題、農業労働力の不足に対応した労働節約型農業経営、また、これらに対応した公的な支援制度、さらに農業部門の外国人雇用許可制などの拡大とその背景、展望などについて明らかにする。

1　人口移動の長期趨勢と特徴

（1）急激な高度成長

韓国の戦後の高度成長は、他の先進国に比べて急速に行われた。とりわけ、日本に比べても、きわめて短期間で達成された。このような高度経済成長が都市と農村間の人口移動の原因であり、結果でもあった。

先進国では、農業部門は相対的に縮小する産業である。農業部門のGDP比率は相対的に減少する。農業部門のGDP比率が40％から7％に減少するのに26年という短期間である（表10-1）。ヨーロッパやアメリカなどの西欧の先進国は92～165年かかり、日本でも73年の期間が必要であった。[1]

このような急速な韓国の高度成長は、農村から都市への人口移動を促進し、短期間に農村の過剰就業と貧困という問題を解決するのに大きく寄与した。しかし、都市労働者と農家の所得格差の拡大、農業内部の地域間の格差、農家階層間の格差等の拡大という副作用も累積してきている。

表 10-1　農業 GDP 比率の減少期間の国際比較

	40% 時点（年）	7% 時点（年）	所要期間（年）
イギリス	1788	1901	113
オランダ	1800 頃	1965	165
アメリカ	1854	1950	96
ドイツ	1866	1958	92
デンマーク	1850	1969	119
フランス	1878	1972	94
日本	1896	1969	73
韓国	1965	1991	26

出所：李貞煥（1998）。

（2）高度成長の陰

　人口の移動は、都市化の影響で現れる。農業部門の人口移動は、第一に農家戸数の減少、第二に農家人口や農業就業人口の減少、第三に農家の世帯員数の減少などで現れる。

　高度成長期に、農業部門の多くの労働力が都市へ移動した結果、緩やかな農業の構造改善、すなわち、規模拡大が実現されるという効果が現れた。しかし、最近は、労働力の季節性が強い農業部門で労働力の不足が、むしろ規模の拡大を制約する構造的な要因となっている。米作を中心とした水田農業は、労働節約型経営や機械への代替などで規模拡大が実現されているが、野菜や果樹などの畑作は労働力の不足が規模拡大の制約要因となっている。

（3）農業・農村人口の減少推移

1）農家人口の減少推移

　韓国における農業・農村人口の変化と都市への移動の長期的な趨勢を見てみよう。まず、農家戸数はピークの 1967 年 2,587 千戸から 2015 年 1,089 千戸へと 57.8% も急激に減少した。一方、農地はピークの 1968 年 2,342 千 ha から 2015 年 1,679 千 ha へと 28.3% も減少し、1 戸当たり耕地規模は 1967 年 0.89ha から 2015 年 1.54ha へ緩やかに拡大している。

　農家戸数の減少とともに農家人口の減少と高齢化が同時に進行し、農業労働力の弱体化が加速している。農家人口はピークの 1967 年 16,078 千人から

2015年2,569千人へ、84.0%も減少した。農村地域は韓国で「人口絶壁」と呼ばれる労働力枯渇状態に入ったと言える。このような過程で農家の世帯員数は、1970年5.81人から2015年2.40人へ減り、農村で高齢者を中心とする1人世帯が増えている[2]。農家人口の高齢化率は、1970年4.9%から2015年38.4%へ高くなり、労働力の弱体化を加速している。

労働力の減少の現象は、高度経済成長が本格的に始まる1960年代末から離農による農家数とその世帯員数の減少が同時に進行し、世帯員の減少のスピードがより速く進行した。安定成長期以降は両者の自然減少が続いている。

2）農村人口の増加

都市人口と農村人口の構成を見てみよう[3]。5年ごとに調査される統計庁の人口総調査によると、全人口に対する農村人口の割合は、1970年58.8%から2015年18.4%へ減小している。この期間中に都市人口は12,710千人から227.9%も増加した。一方、農村人口は18,172千人から48.8%も減少した(図10-1)。

しかし、最近新しい動きを見ることができる。都市化の影響で、農村人口は持続的に減少してきたが、2010年を境に増加に転じている。つまり継続的に減少している農村人口が2005年のわずかな減少を経て、2010年8,758千人を底にして、2015年9,392千人に増え、634千人の純増を記録したのである。都市から農村への人口移動の逆転が現れている。この新しい動きである帰農・帰村の推移に注目する必要がある。

3）都市・農村間の人口移動の新しい動向

統計庁の「人口総調査」によると、農村人口は1970年以後漸次減少してきたが、2010年を境に再び増加する現象を見せているという点に注目する必要がある。これらの動向をより具体的に調べることができる統計として、統計庁の国内人口移動統計がある。

ただし、このデータの利用に際しては都市と農村との区別について注意が必要である。「人口総調査」は邑面洞別調査のデータから都市部を表す洞地域と農村部を表す邑面地域の人口を区分することが可能だが、「国内人口移動統計」ではこれができない。「国内人口移動統計」は基礎地方自治団体別

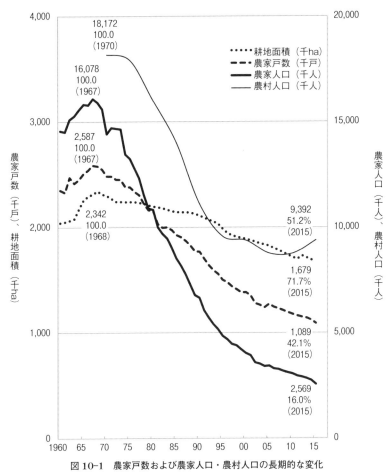

図 10-1　農家戸数および農家人口・農村人口の長期的な変化

出所：「農林畜産統計年報」農林畜産食品部。「人口総調査」統計庁。

の調査であるため、市地域を都市地域、郡地域を農村地域に区別するしかない。したがって、都市部にある邑面洞地域の人口や農村部の統合市にある邑面地域の人口が農村人口ではなく、都市人口に含まれる。この部分が実態との差異を生む。

　人口移動は、都市から都市間、都市から農村間、農村から都市間、農村から農村間などの経路がある。図 10-2 のように都市から農村への人口移動は、

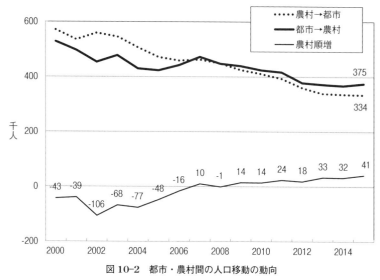

図10-2　都市・農村間の人口移動の動向

注：基礎地方団体別の調査結果の関係で市地域は都市地域、郡地域は農村地域に区分、都市と農村の統合市の邑面地域は都市地域に含まれる。
出所：「国内人口移動統計」統計庁。

2008〜2009年の調整を経て、2010年から農村純増現象を見せている。2015年には、農村―都市間が334千人、都市―農村間が375千人で41千人の農村純増を記録している。

(4) 農村純増の背景

　農村から都市への人口移動は、農村の過剰就業と都市の生産性の優位等の要因が作用する。とくに農村・都市間の人口移動は、都市部の経済成長率が大きく作用した。1960年代半ばからの高度成長以降、経済成長率は10%を上回る水準を維持したものの、1990年代半ばには以降下落し始め、2000年過ぎにはその成長率は4%台を下回り、直近では2%台にとどまっている。

　したがって、1980年代末まで年間70万人に達した都市部門での雇用増加量は、1990年代半ばから50万人までに急減し、最近は30万人まで減少している。これが農村人口の離農にブレーキをかけ、さらに逆に都市から農村への人口移動を誘引するきっかけを作っている。

このような都市部の雇用機会の縮小のなかで都市の過密・混雑、汚染等の都市のネガティブ要因が人口移動に重要な影響を与えている。一方、都市生活でのストレスや疲労が蓄積されるなかで、2010年頃から都市農業のブーム、都市市民の農業への理解が増進するとともに、農産物の直接取引や都農交流などが活性化され、農業と農村に対する選好度が高まる変化が現れていた[4]。また、6次産業化等による農業部門の成長可能性、美しい農村景観、余裕のある時間と過疎などの農村が持つポジティブな要因が共に作用して、農村へと人口移動が旋回したものと見ることができる。

2 労働力の不足と農業経営の対応

（1）労働節約型経営

韓国で労働力の不足が加速するにつれて、農業現場での農業経営自体もこれに対応する現象が現れる。農村から都市への人口移動による労働力不足に直面した農家は、初期には、播種や田植え、収穫等の農繁期には村の共同作業や農家間の労働力の交換などで解決してきた。代表的な作業が稲の田植えや収穫作業である。

その後、機械化の進展や農作業受委託組織の登場をきっかけに高齢農家や労働力が不足している農家などは「労働節約型経営」や「作業委託」「農地賃貸」などの方式に転換している。労働節約型経営は、米作農業の労働投入時間の減少と委託作業の増加などに転換している点に注目しなければならない。米作農業の10a当たり労働投入時間を見ると、1990年代以降、急激に減少し、1990～2015年に59.4時間から10.8時間へ48.6時間も減少している。同期間の日本の場合は、45.6時間から24.8時間へ20.8時間を節約したのとは対照的である（表10-2）。

作業委託の増加については、米生産費統計の委託営農費からその比重を確認することができる。米作農家は、労働投入時間を減らすかわりに、作業委託を増やしている。10a当たり委託営農費は2015年10万3201ウォン（1ウォンはおよそ0.1円）で、費用合計（一次生産費）の23.6%[5]にも達している。

表 10-2　米作農業の労働投入時間の変化

(時間／10a)

	韓国	日本
1970	128.4	121.5
1980	92.8	68.0
1990	59.4	45.6
2000	29.6	35.3
2010	16.1	27.1
2015	10.8	24.8

注：韓国は全国平均、日本は都府県平均である。
出所：「農産物生産費統計」韓国統計庁。「農産物生産費統計」日本農林水産省。

(2) トゥルニョク経営体事業の拡散

　トゥルニョク経営体事業とは、50ha以上の団地化された水田で米を共同で生産・管理する作業組織をいう。この事業については、国が育苗施設と共同防除施設などを支援する。品種管理と共同出荷などによる品質の向上効果と農作業の軽減効果などが認められている。

　米作農業でトゥルニョク経営体事業が導入されている背景にも育苗や防除作業の共同化を通じた労働節約型経営の一形態として見ることができる。トゥルニョク経営体事業が大規模の経営を行っているにもかかわらず、生産コストの削減効果があまり見えないのは、個々の農家の単純な労働投入時間の節約という意味でしかない。

　農業部門における労働力の不足現象は今後とも続くと思われる。労働力の制約の下では表10-3のように、労働集約的な畑作物への転換は難しい状況にある。コメの消費量が年々減少しているにもかかわらず、労働力の確保の限界に直面した高齢農家等は、今後、高齢化が進めば進むほど、また労働力が弱体化すればするほど、米作農業に集中する可能性が非常に高い。労働力の不足が米の供給過剰を招く要因となっている[6]。

表10-3 畑作目の労働投入時間（2015年）

(時間／10a)

作目	時間
ニンニク	124.3
トウガラシ	164.2
タマネギ	97.7
スイカ	109.4
ニンジン	79.2
ネギ	118.3

出所：統計庁（2016）「農産物生産費統計」、農村振興庁（2016）「農畜産物所得資料集」。

3　外国人労働者の受け入れ

（1）雇用許可制の改善

　外国人労働者の受け入れは、韓国社会全体の労働力不足への対応である。農業部門は、労働力が枯渇するなかで、とくに土地利用型の畑作農業、野菜や畜産等の施設農業での労働力不足が深刻な状況にある。また、農業労働は播種期、田植期、収穫期などの季節性が強い特徴があり、これに対する柔軟な対応が要求される。

　現在、国内の農業労働力の不足を補完するのが外国人労働者である。外国人は、年中雇用が可能になり、とくに労働力の不足が深刻な野菜・花卉・畜産などの施設農業に集中的に雇用される傾向がある。農業部門の雇用許可制によって、作物栽培業や畜産業、農産物の選別・乾燥および処理場運営業、農業関連サービス業などのさまざまな分野にわたって外国人の就労が行われている。

　外国人労働者は、勤務先の制限などの規制はあるが、「専門作業団」に所属し、柔軟に活用されている。農業部門は、一時的な需要が高い農繁期に日雇いで雇用され、人手不足を補完しており、現場では外国人労働者に対する選好度は高まっている。

　外国人労働者の雇用許可制は、2004年に実施され[7]、その以降、就労期間

表 10-4 外国人労働者等の滞在規模（2015 年）

	滞在規模（千人）
一般雇用許可制（E-9）	55+α
特例雇用許可制（H-2）	285
在外同胞（F-4）	328
季節労働者（C-4）	未確定
結婚移民者（F-6）	152

注：結婚移民者は労働者ではないが、農業部門の季節労働者の供給源の役割をする。
出所：「出入国・外国人政策統計年報」法務省。

延長、再入国就労制、在外同胞に対する特例雇用許可制等の制度の導入で改善されている。労働期間も1回に限って、3年間から、就労期間延長と再入国就労を含めると、最長9年8カ月まで可能になった。そして農業部門においては、この他にも「季節労働者制度」などで改善されている。この制度は、農業労働の季節的な需要に対応するために受け入れ国の自治体と送り出し国の自治体間の協定によって、90日間の短期雇用の機会を提供するもので、農村地域の一時的な人手不足を解決している。最近の受け入れ方法を見ると、結婚移民者が母国の親兄弟などの家族を招いて宿泊を一緒にしながら近くの農家の人手不足を解決してくれるものが多数ある。

外国人労働者の雇用規模は、2015年一般雇用許可制の場合、年間5万6000人で、このうち農業部門は「6600＋アルファ（α）」人である。この他にも特例雇用許可制の場合、総員30万3000人の枠を設定、この範囲内で雇用が維持されている。特例雇用許可制の場合は、事業場の移動が自由で、業種別に規模を制限しない。また、外国国籍同胞に対しては、別途に自由出入国が可能になり、2015年75万4000人が滞在し、生産現場での労働力の不足問題の解決に貢献している（表10-4）。

（2）農業部門の季節労働者の全国実施

農業部門の季節労働者制度は、2015年から試験実施を経て、2017年から全国に拡大・実施されている。受け入れ規模を制限しないが、これに対する農村地域での需要と結婚移民者の母国の家族を活用した供給可能性を考慮す

ると、今後大幅に増加する可能性がある。ただし、農業労働の季節性に対応した90日間の短期就労という点からすれば、長期就労を希望する生産現場とは乖離がある。

　外国人労働者の雇用許可制は内国人労働者への雇用機会保護の原則のもとで実施されている。現場で提起されている労働人権や今後予想される賃金圧力などの問題が解決されると、人手不足や雇用機会をめぐる内国人労働者との補完関係は維持されると予想される。この制度は労働力の確保に深刻な問題に直面している農業部門、地方の中小製造業や建設業などの雇用難の解消に寄与することが期待される。

4　帰農・帰村の拡大と展望

（1）帰農・帰村の量的推移

　都市・農村間の人口移動の「新しい変化」は、最近帰農・帰村人口が増加している点である。これまでの都市と農村間の人口移動は、農村から都市への一方的な移動、すなわち離農が主流であった。

　離農は高度成長期である1960年代半ば以降、急速に増加し、2000年代半ばまで半世紀の間持続するなかで、農村での人的資源の枯渇をもたらした。このような流れが、2000年半ばから、その方向が逆転され、農村への純流入が起こり始めた。2010年の都市から農村への移動総量が約93万人に増えた一方で、農村から都市への移動は、83万人であった。農村地域の純流入は10万人に達する。これが都市・農村間の人口移動における転換点となっている。

　都市と農村間の人口移動に変化をもたらした背景には、帰農・帰村がある。まず、帰農人口の増加推移を見ると、2000年代半ば以後変化し始め、2010年5,405世帯へ急増し、2011年1万世帯を超え、2015年には1万1959世帯まで増加している（図10-3）。

　帰農者は、世帯主の平均年齢は54歳、1人世帯60.0%、2人世帯23.8%である。年齢別では30代以下25.7%、40代16.3%、50代33.1%、60代19.4

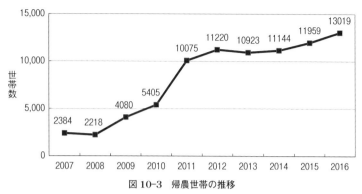

図 10-3　帰農世帯の推移

出所：農林畜産食品部。

%、70 代以上 5.5% と分布している。特徴は、40 代以下の世帯が全体の 42.0%、50 代以下が 75.1% を占めていることである。

　農業従事を目的とする帰農とは違って、農村地域での生活を目的とする帰村人口は、2013 年 28 万 838 世帯から 2014 年 29 万 9357 世帯、2015 年 31 万 7409 世帯（46 万 6778 人）へ増えている。2015 年帰村者は、世帯主の平均年齢は 44.1 歳で、1 人世帯 70.3%、2 人世帯 17.9% で、ほとんどが 1 人世帯であり、世帯当たり世帯員数は 1.47 人である。帰農と帰村を含む全体の規模は、2016 年現在世帯数は 33 万 5527 世帯であり、人口は 49 万 6048 人に達するなど、50 万人に近接している。

　一方、帰農する具体的な理由については、農林水産食品教育文化情報院（農情院）の「2016 年帰農帰村実態調査」[13]によると、雇用や農業発展の可能性、家業継承機会などの経済的な要因（29.6%）、自然環境や健康などの面での農村生活の利点（40.1%）、都市生活の疲労からの解放（16.9%）、その他（13.4%）などである。このような点から見ると、帰農が持つ意味は、都市の若い層の帰農が増加する点を考慮すると、都市地域の青年の雇用創出、農業の経営継承者の確保、人口減少と高齢化の進展のなかで、農村労働力の枯渇という状況で労働力の確保、さらには集落共同体の回復など、さまざまな意義を見つけることができる。

（2）帰農の定着状況と期待

　前述した農情院の「2016年帰農帰村実態調査」によると、帰農者のなかでUターン型帰農が41.4％と最も多く、次いでJターン型26.8％、Iターン型25.0％の順である。つまり、帰農者は生まれたところや親が居住しているなどのゆかりのある地域に定着しようとする傾向が強く、帰村者はJターン型を好む傾向を見せている。

　帰農者の農業活動を見ると、まず、主な収入源の作目は、果樹（25.3％）、露地野菜（15.7％）、水稲（14.3％）、特作（9.9％）、施設野菜（9.3％）などの順である。作目の選択の理由は、栽培の容易さ（41.3％）、高所得（20.6％）、周辺の勧誘（14.2％）、地域特化（12.9％）などである。そして耕作する農地は購入（46.5％）、賃借（27.1％）、継承（22.6％）などであり、農地や家畜、設備などの投資額は、初期投資額9346万ウォンで追加投資2727万ウォン、計1億2073万ウォンに達している。営農活動での難しい点は、営農技術や経験の不足（36.2％）、農地や施設投資資金の不足（28.8％）、販路の問題（11.2％）、健康や体力不足（8.2％）などである。帰農者は農業活動以外の経済活動をする者は45.3％である。その主な活動は、農産物の加工および直接取引、自営業、一般の職場、農業労働、非正規職などである。

　帰村者のなかにも、農業に従事する者が29.1％に達している。営農活動をするようになった理由は、安全な食材を確保する（41.8％）、農業生産の意向を持っている（34.7％）、安定した収入を確保する（12.7％）、趣味（8.9％）などである。

　一方、帰農および帰村者の地域社会の参加と地域住民との関係を見ると、帰農者の43.4％、帰村者の60.7％が地域社会への葛藤要因がないと答えており、残りはライフスタイルや外部の人に対する偏見、土地や住居設備、営農方式、集落の共同施設などをめぐる葛藤があると答えている。そして集落の会議や行事については、帰農者の17.3％、帰村者の35.7％が参加していないという。

(3) 中期的な帰農の展望

現在までに量的に増加する帰農人口は農村地域での地域の農業後継者、6次産業化などの農業ビジネスの創業、地域社会のリーダーなどの役割を担っている。すなわち、農村人口の枯渇と閉鎖的な農村社会のなかで、帰農者は新しい血としての役割として、地域社会での期待は高い。

長期的に帰農人口はどのような趨勢を持続するのかが関心を集めている。まず、帰農人口の増加要因としては、戦後ベビーブーム世代（団塊世代）の増加、経済成長の停滞と都市部での雇用の減少、安定性など、環境にやさしい農業に対する消費者の関心、農村地域の人口流入政策と帰農帰村法に基づく政策の影響、都市農業などを通じた農業への理解増進、環境にやさしい農村生活などが挙げられている。

一方、帰農人口の減少要因としては、2021年以後のベビーブーム世代の終焉、都市部の経済回復、グローバル化による農産物市場の開放、帰農帰村の問題、農業問題の存続、農村地域の生活インフラの不備などを挙げることができる。このような要因を考慮し、関連研究者や活動家グループによる「今後2021年までの帰農人口の見通し」を見ると、現行（±2％）の維持が34.8％、小幅（2～10％）の増加が34.8％、大幅（10％以上）の増加が26.1％などの反応を見せるなど、おおむね10％前後の増加を予想している。[14]

(4) 帰農・帰村への期待と乖離

高齢化と過疎化が広範に拡散されている農村社会で、地域社会が安定的に持続するためには農外からの人口流入がきわめて重要である。地域経済の維持、小学校の存続、営農後継者の確保などさまざまな分野で輸血が必要である。

このような状況のなかで、帰農帰村人の役割については、地域住民と帰農帰村当事者も地域の人口増加、6次産業化などを通じた地域活性化、都市と農村の交流の活発な展開、営農後継者の確保などの面での期待が高い。そして比重は低いものの、農村社会の革新、集落共同体の回復、教育環境の改善などの面でも帰農帰村人に期待している。[15]

これらの期待のなかで帰農帰村人口が一定のレベルに維持されることを契機に、これらの各地域の社会経済的期待感から、国と地方自治体は農地や住宅への支援、資金支援などを講じている。2015 年「帰農・帰村活性化及び支援に関する法律」を制定、5 年単位の「帰農帰村支援総合計画」を樹立、計画的に支援をしている。

帰農帰村者への農村住民の反応は意外な結果もある。帰農帰村の農村住民の態度に関する調査を見ると、村の住民が帰農帰村者に持つ一般的な態度は、「否定的」と回答した比率（29.2%）が「好意的」と回答した比率（25.7%）を上回っている[16]。このような問題を解消するためには、村の住民の理解を前提に帰農帰村者の地域社会活動へのより積極的な参加、両者の間の理解増進などの活動が要求される。

帰農帰村者のなかでも、その目的や動機が多様である。そして帰農帰村後の現地で定着するまでにかなりの努力や時間が要求される。定着の難しさを経験した帰農帰村者が元の地域へ回帰しようとする、逆帰農・帰村意向も現れていることが知られている。最近、逆帰農・帰村の要因分析をした研究結果によれば、帰農・帰村のなかで農村地域に居住する者を対象とした研究報告では、動機や準備期間等に応じて差があるものの、対象者の一部（8.6%）は、逆帰農・帰村の意向を示している[17]。

帰農帰村者の量的な増加と社会経済的役割への高い期待のなかでも円滑な定着や地域社会との融合などの面で改善すべき点が多くある。農村地域での人材枯渇を解決する道は都市からの人口流入しかない。したがって、質的な問題の解決が求められる。

5 都市と農村の共生に向けて

韓国は高度成長期を経て、1960 年代後半以降、農村人口が都市へ急激に集中する都市化の現象が進行された。農家人口をはじめ、農家戸数、農村人口、世帯員数の四大指標の悪化に表示される。結果として、農村社会は、人的資源の損失と労働力の枯渇問題に直面している。とくに条件が不利な地域

の消滅の恐れが提起されてきた。

　高度成長以降、安定成長期に入り、過密都市では失業問題の長期化のなかで、混雑や汚染の累積などが加勢することにより、2010年以降、逆都市化、すなわち、帰農や帰村に反転される新しい現象が定着している。すでに量的に農村人口の増加につながり、農村の新しい活力として注目を集めている。

　戦後ベビーブーマー世代と都市の若い世代の帰農帰村は、農村内部の人口の再生産が不可能な状況で閉鎖的な農村社会の新たな血として作用して、農村の脱高齢化や村消滅防止、さらには地域活性化などを期待されている。

　現在の農村社会では、元の住民、都市帰還者、外国人労働者など多様に存在する。農村が持つ強み、すなわち時間、景観、安心などの特性を活かし、農業生産・加工・販売・体験等の連携によるビジネスの機会などが新たな価値を創出する可能性が高い。農村が消滅しないような方向転換のためには、いくつかの課題が求められる。

　まず、高齢の元の住民には体力に適した仕事の提供はもちろん、必要な社会福祉サービスが充実に提供される必要がある。都市帰還者には円滑な営農定着と安定定住に必要なサービスなどの支援システムが提供されなければならない。いまは外国人労働者も重要な役割を担っており、適切な労働条件の保障と分業を通じた協力が求められる。これらは人口枯渇によって解体状況の農村社会に活力を回復する道であると同時に、都市の失業や過密問題を解消する共生の代案でもある。

注
1）李貞煥（1998）『農業の構造転換——その始まりと終わり』韓国農村経済研究院、26頁。
2）一人世帯の割合は、2015年現在、都市地域と農村地域がそれぞれ26.0%、30.0%で、都市地域と農村地域の両地域とも急速に増えている。都市部では、若年層の未婚の1人世帯が多いが、農村地域では高齢者の1人世帯が多いのが特徴である。
3）統計上の都市人口と農村人口の区分は、1970年から基礎行政区域の洞地域は、都市地域、邑地域と面地域は農村地域と定義している。
4）金泰坤他（2014）『都市農業の治癒機能拡散と都市と農村の共生方策』韓国農村経済研究院、67頁。

5）生産費統計の委託営農費は、2003 年までは農器具費に含まれていたが、作業委託が増えるにつれ、2004 年から個別の項目として設定、費用として調査している。
6）金泰坤（2016）「関税化の切り替えと米農業の課題」『農政研究』59、農政研究センター、73 頁。
7）「外国人労働者の雇用などに関する法律」（2003 年）に基づいて実施されており、業種別事業所でのニーズや現場の問題などに対応して制度の改善が行われている。
8）韓民国の国民であり、外国の永住権を取得した者あるいは永住する目的で外国に居住している者をいう。
9）外国人労働者の賃金は、国が定めた最低賃金レベルで決定される。最低賃金は 2017 年 1 時間当たり 6,470 ウォンから 2018 年は 16.4％ 引き上げた 7530 ウォンに決定され、今後 2020 年までに 1 万ウォンに引き上げるという計画である。2018 年の時給を月給に換算すると 157 万 3770 ウォンに達する（週 40 時間、月 209 時間を基準）。
10）「帰農帰村」とは、1 年以上の期間の間に都市地域の同地域（洞地域）から農村地域の邑面地域への移動を意味し、移動の目的が農業従事の場合は帰農、農村での生活であれば帰村に定義される。
11）金漢宗（2016）「都市と農村間の人口移動の現状と示唆する点」『農村地域の人口問題セミナー資料集』全羅北道研究、10 頁。
12）金正燮他（2012）「農漁村地域の人口・産業・雇用動向と展望」『農業の展望 2012』韓国農村経済研究院、164 頁。
13）2012〜15 年に農村へ移住した帰農者 1027 世帯、帰村者 1006 世帯を対象に調査員が対象者を直接訪問、対象者が調査を記入する面接者記入方式の調査結果である。
14）金正燮他（2016）『帰農帰村総合計画の策定方向に関する研究』韓国農村経済研究院、24 頁。
15）朴大植他（2015）『帰農・帰村人の社会経済的役割』韓国農村経済研究院、42 頁。
16）朴大植（2016）「帰農・帰村に対する農村住民の態度に関する要因分析」『農村社会』第 26 集、第 1 号、韓国農村社会学会、28 頁。
17）馬相鎭他（2016）「駅帰農・帰村意向影響分析」『農村社会』第 26 集、第 1 号、韓国農村社会学会、54 頁。

参考文献

金正燮他（2016）『帰農帰村総合計画の策定方向に関する研究』韓国農村経済研究院。
金正燮他（2012）「農漁村地域の人口・産業・雇用動向と展望」『農業の展望 2012』韓国農村経済研究院、173-198 頁。
金泰坤（2016）「関税化の切り替えと米農業の課題」『農政研究』59、農政研究センター、58-75 頁。
金泰坤他（2014）『都市農業の治癒機能拡散と都市と農村の共生方策』韓国農村経済研究院。
金泰坤他（2013）『コミュニティビジネスの中長期育成戦略』韓国農村経済研究院。
金漢宗（2016）「都市と農村間の人口移動の現状と示唆する点」『農村地域の人口問題セミナー資料集』全北研究院、5-20 頁。

第Ⅲ部　韓国の分析

馬相鎭他（2016）「逆帰農・帰村意向影響分析」『農村社会』第 26 集、第 1 号、韓国農村社会学会、37-63 頁。
朴大植（2016）「帰農・帰村に対する農村住民の態度に関する要因分析」『農村社会』第 26 集、第 1 号、韓国農村社会学会、7-35 頁。
朴大植他（2015）『帰農・帰村人の社会経済的役割』韓国農村経済研究院。
李貞煥（1998）『農業の構造転換──その始まりと終わり』韓国農村経済研究院。

第11章

韓国の人口動態と農地相続

玉里恵美子

　本章の目的は、韓国の人口動態や農村・農業の変容について概観するとともに、社会変動のなかで、農地相続の実態や意識がどのように変化しているのかを明らかにしようとするものである。
　第1節では、韓国における人口動態の特徴と老親扶養に関する意識の変化について述べる。第2節では、KREI（韓国農村経済研究院）による農地相続の意識調査結果を検討し、第3節では潭陽郡の二つのマウルでの聞き取り調査を通じて、農地相続に関する人々の価値観について述べていく。

1　韓国における人口動態の特徴と老親扶養に関する意識

（1）人口動態と家族構成の変化——急激な高齢化と単独世帯の増加

　まずは、韓国における人口動態の特徴について、金炫成の分析をみていこう。
　金炫成は人口センサス[1]の分析を通じて、1990年から2010年までの20年間におよぶ人口関連指標の変化の特徴は、①年人口増加率の鈍化、②合計特殊出生率の低下、③初婚年齢の上昇、④人口の急激な少子高齢化、⑤都市人口比率の上昇、⑥世帯当たり平均人数の減少、⑦単独世帯比率の急増、⑧女性世帯主比率の上昇、であるという[2]（表11-1）。
　一方、世帯の家族構造についてみると、1980年には世帯当たり平均4.7人

表 11-1 人口センサスからみた韓国社会の変容

項目	1990 年	2000 年	2010 年
年人口増加率（%）	1.60	0.60	0.44
合計特殊出生率（人）	1.57	1.47	1.23
初婚年齢、男性（歳）	27.79	29.28	31.84
初婚年齢、女性（歳）	24.78	26.49	28.91
年少人口 1～14 歳（%）	25.7	21.0	16.2
生産年齢人口 15～59 歳（%）	66.7	67.8	67.9
高齢人口 60 歳以上（%）	7.7	11.2	15.9
都市（市・洞）人口比率（%）	74.4	79.7	82.0
世帯当たり平均人数（人）	3.8	3.2	2.8
単独世帯比率（%）	9.0	15.5	23.9
女性世帯主比率（%）	15.8	18.5	25.9

資料：統計庁国家統計ポータル（KOSIS）
出所：金炫成（2017）123 頁。

であったが、1990 年には 3.8 人、2000 年には 3.2 人、2010 年には 2.8 人まで減っており、30 年間で 1.9 人減少した。また、韓国統計庁の『人口動態統計年報』が計算した合計特殊出生率は、1970 年 4.51 人であったが、1980 年 2.73 人、1990 年 1.57 人、2000 年 1.47 人、そして 2010 年には 1.23 人にまで下がっている。出生率の低下が、世帯当たり平均人数に強く影響していることがわかる[3]。

急増する「単独世帯」について焦点を当て、2000 年、2005 年、2010 年の人口センサスデータから、単独世帯の男女別、都市部・農村部別、首都圏・非首都圏別の世帯数とその構成比を示すと表 11-2 のようになる。単独世帯の増加は、それぞれ女性より男性で、農村部より都市部で、非首都圏より首都圏で、より顕著になってきた[4]。また、単独世帯の比率を性別からみて、興味深い事実が示唆される。23 歳から 54 歳までは一貫して女性よりも男性で単独世帯の比率が高くなっている。しかし、55 歳を転機にして、単独世帯者男性と女性の比率が逆転する。この逆転現象は主に離婚と死別によるものと考えられ、韓国の労働市場の特徴に関連するという。つまり、韓国企業の

表 11-2 単独世帯の性別・地域別分布の構成比の推移

	2000 年		2005 年		2010 年	
	千世帯	%	千世帯	%	千世帯	%
世帯合計 (A)	14,391	100.0	15,988	100.0	17,339	100.0
単独世帯計 (B)	2,224	15.5	3,171	19.8	4,142	23.9
単独世帯計 (B)	2,224	15.5	3,171	19.8	4,142	23.9
男性	945	42.5	1,418	44.7	1,924	46.5
女性	1,279	57.5	1,753	55.3	2,218	53.5
都市部 (市・洞地域)	1,642	73.6	2,440	76.9	3,244	78.3
農村部 (邑・面地域)	582	26.2	731	23.1	897	21.7
首都圏(ソウル、仁川、京畿道)	839	37.7	1,239	39.1	1,631	39.4
非首都圏	1,385	62.3	1,932	60.9	2,511	60.6

資料:統計庁国家統計ポータル (KOSIS)
出所:金炫成 (2017) 125 頁。

平均的な実質退職年齢は 50 歳代前半にあり、他の国に比べて早い。2016 年からは、企業規模によって段階的に「60 歳定年制」が義務付けられているものの、すべての企業に適用されるまでには時間がかかる。50 歳代前半に退職した男性の再就職は容易ではなく、彼らの多くは自営業の道を選ばざるをえない[5]、という社会背景がある。

(2) 急増する高齢人口と老後の生計についての問題

少子化と高齢化の同時進行は日本だけの現象ではなく、東アジアに共通してみられる動きである。しかも、そのスピードは欧米諸国や他の発展途上国と比べても、一段と早い点に注意する必要がある。韓国の高齢化のスピードは日本を上回っており、平均寿命は 1990 年の 71 歳から 2000 年には 76 歳、2014 年には 82 歳まで上昇し、その結果、65 歳以上の人口比率が 2000 年の 7.2% から 2017 年には 14.0% に上昇して「高齢社会」に突入した。高齢化率の倍加年数は 17 年しかかからなかったのである[6]。さらに、2027 年には 21.8% に達すると推計され、「超高齢社会」(高齢化率 21% 以上) に移行することが予測されている。

ところで、韓国の高度経済成長は、1960年代、朝鮮戦争後の復興と民主化が急激に進む「漢江の奇跡」に象徴され、1996年のOECD加盟と翌年のアジア通貨危機で終焉した。この間の人口の急激な高齢化は、人口センサスの「高齢者」基準年齢にも混乱を与えており、韓国統計庁の人口センサス関連の分析報告書では、高齢者基準を60歳以上にするものと、65歳以上にするものが混在している。そのようななかで、国民年金は2013年から、公務員年金は2016年から年金受給年齢を60歳から65歳に段階的に引き上げる予定である。韓国の国民年金は1988年から皆年金制度化しているが、定着しているとは言いがたい。高齢者手当の一種である基礎年金制度も、2008年になってようやく導入されたにもかかわらず、無年金・低年金の高齢者が非常に多くなっている。加えて、2000年から韓国でも未婚化・晩婚化が深刻になってきており、伝統的な手段として子どもからの支援に頼ることが難しくなってきている。今後、老後を一人で暮らす高齢者が増えることは明白であり、生活保障から置き去りにされた高齢者の数はますます増えると予測される[7]。

　2015年の「高齢者統計」によると、1人当たりの公的年金の平均受給額は49万ウォン（約4万5000円）にすぎず、受給額別の分布では10万ウォンから25万ウォンが50.6％を占めている。基礎年金の導入で年金受給率自体は上がったかもしれないが、年金の額は低い。2014年末時点で生活保護対象の123万人のうち、65歳以上が30.6％の37万人に達しており、高齢者の貧困問題は韓国が直面する社会問題の一つとなっている。

（3）韓国における社会福祉政策の特徴と老親扶養に関する価値観の変化

　韓国は「経済成長一辺倒の政策、また高い軍事費の維持、社会文化的な家族意識の依存など、複合要因に足を取られ、来るべき高齢化社会への準備は適切なレベルにまで達していない」という指摘がなされてきた[8]。例えば、1990年代後半の全羅南道『道庁白書』による福祉政策を概観すれば、「家族の解体を防止し、韓国の伝統的な美風良俗の敬老孝親思想を継承させ、健全な家庭を育成させる」ことを目的とした施策が並んでいる[9]。「伝統模範家庭」や

「孝行者などを大々的発掘表彰」し、「模範道民的孝思想の高揚と親恩恵に深く感謝する社会的雰囲気を醸成した」ことも記述されており、老親扶養の家族依存という価値観が根強く残っていることが示唆される。しかし、日本の内閣府が昭和55年から5年ごとに国際比較調査を実施している「高齢者の生活と意識」によると、「老後における子や孫との付き合い方」に関する考え方は、かつて多数派の意見であった「いつも一緒に生活できるのがよい」が激減し、「ときどき会って食事や会話をするのがよい」が飛躍的に高い比率を示すようになった。[11]

日本では2000年12月に社会福祉構造改革がはじまり、その一環として介護保険が導入されたが、同様に、韓国でも2006年2月に「老人介護保険法制定案」を国務会議で議決し、2008年7月から原則自己負担20％の介護保険制度が導入された。しかし、社会福祉や社会保険制度の立ち遅れをカバーするためにも、老親扶養においては依然、家族の責任が強調されてきた経緯がある。しかし、上記の調査結果にみられるように、韓国の高齢者自身の子どもや孫への依存意識は大きく変わってきている。

近年になって、このような家族の扶養機能の急速な低下を背景に、老親扶養に対する社会的支援のあり方が議論されるようになってきている。韓国では、元気なうちは子世代と別居し、健康に不安が生じ一人暮らしになったら同居に移行するという「晩年型同居（途中同居）」が広くみられ[12]、現在、三世代家族として暮らしている世帯にはこの形をとったものが少なくない。しかし、三世代家族が都会よりもむしろ農村部に多い日本とは異なり、経済成長の過程で農村から都市への激しい人口流出が起こった韓国では、若い世代が流出してしまった農村よりも、むしろ若い世代がいる都市部の方で三世代家族の形成が容易になっている。[13]

表 11-3　農家の主要指標

	① 総農家戸数 (千戸)	② 1戸当たり 農家人口 (人)	③ 1戸当たり 経営面積 (ha)	④ 賃貸借率 (％)
1970	2,483	5.81	0.93	
1975	2,379	5.57	0.94	
1980	2,155	5.02	1.02	
1985	1,926	4.42	1.11	
1990	1,767	3.77	1.19	
1995	1,501	3.23	1.32	
2000	1,383	2.91	1.37	46.1
2005	1,273	2.70	1.43	45.3
2010	1,177	2.60	1.46	49.8
2015	1,089	2.36	1.54	57.1
2016	1,068	2.34		58.3

出所：①～③は『農林畜産食品主要統計』（各年版）。
　　　④は『農産物生産費統計』（各年版）。ただし、標本調査。

2　韓国における農地相続の実態と意識——KREIによる研究と若干の事例

（1）韓国における農家数の減少と賃貸借率の上昇

　急激な人口変動をみた韓国では、老親扶養に関する意識の転換がみられ、人口の都市への集中とともに、伝統的な三世代での暮らし方が農村部で減少していることがわかった。子どもが他出している農家が多いことが示唆されたが、その場合、農地はどのように相続されているのであろうか。

　韓国の総農家戸数は1970年の2,483千戸から、2016年には1,068千戸にまで減少した（表11-3）。また、1戸当たりの農家人口は1970年の5.81人から2016年には2.34人にまで減少した。しかし、1戸あたりの耕作面積は漸次増加傾向にあり、賃貸借比率も上昇していることから、何らかの農地流動化が起こっていることがわかる。

　韓国で農地の賃貸借率が高い理由の一つは、農地価格の高騰にある[14]。韓国

では、農地は投機の対象になっており、農業の収益を上回っている。このため、農地を購入するより農地を借りて経営を行う方が合理的な選択となることがある。

現状では、韓国の農業経営者の高齢化は日本より10年弱遅れた状況にある。したがって、今後、いかに相続をしていくのかは大きな問題となってくるに違いない。そこで、以下では、相続の実態やそれをめぐる農家の意識を整理する。

（2）農地相続の実態

韓国の農地相続の実態と意識については、KREI（韓国農村経済研究所）が詳しい分析を行っている。KREI発行の『農地相続の実態と政策課題』からまとめていく。[15)]

韓国の農村社会は2010年に「超高齢社会」に突入したが、それと相まって、農家の引退後、賃貸、相続の形態で農地分散の可能性が高まった。農地相続法制度上の問題点としては、非農業者の農地所有の増加による農地細分化が問題としてあげられる。旧法では、非農業相続人に1万㎡の農地を合法的に所有させ、それ以上の面積と賃貸借、または使用できるように許可していた。しかし、現行法では、相続人に農業従事の共同相続人がいても、全体の農地がさまざまな共同相続人に均分相続され、農地細分化を防ぐ法案がない。非農業者の農地所有が、さらなる賃貸借を発生させるため、農地の非効率的な利用の原因となっている。

円滑的な営農継承を支援するため、農地相続と関連して税制上の優遇措置を与えているが、機能をはたしているとはいえない。また、一部の営農の形態（農業法人、施設および花卉農家）では、税制上の優遇措置にあたらない場合がでている。

農地相続の実態については、平均的に年間1万5000haが後継者に継承されているか、非農業者に相続されていると推定される。農業者の平均相続農地面積は約7260㎡で、非農業者（都市民）の場合、平均相続面積は4390㎡であった。

経営主の年齢が 70 歳以上の農家の比率は、2005 年が 24.4%、2010 年には 30.9% に増加し、彼らが所有している農地は 23 万 ha で全体の 13.4%、農家が所有している農地の 25.3% を占めていた。経営主の引退年齢も高齢化してきており、農業者の平均営農引退年齢は 73.8 歳（米作農家 71.6 歳、KREI 現地通信員 74.4 歳）[16]であった。農業後継者の確保のためには、適正規模の農地が後継者に相続されるための制度的支援が必要である。また、他産業から農業への転業が、全体新規就農の 45% に上っており、新規就農年齢は平均 50 歳代である。

（3）農地相続に関する意識

それでは、農地相続に関する意識はどのようになっているのであろうか。同じく、『農地相続の実態と政策課題』からまとめてみる。

韓国では、一般に農地相続とは、「農地経営主の死亡による財産相続」かつ「非農業者に再配分されないように後継者に譲る」ことを指している。よって、農地相続は一般的な財産相続の範囲を超える概念である。つまり、農地相続は「農地という財産相続」と「経営の継承」を合わせており、よって「後継者によって農業経営が継承されること」を意味する。そのため、一般的な財産・権利の移譲のみならず、経営主の引退および後継者の経営自立という包括的な過程を把握する必要がある。つまり、農家継承というのは後継者の経営自立を通して完結していく過程のことである。

では、農業者（米作農家と KREI 現地通信員）と非農業者（都市民）を対象としたアンケート調査の結果をみてみよう[17]。以下は意識調査結果である。

「誰にどのように相続するか」という質問では、非農業者（都市民）では「兄弟姉妹で均分相続が行う」が 43.1% で高い比率を示しているが、農業者では均分相続は少なく、農業者（米作農家）では「農業を行っている兄弟姉妹へ多く相続する」傾向がみられた（表 11-4）。また、農業者（KREI 現地通信員）は「農業をしない兄弟姉妹を除いて均分相続」が高くなっていた。しかし、アンケートでは相続の仕方として「兄弟姉妹の間で」と答えているものの、実際には相当数のアンケート回答者が買い入れ、入札、贈与により農

第11章 韓国の人口動態と農地相続

表11-4 兄弟姉妹間での相続の仕方

単位：％

区分	農業者（米作農家）	農業者（KREI現地通信員）	非農業者（都市民）
兄弟姉妹で均分相続	6.8	5.8	43.1
姉妹を除いて兄弟で均分相続	16.4	17.1	6.7
農業をしない兄弟姉妹を除いて均分相続	17.8	25.0	1.3
農業をしている兄弟姉妹に多く相続	28.8	18.8	20.6
単独相続	17.5	18.9	20.2
その他	12.6	14.3	7.8

出所：KREI（2012）36頁。

表11-5 引退年齢

単位：％

年齢区分	米作農家	KREI現地通信員
70歳未満	24.5	23.6
70-75歳	38.3	26.3
75-80歳	36.2	44.2
80歳以上	1.1	6

出所：KREI（2012）59頁。

地相続を行っていた。

「引退年齢」について質問すると、平均寿命の延長により、引退する年齢も上昇していた。農業者（米作農家）では、70歳未満が24.5％、70〜75歳が38.3％、75〜80歳が36.2％であり、高齢になってから引退する様子がうかがえた（表11-5）。

「引退後の農地運用計画」では、農業者（米作農家）では「農地年金に任せて年金受領」が31.0％と高かったが、「農地貸借」も28.7％と高くなっていた（表11-6）。農業者（KREI現地通信員）と非農業者（都市民）では「子どもに相続（老後は子どもに依存）」が3割を超えていた。米作農家の後継者不足がうかがえる。

「営農の後継計画」については意見にばらつきがみられ、「子どもはいるが、農業をするかどうかはわからない」が最も高い比率となった（表11-7）。農業者（米作農家）の場合、「後継者がいる」と考えられる「現在、同居して

表11-6 引退後の農地運用計画

単位：%

活用計画	農業者 （米作農家）	農業者 （KREI現地通信員）	活用計画	非農業者 （都市民）
子どもに相続し、老後生活は子どもに依存	20.7	32.5	子どもに相続	35.7
農地売却	10.3	13.2	農地売却	19.7
農地貸借	28.7	28.7	農地貸借	23.3
農地年金に任せて年金受領	31.0	17.0	農地年金に任せて年金受領	5.0
農業法人に出資	1.1	1.1	帰農して営農に利用する計画	14.3
所有の家がないため無回答	1.1	2.0	その他	2.0
その他	6.9	5.5		

出所：KREI（2012）60頁。

表11-7 営農の後継計画

単位：%

区分	農業者 （米作農家）	農業者 （KREI現地通信員）
現在、同居している子どもが受け取るつもり	10.2	9.4
現在は別居しているが、あととりとして戻ってきて受け取るつもり	22.7	21.9
子どもはいない	2.3	1.7
子どもはいるが、農業する人がいない	17.0	15.8
子どもはいるが、農業をするかどうかはわからない	27.3	33.1
子どもはいるが、農業をさせたくない	18.2	17.8
その他	2.3	0.3

出所：KREI（2012）61頁。

いる子どもが受け取るつもり」と「現在は別居しているが、あととりとして戻ってきて受け取るつもり」を合わせると32.9％、「後継者がいない」と考えられる「子どもはいるが、農業をする人がない」、「子どもいるが、農業をするかどうかはわからない」と「子どもはいるが、農業をさせたくない」を合わせると62.5％に上る。つまり、6割強の農家で後継計画が立たない状況であることが示唆された。

最後に、「家族への営農継承の意向」については、「非常に多い」と「若干ある」を合わせると29.9％、「まだわからない」が26.4％、「ほとんどない」と「全くない」を合わせると43.7％となっていた。農業者（米作農家）で

表 11-8　家族への営農継承の意向

単位：％

区分	農業者（米作農家）	農業者（KREI 現地通信員）
非常に多い	20.7	15.1
若干ある	9.2	14.8
まだわからない	26.4	25.8
ほとんどない	25.3	22.1
全くない	18.4	22.1

出所：KREI（2012）61 頁。

表 11-9　農地相続の方式

単位：％

区分	農業者 （米作農家）	農業者 （KREI 現地通信員）
営農の後継者に農地をすべて譲り、農業をしない子どもには農地ではない他の財産を譲ってあげたい	25.3	24.1
農地を含めたすべての財産は法律にしたがって、子どもたちに均等に分けたい	16.1	16.6
農地などすべてお財産を均分し、農地は農業をする子どもたちのものになるよう、他の子どもたちの同意を求めたい	16.1	21.8
どの子どもにも、農地などの財産を相続したくない	5.7	4.1
まだ考えたことがない	33.3	30.2
その他	3.4	3.2

出所：KREI（2012）62 頁。

「非常に多い」が 2 割を超えており、家族への期待があるものの、全体としては家族への営農継承の意向は低くなっていた（表 11-8）。また、「農地相続の方式」についても、農業者（米作農家）で「営農の後継者に農地をすべて譲り、農業をしない子どもには農地ではない他の財産を譲ってあげたい」が 25.3％ みられた（表 11-9）。

以上、韓国の農家では、子どもに農地を相続させることで、老後生活は子どもに依存しようと考えている農業者が一定数おりながらも、子どもが農業を継ぐかどうかわからない農家も多く、引退後の農地運用の方法は、農地年金に任せての年金受領、賃貸や売却など、さまざまであった。

（4）事例――現地聞き取り調査より

　以上、既存の調査結果から、韓国の高齢化と老親扶養意識や農地相続についての意識について概観してきたが、ここでは潭陽郡ウォルサン面にあるポクチャンマウル（行政里）とウォルグックマウルでの聞き取り調査をもとに、農地相続の実態と人々の価値観について把握していく（図Ⅲ-3参照）。

　潭陽郡は光州広域市から車で北東に30分程度のところにあり、光州広域市へ通勤可能な地域（郡）である。潭陽郡の特産品は竹であるが、地域の経済力は弱く、人口は減少している。2013年の総人口は50,184人、うち高齢者が12,670人で高齢化率は25.2%である[19]。1996年には高齢化率が13.9%であったことから、急激に高齢化が進行したことがわかる。潭陽郡には邑が1、面が11、法定里が138、行政里が303ある。

　潭陽郡ウォルサン面は郊外の農業エリアで、ウォルサン面の高齢化率は潭陽郡全体よりも高く、28.7%である。訪問したポクチャンマウルと、ウォルグックマウルの人口と世帯に関する2008年と2013年の統計資料をみると、ポクチャンマウルは世帯数が82戸から74戸に減少し、人口は199人から170人に減少した。しかし、ウォルグックマウルでは世帯数が62戸から80戸へ、人口が138人から158人に増加している。1世帯当たりの世帯員数は微減であるが、どちらのマウルも世帯の小規模化がうかがえる。

①潭陽郡ウォルサン面ポクチャンマウル

　マウルの人口は178人で、高齢化率は80%に達しており、「超高齢マウル」である。かつて、総戸数は100戸以上あったが、現在は48戸に減少した（2015年9月現在）。そのうち、独居世帯が20戸あり、里長は「5年後にはほとんどの世帯が独居になるのではないか」と考えている[20]。成人した子どもたちはソウルや光州広域市に住んでおり、彼らが「帰農」[21]する見込みはなく、後継者が不足している。

　かつては、マウルの平和と豊作を祈願する伝統的な「祭り」を旧暦の1月15日に行っていたが、高齢化のため共同作業ができなくなり10年ほど前になくなってしまった。それ以降、マウルの共同作業は行われていない。

第 11 章　韓国の人口動態と農地相続

表 11-10　潭陽郡とウォルサン面の人口と高齢化率の推移

	年	潭陽郡	ウォルサン面
高齢者数／総人口（人）	1996	8,130/58,172	489/3,402
	2008	11,576/48,949	702/2,811
	2013	12,670/50,184	785/2,732
高齢化率（％）	1996	13.9	14.3
	2008	23.6	25.0
	2013	25.2	28.7

出所：潭陽統計年報（2009、2014）を参考に筆者作成。

表 11-11　調査地の人口構成の比較（2008 年と 2013 年）

		世帯数（戸）	総人口（人）	男性人口（人）	女性人口（人）	平均世帯員数（人）
2008 年	潭陽郡	20,421	48,949	24,834	24,115	2.4
	ウォルサン面	1,124	2,811	1,451	1,360	2.5
	①ポクチャンマウル	82	199	97	102	2.4
	②ウォルグックマウル	62	138	77	61	2.2
2013 年	潭陽郡	22,589	50,184	25,249	24,935	2.2
	ウォルサン面	1,221	2,732	1,398	1,334	2.2
	①ポクチャンマウル	74	170	81	89	2.3
	②ウォルグックマウル	80	158	91	67	2.0

出所：潭陽統計年報（2009、2014）を参考に筆者作成。

　マウルにある世帯の約半数が農家で、自給農家から 12.5ha 耕作する農家まであり、規模にはばらつきがある。残り半分が非農家になるが、とくに職業があるというよりも、無職の世帯が多い。マウル全体の農地の 9 割が水田、1 割が畑作である。畑ではとうがらし、雑穀、イチゴを栽培している。韓牛 20 頭を飼育する畜産農家も 1 戸ある。現在、農地は坪 7 万ウォンで、20 年から 30 年前は 3 万ウォンであったことを考えると地価は高くなっている。

　李・J 氏（男性）は、里長をしており 56 歳になるが、マウルで最も若い。ポクチャンマウルに生まれた時から住んでおり、里長をつとめて 4 年目になる。両親と同居しているが、農作業は夫婦でしている。子どもは 3 人とも他

出した。農地は5000坪で、主に米、イチゴを栽培している。イチゴについては施設4棟（230坪）を有しており、イチゴの売り上げが1億1000万ウォンで、イチゴが主な収入源となっている。所得は8000万ウォンになる。イチゴの収穫時には地元の人を雇用している。1人当たり、1日45000ウォン、約1カ月雇用している。しかし、その人たちも高齢化しており、「このまま雇い続けることは難しい」と感じている。子どもはいるが、農地相続のことについては「子どもしだい」と考えており、また「ここに帰ってほしくない」と考えている。

　朴・J氏（男性）も、ポクチャンマウルに生まれた時から住んでおり、50年間農業一筋で70歳を迎えた。父親から3マジキ（600坪）[22]相続し、現在は190マジキ（3万8000坪）に拡大した。その内、100マジキ（2万坪）は借地である。ポクチャンマウルで子ども世代と一緒に農業をしているのは2戸のみで、その内1戸が朴・J氏の家族である。農業を継承している長男は農業関係の大学を卒業しており、将来を期待して農地の贈与も考えているが、未婚であり、そのことが唯一の「悩み」でもある。その他3名の子どもがおり、他出しているが、彼らにも農地を贈与したいと考えている。

　F・Sさん（女性）は42歳だが、夫と死別した寡婦で、子どもたち4名が他出しているため独居で暮らしている。夫が死亡してから農業はしていない。すでに農地はイチゴ農家に2マジキ（400坪）、朴・J氏に17マジキ（3400坪）貸している。子どもたちは光州広域市に住んでおり良く訪ねてくるが、掃除に食事に追われることから、「子どもたちが帰ってくるのは大変だ」と考えている。子どもたちが来るときに少々の小遣いをくれるが、これもまた面倒なことである。「人の心はわからないので、子どもたちが帰ってくるかどうかはあてにできない」という。

　聞き取り調査は3名のみを対象にしていたが、ポクチャンマウル48戸のうち、2戸のみが家族での営農継承が期待できる状態であり、他はすでに離農しているか、子どもには期待せずに高齢者が農業をしているという状態であった。いまのところIターンで帰農する者はみかけないが、「農地があればいずれ外からはいってくるであろう」と考えられていた。自分たちの子ど

もが農業を継ぐという"期待"はしていないが、いつか外の人が来て農業をするのではないか考えられていた。

②潭陽郡ウォルサン面ウォルグックマウル

　マウルの人口は79人、高齢化率は75％で、マウルの戸数は28戸と小規模なマウルであり、単独世帯が9戸ある。ほとんどが農家であるが、3戸は食堂などを経営しており非農家である。

　マウル全体の農地の9割は水田、1割が畑で、畑ではとうもろこしやにんにくを栽培している。かつては畑作が中心だったが、耕地整理を行って水田に転化した。

　また、ウォルグックマウルには「自治組織はない」というが、マウルで山を所有しており「セマウル会」で登記している。

　金・Y氏（男性）は69歳で里長をつとめている。夫婦で農業をしており、米1300坪、とうがらし、韓牛12頭と多角的に経営をしている。しかし、子ども夫婦と孫2人は光州広域市に他出している。夫婦のみで農業をしているので「徐々に規模を縮小」している。子どもたちは専門職についており、農業をつぐことはない。長男の妻は歯科医であり、農作業はつらいと言っていた。そもそも退職してから農業をするのでは遅すぎる。自分は農業から引退しても「農地は売却しない」と決めている。それは、父親が「世界は食料戦争になるので、農地は大切」と教えてくれたからだ。子どもは専門職に就いたため農業をすることはなく、自分たちの代で農業は終わりになると考えている。

　O・I氏（男性）は68歳。母親と二人で暮らしており、本人は未婚である。米1650坪と大豆1600坪、とうがらし80坪を作付している。「農機具が高く、農業で食べていくのは苦しい」ので農業銀行に支援してほしい。農機具があれば、一人でもなんとか農業をしていくことができるので、いまは農地の売却をするつもりはないが、先のことはわからない。

　金・K氏（男性）は83歳。夫婦で暮らしている。子どもは6人いたが、全員マウルから他出し、遠くはソウル、近くはウォルサン面で暮らしている。

昨年まで自分で米8000坪をやっていたが、現在は全面委託をしている。

ヒアリングを行った3名は、いずれも「マウルの10年後に展望はない」と語った。しかし、必ずしもマウルが「消滅」に向かっているわけではなく、200マジキ（4万坪）ぐらいのまとまった農地があれば、いずれ外部から帰農する人が来る、と考えている。また、「いまは農地を売却しないが、子どもたちが帰ってこないとなると、いずれは売却するかもしれない」と考えていた。また、ソウルに暮らす金・Y氏の弟が坪単価15万ウォンで1600坪を購入した。それは、農業をするよりも住宅用地として購入しており、いずれは帰村する予定である。このように外部から農地の購入の話が入ることにより、農地の価格が高くなってきている。「そもそも、このマウルには農家が2戸あれば、このマウルの農業は維持される」と"期待"していた。

なお、「いまのところ、このマウルに帰農で入ってきた者は一人もいない」というが、前述の通り、潭陽統計年報では2008年から2013年にかけて戸数が増加している。ヒアリング時にも「住民登録上はもっと住民がいるのではないか」と語っていたが、質問の仕方と、受け取り方で、何らかのずれがあったのか実態はわからない。

(5)「農地に対する考え方」の若干の考察

潭陽郡は光州広域市から車で30分程度と近距離にある地域で「通うのに便利である」こともあり、老親を残して子どもたちのほとんどが光州広域市あるいはソウルに他出している。そのため、マウルは高齢化が著しく、世帯は小規模化しており、独居世帯も増加していた。

夫が死亡した場合、女性（寡婦）が一人で農業をすることはまれであり、農地は賃貸借か、売却される可能性がある。少額の年金では生活の糧にすることはできず、子どもたちがUターンして農業をすることがなければ、寡婦の生活を支えるために農地は売却対象となることもある。それは、2013年2月の全羅北道での調査でも同様にみられた[24]。そこでは、配偶者の死後、一人暮らしとなった高齢女性は、「伝統家屋に住み」、「子どもが寄り付かず」、「仕送りのない」生活をしていた。経済的自立は困難であり、生活面におい

ても教会のボランティアの配食サービスに依存していた。社会保障制度が十分でない韓国において、子どもからの仕送りの乏しい高齢者が農地を売却することはめずらしくない。

一方、今回のヒアリング調査では、いまは「農地を売却しない」という声が多く聞かれた。その中の一人は、父親から「戦争になっても食料確保のため農地は売ってはならない」と教えられたことを守りつづけており、農地は売却しないと言い切る。しかし、KREIでのヒアリングにおいても、マウルでのヒアリングにおいても、「子どもたちが農業を継がないのであれば、いずれは売却する」という考えが多々聞かれた。

日本では農地が売買の対象として語られることは少ないが、この違いは、日韓の「むら」構造の違いからきているのではなかろうか。つまり日本は水田稲作農業の「むら」構造をもち、韓国は畑作農業の「むら」構造をもっていることに由来すると品川は指摘している（詳細は第12章を参照）。

3　農地に対する価値観の違い

KREIでのヒアリングによれば、韓国には約3万6000マウルがある。そのなかで、8.5％が20戸以下で「過疎化集落」と呼ばれており、その比率が近年高くなっている。30年前は100戸あったマウルが、50戸に減り、いま20戸になっている。そのようなマウルが将来は消滅するのではないかといわれるが、「実はそうはならない」とKREIでは考えられている。それは、一つのマウルは農家5戸から7戸あれば維持できると予測されているからである。

近年、「帰農・帰村」という現象が起こっており、都市近郊の農村が若者などに好まれている。韓国ではソウルへの人口集中と都市エリアの拡大が続いてきたが、国民が「都市の成長が止まった」と感じてきており、実際に、ソウルの人口は減少し1100万人が近隣の市に転出した。韓国で「帰農」が表面化し始めたのは、アジア通貨危機の影響を受けた1997年である。その後、「帰農」が急増し、いったん落ち着くが、2005年前後を起点に増加傾向

となり、2007年には地方自治体において帰農者への政策的支援が展開され始め、都市住民誘致の動きが本格化した。[25]

　KREIによると、韓国では過疎山村であっても都市から移住してくるケースが多くみられるという。帰農・帰村の理由はさまざまであるが、農業をしながら田園生活を楽しもうとする積極的な動機を持った移住が、近年の傾向であるという（詳細は第10章を参照）。

　その背景の一つには、韓国という国全体がコンパクトシティとしての機能を持っていることがあげられる。ソウル、広域市、地方をむすぶ高速道路は南北に7本、東西に9本走っており、「7×9」と呼ばれている。いまでは、韓国内のどこにいても、3〜4時間でソウルに行くことができ、車、KTX、バスなどで、ソウルや広域市へ行くのは「たやすいこと」と考えられるようになってきた。韓国の面積は約1000km^{2}で、日本の4分の1しかなく、アクセシビリティの良さが、農村への移住を希望する者の背中を押しているのかもしれない。

　急激な少子高齢化がすすむ韓国では、農業後継者の確保が難しく農家戸数も減少しているが、近年、帰農・帰村する者が増加傾向にある。それは、日本の農村における手離さない「家産」という農地の位置づけと異なり、韓国では投機目的の「家産」であることによるのではなかろうか。

注
1 ）韓国における2015年人口センサスの正式名称は「人口住宅総調査」（以下、人口センサス）といい、人口センサスは韓国政府の公式統計の中で唯一全世帯を対象とする全数長であり、日本と同じく5年ごとに実施され、韓国の人口、世帯および住宅状況を把握する有益な資料である（金炫成（2017）「韓国——人口の高齢化と長寿リスク」末廣昭・大泉啓一郎編著『東アジアの社会大変動——人口センサスが語る世界』名古屋大学出版会、115-117頁）。
2 ）同論文。
3 ）同論文、123頁。
4 ）同論文、124頁。
5 ）同論文、125頁。
6 ）高齢化率が7%から14%になること。
7 ）金炫成（2017）、131頁。

8）エイジング総合研究センター（1999）『東アジア地域／高齢化問題研究』。
9）玉里恵美子・尹棟煜（2000）「韓国全羅南道の福祉行政に関する資料紹介と若干の考察」『高知女子大学紀要社会福祉学部編』第49巻、25-35頁。
10）内閣府による本調査は5年ごとに過去6回（昭和55年度、60年度、平成2年度、7年度、12年度、17年度）行ってきており、日本および外国4か国を対象国として、これらの国々における高齢者の役割、諸活動および意識等を調査し、分析（各国間比較、時系列比較）を行い、今後の高齢社会対策の施策の推進に資することを目的としている。
◆第7回調査　調査期間と対象者数（60歳以上の男女個人）
日本：平成22年12月～平成23年1月（1183人）
韓国：平成22年10月～11月（1005人）
11）上記、内閣府「高齢者の生活と意識」によれば、日本と韓国では、かつて多数派の意見であった「いつも一緒に生活できるのがよい」を支持する人が近年ほど減少し、「ときどき会って食事や会話をするのがよい」が多数派の意見となっている。具体的な数字をあげると、「いつも一緒に生活できるのがよい」は、日本では59.4％（第1回）から33.1％（第7回）へ、韓国では83.3％（第1回）から24.9％（第7回）へと大幅にポイントを下げている。「ときどき会って食事や会話をするのがよい」という意見を支持する人は、日本では30.1％（第1回）から46.8％（第7回）へ、韓国では5.7％（第1回）から55.0％（第7回）へとポイントを上げており、とりわけ韓国の変化が大きい。
12）小林和美・洪上旭（2007）「韓国の高齢者」落合恵美子・山根真理・宮坂靖子編『アジアの家族とジェンダー』勁草書房、83頁。
13）同論文、83頁。
14）飯国芳明（2006）「条件不利地域農業の課題と振興方策」『農林業問題研究』161、27-36頁。
15）チェ・クアンソク、パク・ソクト（2012）『農地相続の実態と政策課題』KREI673より抄訳。KREIでのヒアリング調査は2015年9月7日・10日に行った。
16）全国の邑と面に3,000人と、200人の市郡別リポーターがいる。また、10カ国に13人の海外リポーターがいて、現場ネットワークを作っている。
17）この調査は、持続可能な農業経営側面からより正しい改善法案を提示しようとすることを目的に実施された。農業者を対象に2012年9月実施。都市民を対象に2012年10月に実施。
18）マウルの現地訪問調査は2015年9月8日に実施した。
19）潭陽郡『潭陽統計年報2014年』。
20）日本でいう区長のこと。
21）韓国では、農業の後継として都会から農村にUターンすることを「帰農」といい、農業はしないが農村に移住することを「帰村」という。
22）マジキについては、1マジキ＝200坪、というKREIの説明による。
23）聞き取り時に区長は「住民登録上は、もっといる」と述べていた。
24）全羅比道郡山市でのヒアリング調査は2013年2月に実施。

第Ⅲ部　韓国の分析

25）大前悠（2013）「韓国における帰農現象の特徴——農村移住研究への新たな視座」『村研社会研究ジャーナル』38、37-48 頁。

参考文献
エイジング総合研究センター（1999）『東アジア地域／高齢化問題研究』。
チェ・クアンソク、パク・ソクト（2012）『農地相続の実態と政策課題』韓国農村経済研究院（KREI673）。
飯国芳明（2006）「条件不利地域農業の課題と振興方策」『農林業問題研究』161、27-36 頁。
金炫成（2017）「韓国——人口の高齢化と長寿リスク」末廣昭・大泉啓一郎編著『東アジアの社会大変動——人口センサスが語る世界』名古屋大学出版会、115-140 頁。
金斗煥（2014）「日韓の過疎地域における農村地域づくりに関する研究——主体間・地域間の連携に着目して——」神戸大学博士論文（甲第 6073 号）。
小林和美・洪上旭（2007）「韓国の高齢者」落合恵美子・山根真理・宮坂靖子編『アジアの家族とジェンダー』勁草書房、70-87 頁。
大前悠（2013）「韓国における帰農現象の特徴——農村移住研究への新たな視座」『村研社会研究ジャーナル』38、37-48 頁。
末廣昭（2017）「なぜ、人口センサスなのか？」末廣昭・大泉啓一郎編著『東アジアの社会大変動——人口センサスが語る世界』名古屋大学出版会、1-20 頁。
潭陽郡『潭陽統計年報 2009 年／2014 年』
玉里恵美子・尹棟煜（2000）「韓国全羅南道の福祉行政に関する資料紹介と若干の考察」『高知女子大学紀要社会福祉学部編』第 49 巻、25-35 頁。
玉里恵美子（2009）『高齢社会と農村構造——平野部と山間部における集落構造の比較』昭和堂。
全羅南道『道庁白書（1995.7.1〜1998.6.30)』

第 12 章

韓国における農地流動と不在地主の可能性

品川 優

　韓国でも日本と同じく、農業労働力の高齢化や後継者不在、その結果離農するといった担い手問題が大きく取り上げられている。そうした農家の農地が、売買や賃貸借などいわゆる農地の流動化によって、農地として利用・継承されているのかを明らかにすることが、本章の第一の課題である。第二の課題は、農地を貸し付けている地権者の都市への移住、あるいは都市住民による農地購入、とくに投機目的での農地購入とそれら農地の貸し付けなど、いわゆる不在地主の実態に接近することである。それは、こうした事態が農村人口の減少や農村社会の後退、さらには小作料を通じた農村から都市への所得流出など、複合的な問題と大きくかかわるからである（その詳細は、第10章を参照）。
　これら二つの課題を明らかにするために、本章では次の二点を意識している。一つは、農地流動といっても単に量的な流動に注目するだけではなく、農地流動に至る道筋にも着目している。それは、韓国と日本とでは「むら」をめぐる社会構造が異なるとともに、農地に関する法や制度も異なるからである。いま一つは、担い手や農地の問題が先鋭化している地域の代名詞が、日本では過疎地域、中山間地域、限界集落であり、それらは「人」→「土地」→「むら」の空洞化へと、各時代で発現した問題ごとにその重心を移してきた。これに対し韓国では、担い手問題や農地問題が先鋭化した地域を、どのような概念で捉えているのかという点に着目する。

以上の問題意識と分析視角にもとづき、第1節では日本の限界集落、中山間地域、過疎地域に対置する韓国の地域概念の整理をおこない、第2節では農地に関する法・制度の特徴を明らかにする。第3節では全羅北道の完州郡を対象に、担い手および農地流動の簡単な統計分析を、第4節では同地域の現地調査を通じて農地流動の実態を明らかにする。以上を踏まえ、第5節で韓国の農地流動化の特徴と不在地主の可能性について考察する。

1　韓国の地域概念

(1) 限界集落
①限界集落の問題

韓国にとって限界集落という言葉および概念は、日本から輸入されたものである。周知のとおり限界集落は、a) 集落内の人口構成が過半以上を高齢者が占めること、b) それにより祭礼や水路・農道の清掃など様々な自治機能・集落機能が低下していく、というものである。韓国でどの程度、限界集落の意味するところが正確に伝わっているのか分からないが、少なくとも集落での高齢化や、最悪の場合集落が消滅するといった日本の農村、集落が直面する危機感は、伝わっているとみてよい。なぜならば、韓国も日本と類似する問題を抱えている、あるいは抱えることが予想されるからである。

しかし、限界集落という言葉や概念が、必ずしも行政の用語や研究対象として明確に使用されているわけではなく、一般市民の間でも市民権を得て根付いているわけでもない。考えられる一つの要因は、限界集落の概念や意味するものが、韓国の問題と必ずしも一致していないということである。そして「一致していない」ということも、現況の意味と固有の意味に分けられる。前者は、限界集落の上記a) の人口構成の問題であり、まだ高齢者が過半を超えて占める段階には至っていないという可能性である。後者は、b) の集落機能の問題である。単純にいえば、a) の問題が生じていなければb) も発生しないことになるが、b) に関してはそうした単純な因果関係とは問題の本質が異なる。その本質とは、「むら」をめぐる社会構造の相違である。

②社会構造の相違

　日本と韓国とでは、「むら」の有無をめぐる社会構造の相違がある。日本では、農地は家産であると同時に、「むら」（集落）のものでもある。そのため何らかの事情で農家が農地を売却したり、貸し付ける際には事前に「むら」へ相談し、「むら」の農家を優先して農地を斡旋するのが通例である。それは、「むら」の農地は「むら」で守るという意識があるためであり、それが具現化したものが昨今の集落営農である。これに対し韓国では、農地はあくまでも個々の農家に帰属する家産であり、「むら」の所有という意識はない。そのため「むら」の農家以外のものに農地を売却したり、貸し付けるケースも少なくない。

　この両者の相違は、水田農業の系譜の相違にもとづく。紙幅の関係上、詳細は別稿に譲るが、水田稲作農業をベースとする日本では、「むら」という領土のなかで、水田の造成・維持・管理、ため池や水路による水の確保や水利の管理、その運営システムを「むら」の共同・協働で決定し、おこなう。他方、韓国で水田稲作が普及し一般化したのは17世紀後半以降であり、それ以前は畑作農業をベースとしていた。畑作は、水田のような大がかりな装置をともなわないため、「むら」による共同・協働の必要性がなかった。現在韓国では水田稲作農業が盛んであるが、水田農業に不可欠な水利の管理は、国の機関である韓国農漁村公社や市郡といった行政がおこなう[3]。

　このようなことから、「韓国には「むら」がない」といわれる。もちろん韓国でも、かつてはプマシといった共同でおこなう農作業など、いわゆる機能集団的な取り組みはおこなわれてきた。しかしそれは、利害関係者のつながりである人的結合にもとづくものであり、日本の「むら」のような地縁的結合にもとづくものではない。その意味において、韓国には「むら」がないということである。つまり、日本のような「むら」という地縁的結合によって生じるb）のような自治機能・集落機能の問題は、基本的には韓国では問題にはならないということである（その一例は、第11章でもみられる）。もちろん、人的結合をベースとする韓国でも、マウル（集落）人口の高齢化や人口減によって生じる人的結合の弱体化が、様々な活動や機能を衰退あるいは

喪失させる可能性はある。しかし、それは日本の限界集落が問題とするものとは、本質的に異なるものである。

（2）条件不利地域

日本の中山間地域に対し、韓国ではEUと同じく条件不利地域を用いている。その用語が散見されるようになったのは、直接支払政策の導入を本格的に検討しはじめた1990年代中葉以降であり、正式な使用は条件不利地域に対する直接支払い（2004年）からである。

条件不利地域には、法定里内の耕地率が22％以下（全国平均）、かつ農地の傾斜率14％（＝8度）以上の面積が全農地の50％以上を占める地域が指定される。したがって、条件不利地域は農業の生産条件を基準とした概念であり、直接支払いの仕組みは日本の中山間地域等直接支払いを参考にしている。しかし、中山間地域等直接支払いとは異なりその事業実績は、一般的には韓国全体の受給農家数や面積、交付金額しか公表していない。そのため、どの市や邑・面（邑は日本の町、面は村に近い行政区域）が交付を受けているのか把握することが困難であると同時に、詳細な交付実績を知ることもできない。しかも交付金の対象も、韓国では水田・米に対する手厚い支援が先行したため、条件不利地域では水田以外の畑等（普通畑、樹園地、草地）に限られる[4]。

また日本の農業センサスでは、中山間地域としてデータを把握し公表しているため、中山間地域全体の動向に加え、市町村、さらには集落に至るまでその動きと実態を追跡することができる。他方、韓国のセンサスでは、条件不利地域といった類型での把握をおこなっておらず、全国かつ地域別での条件不利地域の客観的な姿を析出することができない。

（3）奥地面

韓国の奥地面とは、1988年制定の「奥地開発促進法」にもとづき、産業および生活基盤などが他の地域に比べて遅れている面を指す。同法の目的は、奥地面に対し諸施策を講ずることで、地域住民の所得増大と福祉の向上をも

たらし、それにより奥地面とそれ以外の面との格差を解消して、国土の均衡ある発展を図ることである。

同法は時限立法であり、第1次（1990～99年）、第2次（2000～04年）、第3次（05～09年）計画までおこなわれている。指定要件は、人口・経済部門、交通・生活環境部門、文化・財政部門の大きく三つに分かれ、具体的には人口増減率、道路整備率、1人当たり地方税など14の指標を総合的に判断し、その水準が全国の面平均以下の地域が奥地に指定される。つまり、社会経済条件の不利性に依拠した区分であり、日本の過疎地域に近い概念といえる。奥地面には、すべての面の約4分の1が相当している。

条件不利地域同様に、奥地面でも総合的なデータの集計・公表をしていない。だが、奥地に指定された面の名前は公表しているため、それを積み上げることで一定の把握は可能であるとともに、個別の奥地面に焦点を当てた考察も可能である。その一方で行政区域でいえば、面に近い邑が欠落するという問題がある。

（4）小括

以上、韓国の地域概念を、日本の限界集落、中山間地域、過疎地域と対置する形で整理してきた[5]。限界集落については、地縁的結合をベースとする集落内において、a）→b）の問題を抱えるという日本固有の捉え方は、韓国では困難であった。一つ目の中山間地域に照応する概念は、韓国では条件不利地域であった。だが、直接支払いの実績や農業センサスのデータ集計および公表の面で様々な制約があり、その全体像の析出や統計分析、実態調査をおこなう上で地域選定が困難などの問題があった。他方、過疎地域に類似した奥地面では、総合的なデータの集計および公表の点で問題があったが、奥地に指定されたすべての面の名前が公表されているため、それにもとづいたデータ分析や調査地域の選定を比較的容易におこなうことができる。

そこで本章では、農家の離農やそれにともなう農地流動の実態等に関する統計分析（第3節）および実態調査（第4節）については、主に奥地面をとっかかりとしておこないたい。だがその前に、農地流動の意味を理解するため

には、韓国の農地に関する法や制度を把握する必要がある(第2節)。

2　農地流動に関わる法・制度

(1) 憲法

　韓国の憲法では、第121条が農地の所有についてうたっている。その第1項では、「国家は農地に関し耕者有田の原則が達成されるように努力しなければならず、小作制度は禁止される」とする。すなわち、農地(田)は耕作する者が所有する(＝耕者有田)ものであり、自作農主義を原則とする。それゆえに、農地の賃貸借(小作制度)は禁止される。

　その一方で1980年に憲法を改正し、第2項において「農業生産性の向上と農地の合理的な利用に加え、やむを得ない事情で発生する農地の賃貸借と委託経営は法律が定めるところによって認められる」としている。つまり、借地人の効率性・合理性と貸付人の「やむを得ない事情」の場合のみ、農地の賃貸借や委託経営(日本でいう作業受委託)が認められるということである。ただし、現実的には横行するヤミ小作を、例外的に憲法のなかに取り込んだというのが実態である[6]。

　こうした憲法上の耕者有田の大原則を具体化し、例外的に農地の賃貸借や委託経営が認められる事由などを明記したのが、1994年に制定し96年から施行した農地法である。

(2) 農地法

①農地の所有

　農地法の第6条第1項では、「農地は、自家の農業経営に利用するものであり、利用できないものは農地を所有することはできない」と規定し、耕者有田を再確認している。そして農地所有資格が与えられるものが、個人では農業者または農業者になろうとしている者、法人では農業法人(営農組合法人、農業会社法人)が該当する[7]。

　一方で、次のいずれかに該当する場合は、農地所有資格を有さなくても例

外的に農地を所有することができる。すなわち、a) 農地法施行日（1996年1月1日）以前から所有する農地、b) 週末・体験農業目的で1世帯当たり10a未満の農地、c) 相続による1ha未満の農地、d) 8年以上農業経営したものが離農時に所有していた農地のうち1ha以内の農地を継続して所有する場合、などである。

　基本的に所有する農地は自作しなければならないが、憲法121条第2項にあるように、農地の賃貸借や委託経営が認められており、それらは次に示すケースである。

②農地の賃貸借と委託経営

　まず賃貸借が認められるのは、第一に農地法以前から所有している農地、第二は高齢でリタイアした農家の所有農地（ただし、60歳以上かつ5年以上の自作歴があること）、第三に韓国農漁村公社に委託して貸し付ける農地[8]、第4は相続農地および8年以上農業経営したのちに離農した際の所有農地（ただし、ともに1haまで）、などである。このうち第四については、先述した農地所有資格のc) とd) が関係する。つまり、これらは賃貸借が認められるというよりも、自作しないのであれば賃貸借する義務があり、義務違反の場合は農地処分の対象となる。さらに、仮に1haを超える所有農地であっても、農漁村公社を通じて賃貸借する場合は、所有上限に関係なくその期間は所有が認められるが、それ以外は農地を処分しなければならない。

　また委託経営は、部分委託と全部委託に区分される。部分委託は、自家労力が不足する場合、作業の一部を他のものに委託できるが、主要農作業の3分の1以上を農地所有者（もしくは世帯員）がおこなうか、または1年のうち30日以上を主要な農作業に直接従事しなければならない。他方全部委託は、3ヶ月以上の海外旅行および負傷等での治療などに限り、農作業の全部を他のものに委託する経営である。

　全部委託経営は、一時的なやむを得ない事由に限定されるため賃貸借とは異なる。賃貸借は、農地法以前の所有農地や高齢化による離農あるいは相続等決定的な事情で認められる。その一方で理由に関係なく農漁村公社という公的機関を介せば、農地の賃貸借は可能となるため、必ずしも賃貸借等が例

外的な位置づけとはいいがたい[9]。その背景には、1990年代以降の自由貿易の流れのなかで、規模拡大による競争力強化の必要性も関係している。

③農地の処分

　不法な農地の賃貸借や休耕等がみられる場合、市長や郡守は農地の所有者に対し農地の処分命令を通知することができる。この根底には、不適切な農地所有を排除することで、投機を目的とした農地の所有を防ぐねらいがある。

　たとえば、農地所有資格c) の相続農地の場合、1haまでは農地の所有が認められ、1haを超える農地は農漁村公社を通じて賃貸借を結べば、その期間は所有が認められることは先述した。他方、賃貸借を結ばない、あるいは農漁村公社を通じない賃貸借の場合、行政の長から農地処分命令通知が農地所有者に届き、農地を取得した日から1年以内に農地を処分しなければならない。1年以内に農地を処分しなかった所有者に対しては、さらに行政の長が6カ月以内の処分命令を発し、それでも処分しない場合は、1㎡当たりの公示地価の20％に所有面積を乗じた金額を履行強制金として毎年徴収することとなる。

（3）小括

　韓国では、憲法で耕者有田という自作農主義を原則としつつ、一方で例外的に賃貸借も認めており、農地法が自作農主義の確認・整理と賃貸借基準の明確化の役割を果たしていた。前者は、自作を前提とすれば、基本的には誰でも所有が可能（農業会社法人には要件が課せられるが緩いため、株式会社も事実上可能）であった。後者の賃貸借も、要件をクリアすれば認められ、とくに農漁村公社を通せば賃貸借は誰でも可能となる。その背景には、農地法以前も実際はヤミ小作が広範に存在しており、それを制度に取り込むことと、規模拡大による競争力強化の必要性と賃貸借とがマッチしたためである。

　上記のような理念と実態対応がありつつも、しかし農漁村公社を通じて農地を貸し付ければ、投機目的かつ自作する意思がなくても農地を所有することは事実上可能となり、都市住民でも農地を所有することができる。つまりは、不在地主の創出に資することになる。

3　奥地面の統計的考察——全羅北道完州郡を対象に

　本節では、第2節の小括で記したように奥地面を素材に、農地流動の実態等に関する簡単な統計分析をおこなう。ただし、奥地面のデータ分析（1990～2005年）は、すでに拙著でおこなっている[10]。その特徴を整理すると、奥地に該当しない非奥地面よりも奥地面で、農家数および世帯員数の減少といった担い手の脆弱化が進んでおり、その結果借地によって農地荒廃を抑制しつつも、総じて農地面積の減少が顕著という後退化現象が確認できた。そしてそれが、江原道、忠清北道、全羅北道、慶尚北・南道で強く発現していた。これらを2010年センサスを用い、主な指標として農家減少率（1990～2010年）をみると、全北・南道、慶南道の三道のみ4割を超え、同様に農地減少率は忠北道、慶北・南道が2割を超えて高い。また借地面積率（10年）は、江原道（40.6％）と全北道（44.1％）で高かった。

　本章では、以上の考察の大部分で名前があがった全北道を対象に[11]、比較的全北道の平均的な姿に近い完州（ワンジュ）郡に焦点を当て、農地流動の客観的姿を確認したい。完州郡は全北道の中央に位置し、11の面と2つの邑で構成される。このうち奥地面に該当する（していた）のが高山（ゴサン）、飛鳳（ビボン）、雲洲（ウンジュ）、華山（ファサン）、東上（ドンサン）、庚川（キョンチョン）の6つである。

　完州郡は米が有名な地域であり、その他にハウスのイチゴやパプリカ、ショウガなども盛んである。また、同郡は「ローカルフード」（地産地消）発祥の地でもある。2010年の完州郡の農家数は9232戸、農家人口は2万5571人である（表12-1）。90～10年の変化をみると、完州郡の農家数は34.5％減少し、農家人口に至っては半減している。郡内のすべての面および邑でも同様の傾向にあり、郡平均を上回る面は、農家数では奥地面に当たる高山と雲洲、非奥地面の伊西、農家人口では奥地面の雲洲と東上、非奥地面の竜進と伊西が該当する。他方、二つの邑では農家数・農家人口ともに郡平均の減少率を超過している。

第Ⅲ部　韓国の分析

表12-1　完州郡における農家の現況

(単位：戸、人、％)

		2010年				減少率（対1990年）		
		農家数	農家人口	経営面積	借地面積率	農家数	農家人口	経営面積
完州郡		9,232	25,571	9,174	41.6	34.5	54.5	27.4
奥地面	高山	798	2,352	688	35.9	**36.7**	50.3	**35.2**
	飛鳳	518	1,501	418	31.8	27.2	39.2	**36.6**
	雲洲	387	876	275	27.3	**46.4**	**63.4**	**38.8**
	華山	749	1,846	637	34.2	28.6	47.2	**33.2**
	東上	208	536	204	32.8	31.1	**56.6**	8.5
	庚川	240	601	237	32.9	32.6	52.1	22.5
非奥地面	竜進	814	2,271	768	**47.1**	32.6	**58.4**	**32.6**
	山関	453	1,185	414	**46.9**	19.8	48.1	0.0
	伊西	722	2,006	1,243	**49.7**	**44.2**	**61.5**	15.7
	所陽	815	2,370	708	**49.3**	30.8	52.7	17.1
	九耳	942	2,481	637	**47.6**	30.0	52.5	**39.6**
邑	参礼	1,147	3,410	1,319	36.5	**38.2**	**57.5**	**31.0**
	鳳東	1,439	4,136	1,625	**42.4**	**35.8**	**55.9**	23.9

出所：『農業センサス』(各年版)より作成。
注：「太字」は、完州郡を上回る数値に付している。

　では、統計データからどのような農地流動の動きがみられるのか。表中にはその指標として、経営面積の減少率と借地面積率も併記している。2010年の完州郡の経営面積は9174haで、90年に比べ27.4％減少しているが、借地面積率も41.6％に達している。郡内の面・邑をみると、経営面積は非奥地面の山関以外、すべての地域で減少しており、奥地面で四つ（高山、飛鳳、雲洲、華山）、非奥地面二つ（竜進、九耳）、邑一つ（参礼）が郡平均を上回る3割以上の減少率を示している。借地面積率では、奥地面で郡平均を上回る地域はなく、すべての非奥地面と一つの邑で超過している。

　以上を整理すると、完州郡ではこの20年の間に、農家および農家人口の減少とそれによる経営面積の減少がみられた。その一方で、借地面積率も4割強と高く、借地の展開によって一定程度、農地の荒廃を防いでいることが分かる。面・邑別にみると、面ではおおむね農家数・農家人口の減少がそれほど大きくないが、①借地面積率が低く経営面積の減少が大きい奥地面、②

借地面積率が高いことで経営面積の減少が弱い非奥地面、に分けられる。他方、邑は両極に分かれ、③農家数・農家人口の減少が大きいが、借地面積率が高く経営面積の減少率を抑えている鳳東邑、④農家数・農家人口の減少率が高く、借地面積率も低いため経営面積が減少している参礼邑、となる。

以上を踏まえ、次節では①の奥地面のなかから高山面を、また面との比較検討の観点から邑も対象に、かつ農地流動によって経営面積の減少が抑制され、高山面とは対極にある鳳東邑を取り上げて、現地調査を通じた農地流動の実態について明らかにする。

4　全羅北道完州郡の実態考察——高山面および鳳東邑

ここでは、高山面の農家4戸と鳳東邑の農家3戸の事例を取り上げている。紙幅の関係から、調査農家の概要は表12-2に譲り、農地流動に関する部分を中心にみていく。

（1）高山面の事例
①Aさん

Aさん（57歳）の所有地は5ha、借地は1.7haで、マウルのなかでは2番目の大きさである。品目は、米が中心で5.3ha（すべて親環境米）をつくっている。親環境米は、1994年頃にAさん自身が農薬が苦手であったことや、マウル内のカトリック教の農民が親環境米をはじめたことから、自然と普及・拡大していった。現在は周辺のマウルも含め、親環境米を69戸・100haで約440tつくる一大産地になっている。

Aさんは、2010年に借地をしていた87aを購入している。これは地権者が農地を売却したいとの意向を示し、仮にマウル外の農家が購入し一般米をつくることになると、団地全体が親環境米として認定されなくなる可能性があったため、やむを得ず購入したものである。一般的には、農地売買はマウルの農家間ではあまりなく、マウル外の人による投機目的の売買が中心である。マウルの農地は、周辺地域に比べ価格が安いので、投機対象になってい

第Ⅲ部　韓国の分析

表12-2　高山面および鳳東邑における調査農家の概要

面・邑	高山面				鳳東邑		
調査対象者	Aさん(57歳)	Bさん(48歳)	Cさん(47歳)	Dさん(50歳、妻)	Eさん(60歳)	Fさん(55歳、妻)	Gさん(60歳)
前身	建築設計会社勤務(ソウル市)	自営業(ソウル市)	会社勤務(電進面)→Cさんは継続、妻は退社	建設会社経営(電進面)→夫(52歳)は継続	会社勤務(ソウル市)	鮮魚店経営(電進面)	兵役後すぐ就農
経緯	父親が高齢で農業困難　Aさんは長男　農業も好きだった　28歳で就農(1986年)	1998年の通貨危機　父親が農業者　30歳で就農(1998年)	夫婦ともに農業が好き　娘4人の教育費のため卒業までCさんは会社員　妻で就農(2012年)	建設業は斜陽産業　農業の方が安定的　営農組合法人設立(2014年)	父親が高齢で農業困難　Eさんは長男　32歳で就農(1987年)	鮮魚店の時セイチゴ農家を手伝う　農業が自分たちに合う　47歳で就農(2007年)	25歳で就農(1980年)
性格	帰村・帰農	帰村・帰農	帰農	新規参入	帰村・帰農	新規参入	―
所有地	5ha	73a	40a	2.5ha	73a	47a	53a
借地	1.7ha	67a	2.7ha	―	2.7ha	27a	47a
経営品目	米5.3ha(親環境米)　大豆60a　タマネギ40a(裏作)　その他野菜類80a	飼料用トウモロコシ67a (2015年までは米67a)　ハウスイチゴ50a　その他野菜類23a　韓牛120頭	薬用作物50a　米40a　ブルーベリー、ニンニクなど}2.2a	パプリカ2.5ha (ガラス水耕栽培工場)	ショウガ2.7ha　その他野菜類73a	ハウスイチゴ74a (水耕栽培)	米69a　造園の木31a　韓牛80頭
労働力	Aさん夫婦2人　長男27歳、他出・軍人(×)	Bさん	Cさん夫婦2人　作業の2割は臨雇 (人材センター活用)	常勤10人(40～55歳)	Eさん夫婦2人　長男、他出・会社員(×)	Fさん夫婦2人　長男36歳、他出・会社員(×)　1日女性2人臨雇 (12～5月)	Gさん夫婦2人　長男、同居・会社員(△)
備考	高山農協理事　「完州郡農民会」会長	里長		居住地は電進面　民間会社からガラス水耕栽培の技術指導を受けた		「金提マイスター」(金堤市)で2年間の栽培知識・技術のプログラムを終了	

出所：ヒアリング調査(2015～16年)より作成。
注：「労働力」の(×)は農業従事なし、(△)は手伝い程度を示している。

238

るようである(道路近くで10a当たり3000万ウォン、それ以外で2100万ウォン)。Aさんとしては、農地を購入して経営するのが安定的であるが、農地価格が上昇しており、ローンを組んで購入しても金利すらカバーできないのが実態である。

　他方、借地は少しずつ増えて現在の規模になり、小作料は10a120kgである。借地の多くが経営地の近くにある農地で、長期で借りられることから不在地主のものを借りるようにしている。マウルでは高齢化が進んでいる一方で、借り手も少なくないため賃貸借が盛んである。Aさんの場合、地権者から借地依頼が来るため、農地の確保に苦労していない。契約は5～10年であるが、実際は終身で借りられる。借地は、一部には農地価格の上昇に期待する農家もいるが、多くは両親から相続したものであることを理由に売らない農家も少なくない。仮に、投機目的の人が借地を購入しても、地権者が自作することはなく賃貸借に回るケースが多い。そのため借り手としては地権者が代わるだけで、借地し続けることができるため問題にはならない。

　ところで、マウルの農地の多くは圃場が未整備の状態であり、今後も圃場整備の計画はない。その要因の一つは、不在地主が多いため話がまとまらないということである。いま一つは、圃場整備をすると農業以外への転用が難しくなることで、投機対象から外れ、農地価格が下がることを懸念しているためである。

②Bさん

　Bさん(48歳)の経営面積は1.4ha(所有地73a・借地67a)であり、父親の代からほとんど変わっていない。そのためBさん自身による農地購入や借地はない。

　だが里長を務めているため、マウルの農地事情に熟知している。それによると、マウルでの農地売買は少しある程度で、地権者の高齢化・離農による売却がほどんとである。一方購入者は、マウルの農家が農業目的で購入する場合もあれば、郡内の都市部のものが投機目的で購入するケースもある。ただし投機目的でも、農地法上耕作しなければならないため、地権者が通作している。購入する場合、マウルの知人を介するケースが一般的である。農地

価格は近年上昇傾向にあり、10a1800万ウォンである。

　また農地の賃貸借も、高齢化を理由にマウルでは活発であり、マウルの農家が借地するケースがほとんどである。品目も米やハウス、造園の木など多様である。小作料は地権者と借り手との話し合いで決め、米換算で10a240kgが一般的である。

③Cさん

　現在会社員のCさん（47歳）は、妻が会社を退職して帰農した農家である。Cさんの父親の所有地40aと借地2.7haの計3.1haで、表中に記した品目に加え、カボチャ・トウガラシなど全部で20品目ほど栽培している。

　マウルでは、いまは農地価格が高く、農業で採算がとれないため売買はほとんどなく、賃貸借が中心である。賃貸借は、高齢化により農地貸付圧力が強く、郡内で進めるローカルフードの展開とそれによる所得の向上によって、60代を中心に借り手が多いのが最近の特徴である。賃貸借は、借り手が知り合いの地権者に直接お願いするケースが多い。小作料は地権者と直接交渉し、相場で10a120kgである。マウルには入り作はないが、周辺のマウルでは入り作もみられるとのことである。

④Dさん

　Dさん（50歳）は、官公庁の請け負いを主とする建設会社を夫（52歳）と経営しているが、将来的には建設業よりも農業の方が安定的ではないかと考え、Dさん夫婦と夫の妹、友人2人の計5人で2014年に営農組合法人を設立した新規参入者である。

　2014年に農地2.5haを購入し、パプリカのガラス水耕栽培（オランダの技術）をしている。農地の購入にあたっては情報が少ないため、地域を熟知している地元の仲介業者に紹介・斡旋を依頼し、時間をかけて農地の選定をおこなっている。農地価格は10a1000万ウォンで、地域の平均的な価格とのことである。地権者は農業に従事していたが、高齢化のため離農し、後継者もいないことが売却理由である（売却後もマウルに居住）。

（2）鳳東邑の事例
① Eさん

　Eさん（60歳）は、父親から相続した所有地73aと2.7haの借地で、ショウガ2.7ha、ネギや白菜などの野菜類73aをつくっている。ショウガは連作障害が激しいため、借地を中心に考えている。借地の期間は1年とし、小作料は10a120kgである（地域の相場）。短期の借地の場合、地域を広げなければ農地の確保が難しいため、郡内だけでなく周辺の益山（イクサン）市や金堤（キムジェ）市、高敞（コチャン）郡の広範囲で借地している。最も遠い高敞郡で、距離にして約100km、移動時間は60〜90分を要する。

　遠方地域の農地は、情報が得にくいことや知人もいないため、不動産仲介業のような農地の売買や賃貸借を斡旋する、地域で顔の広い個人事業主を利用している（免許が不要のため不動産業とは異なる）。この仲介業者が依頼者の条件に適した農地を紹介し、依頼者は10a1.5万〜3万ウォンの仲介料を支払う。仲介業者の役割は、農地の紹介・斡旋までであり、借地の場合、小作料等は依頼者が地権者と直接交渉して決定する。

② Fさん

　夫（62歳）と鮮魚店を営んでいたFさん（55歳）は、イチゴ農家の臨雇もしていた。それがきっかけで農業に関心をもち、2007年に鮮魚店を廃業して、夫婦でイチゴをはじめた新規参入者である。

　現在購入した農地47aと借地27aにハウス5棟を建て、イチゴをつくっている。購入した農地の価格は、平均で10a3600万ウォンで、平均的な相場である。資金は鮮魚店での蓄えを切り崩し、少しずつ購入していった。行政や農協は農地の紹介・斡旋をしないため、伝手のないFさんは地域の仲介業者に売りに出ている農地をみせてもらい、購入している。通常は知人を通じて農地を購入するが、知人がいないケースでは仲介業者を介して購入するのが一般的である。

　また借地は、隣接する農家に貸してくれないかと声をかけて借りていくのが一般的である。地権者は、後継者のいない高齢農家がほとんどである。Fさんは借地にハウスを立てるため、高い小作料（米換算で10a360kg）と長期

の借地（10年以上）を設定している。そのため金銭的余裕ができれば、経営の安定のためにも借地は購入したいと考えている。

③ Gさん

Gさん（60歳）の経営面積は1ha（所有地53a・借地47a）で、米69aと造園の木31aを栽培している。これに韓牛80頭（繁殖と肥育が半々）が加わる。

韓牛が中心のため最近の農地購入はなく、借地は短期で2～3年、長期では10年以上で借りている。造園の木は2～3年で出荷するが連作障害が起きるため、Gさんの意思で短期の借地を選択している。高齢化や後継者不在の農家が多いため、短期でも農地の確保に問題はない。他方、長期の借地にはすべて米をつくっており、地権者のほとんどが不在地主である。小作料はいずれも10a240kgである。

（3）小括

以上、奥地面の高山面と、奥地および面以外の比較対象として鳳東邑の農地流動に焦点を当て、その実態をみてきた。前節の統計分析では、奥地面や非奥地面、邑の間で農地流動の差がみられたが、調査した個々の農家レベルでは、農地流動の程度の相違はあるが、本質的には大きな違いはみられなかった。また農地流動では、農地売買は地域によって活発度合いは様々であるのに対し、賃貸借はかなり展開していた。

まず農地売買では、売り手は農家の高齢化と後継者の不在という自家農業の継承問題から農地を手放していた。他方買い手は、目的によってその地域特性が明確にみられた。すなわち、農業目的で購入する場合は、マウル内の農家が中心であった。ただし、後述する農地価格の上昇によって農産物収入ではペイしないため、購入には消極的であった。したがって購入の中心は、マウル外の農家による投機目的であった。

他方、賃貸借でも、自家農業の継承問題が貸し手サイドの理由であった。借り手は、規模の拡大やローカルフードの展開、品目によっては連作障害の回避など多様な理由にもとづき、かつそれらに応じて短期・長期の借地期間が分かれていた。特に長期の借地では、多くが自作できず、借地の返還を求

められにくいこと、換言すると、継続して借地できることが経営の安定に資することを意識して、不在地主を選択する傾向がみられた。

　以上のような農地流動は、マウル内に知人がいれば、知人を介して農地を紹介してもらうのが一般的であり、行政によると「誰々の紹介」という文化がいまだ根強いとのことである。他方、調査事例では、新規参入者や他の市・郡まで広げて借地をしている農家がいたが、彼らの希望する地域の農地情報が乏しいため、地域の個人仲介業者を利用し、斡旋してもらっていた。つまり、知人にしろ、仲介業者にしろ、基本的には人的結合による農地の確保が主流である。先述したように韓国には「むら」がないことや、日本の農業委員会のような農地専門の行政委員会もなく、さらに農協も農地流動にはノータッチであることも、人的結合に強く依存しなければならない要因といえよう。

5　農地流動と不在地主

　本章では、まず韓国における地域概念および農地流動に関する法・制度の整理と日本との比較をおこなった。社会構造の相違から、韓国では日本の限界集落を捉えることはできず、中山間地域は条件不利地域、過疎地域は奥地面が対置する概念と整理できた。だが、統計分析および実態調査をするに際しては様々な制約があり、本章は奥地面をとっかかりとして、業の担い手の脆弱化・空洞化による農地流動の実態と不在地主の可能性を考察した。

　農地の売買および賃貸借ともに出し手サイドは、高齢化や後継者の不在を理由として、一定量の農地が流動していた。今後も高齢化・後継者不在が高まることは確実であり、農地供給はさらに増加することは容易に想像がつく。

　これに対し受け手サイドをみると、新規参入者は当然、生産手段をイチから装備しなければならないため農地も購入していたが、既存の農業者は農業の収益性の問題から、農地の購入より賃貸借によって規模拡大を図る動きや意向が少なくなかった。この収益性の問題は、農業収益の低下と農地価格の上昇のいずれによるものであるのか。前者の指標として農家の農業所得をみ

ると、近年は1000万ウォンを下回る年もみられ、また農家所得に占める割合も3割を切るなど農業所得の絶対的・相対的低下が顕著である[12]。

　他方、農地価格については、調査事例において把握することはできたが、時系列でみた価格の変動を確認することはできなかった。加えて、農地価格に関する資料・データも基本的には公表されていない。そこで参考として、国がおこなう農地購入備蓄事業から農地価格の動きを推察したい。本事業は、高齢あるいは離農農家から農漁村公社が農地を購入し、それを専業農業者に貸し付ける事業である。農地の条件やその位置などによって農地価格は左右されるが、農漁村公社による購入総額を購入面積で除すと、10a当たり農地価格は2010年1515万ウォン→12年2236万ウォン→14年2369万ウォンと、この5年間でも1.6倍に上昇している。つまり、農業収益の低下もさることながら、農地価格の上昇が農業目的での農地購入を収益面でも、あるいは資金繰りの面でも躊躇させている。

　加えて、農地価格の上昇は、投機目的による農地購入の動機付けにもなっており、調査事例では、それらのほとんどはマウル外の人によるものであった。それを裏付けるものとして、韓国農村経済研究院が本章で取り上げた同じ全北道完州郡のB地域（地域名およびその範囲は不明）を取り上げ、2013年のB地域の農地売買面積68.9haのうち、購入者が全北道以外のものが5.7％、全北道内（完州郡を除く）55.9％、完州郡内が38.4％を占めると指摘している[13]。ただし、完州郡内で一括りにしており、これを邑・面内、さらにマウル内とその範囲を限定していけば、その数値はさらに低いものとなろう。もちろん、これらすべてが投機目的というわけではないが、道内・外で2/3近くに達しており、その多くが不在地主であるとみてよい。農地法上は、形式的には自家農業の目的であれば、誰でも農地を購入し所有することができ、自作しない場合でも農漁村公社を通じて貸し付ければ、（投機目的の）不在地主でも制度上は問題ない。こうした制度も農地の投機的価値と不在地主を創出する一因といえよう。

　そのことは、賃貸借からもみてとれた。すなわち長期の借地では、不在地主を選択する傾向がみられた。調査事例では、不在地主の性格（農漁村公社

を通じて適正に処理されたものか、いわゆるヤミ小作なのかなど）までは諸事情により踏み込めなかった。倉持和雄によると、一般的には貸付農家のうち 70％が非農家であり、在村地主と不在地主が半分ずつで、不在地主の約 4 分の 3 はもと農家あるいは相続人と指摘している[14]。これがデータに依拠したものなのか、調査事例によるものなのか、その出所は定かでない。しかし、賃貸借においても不在地主が一定層形成されていることは間違いないといえよう。

　問題は、不在地主が農地法施行以前から農地を所有していたものなのか、倉持が指摘するように相続などによって新たに不在地主になったものなのか、あるいは投機目的で農地を購入した農外からの不在地主なのか、といった不在地主のプロセスとその特徴を精査する必要がある。統計データおよび現地調査での実態把握はかなり困難であるが、今後の課題としたい。

注
1）小田切徳美（2009）『農山村再生』岩波書店、3-7 頁。
2）拙著（2010）『条件不利地域農業』筑波書房、第 6 章やそれをブラッシュアップしたものとして、拙稿（2016b）「日韓の水田稲作農業の系譜」『文化連情報』No. 463、拙稿（2016c）「日韓の「むら」構造の相違」『文化連情報』No. 464 を参照。
3）韓国の水利の管理主体をみると、全水田面積のうち国（韓国農漁村公社）による管理が 54.6％、市郡の管轄が 26.0％、水利施設の未整備田が 19.4％ となっており（『農業生産基盤整備統計年報』2013 年）、「むら」による管理はみられない。
4）直接支払いの展開については、前掲『条件不利地域農業』第 7 章および拙著（2014）『FTA 戦略下の韓国農業』筑波書房、第 5 章を参照。
5）その他の地域概念として、「国家均衡発展特別法」による落後地域がある。落後地域は、文中の奥地面を含む五つの既存の法律・事業を包括した地域を指す。そのためソウルや釜山などの広域市を除いた、幅広い要件にもとづく大・小様々な行政区域が混在する。
6）ヤミ小作の実態については、倉持和雄（1985）「韓国における農地改革とその後の小作の展開」『アジア研究』第 32 巻第 2 号が詳しい。
7）営農組合法人は民法に、農業会社法人は商法にもとづく法人である。詳細については、拙稿（2016d）「耕者有田と農地の流動化」『文化連情報』No. 465、キム・ジョンホ（2008）『農業法人は韓国農業の活路』モックントンを参照。
8）厳密にいえば、農漁村公社がおこなう農地銀行事業を利用した場合である。同事業の詳細は、拙稿（2017）「構造改善をめぐる施策支援」『文化連情報』No. 466 を参照。
9）ただし、農地銀行事業の予算額が決まっているため、賃貸借の実績面積は予算制約を受ける。さらに農漁村公社を介した借地について地権者は、①小作料の 10％ 前後を

手数料として農漁村公社に徴収されること、②行政に貸付面積を把握されることに対する警戒、③契約書を交わすことにより農地をとられるのではないかという不安などを抱えており、ハードルが低いわけではない（前掲『条件不利地域農業』第9章）。
10）前掲『条件不利地域農業』第8章。
11）農地減少率のみ名前が出ていないが、全北道も18.5％と2割近い減少率である。
12）拙稿（2016a）「韓国経済における農業の位置」『文化連情報』No. 462を参照。
13）チェ・ガンソク他（2014）『農地取引の実態調査と制度改善の方案』韓国農村経済研究院、第2章。
14）倉持和雄（2010）「不確実性のなかの韓国農業」環日本海経済研究所編『韓国経済の現代的課題』日本評論社、122頁。

参考文献
小田切徳美（2009）『農山村再生』岩波書店。
キム・ジョンホ（2008）『農業法人は韓国農業の活路』モックントン。
倉持和雄（1985）「韓国における農地改革とその後の小作の展開」『アジア研究』第32巻第2号、1-33頁。
―――（2010）「不確実性のなかの韓国農業」環日本海経済研究所編『韓国経済の現代的課題』日本評論社、112-132頁。
品川優（2010）『条件不利地域農業』筑波書房。
―――（2014）『FTA戦略下の韓国農業』筑波書房。
―――（2016a）「韓国経済における農業の位置」『文化連情報』No. 462、40-43頁。
―――（2016b）「日韓の水田稲作農業の系譜」『文化連情報』No. 463、44-47頁。
―――（2016c）「日韓の『むら』構造の相違」『文化連情報』No. 464、34-37頁。
―――（2016d）「耕者有田と農地の流動化」『文化連情報』No. 465、26-30頁。
―――（2017）「構造改善をめぐる施策支援」『文化連情報』No. 466、38-43頁。
チェ・ガンソク他（2014）『農地取引の実態調査と制度改善の方案』韓国農村経済研究院。
『農業生産基盤整備統計年報』2013年。

第Ⅳ部

東南アジアおよび
土地登記制度の比較分析

　第Ⅳ部では、視野を東アジアから東南アジアへと広げ、マレーシア、フィリピンにおける人口動態と遠隔地における土地所有問題を分析する（第13章、第14章）。また、第15章では、土地登記制度を国際的な視点から比較する。これは、終章で展開する今後の土地制度の設計を基礎づける分析となる。

　第13章で分析対象となるマレーシアの経済発展が本格化するのは、1980年〜90年代である。日韓台と比較すると、20年から30年近い時間差がある。この時間差は人口動態にも反映されており、マレーシアの生産年齢人口指標は2020年にようやく2を超えて、最高の水準に達すると予想されている（図Ⅳ-1参照）。このピークは出生率の低下によって現在の15歳以下の年齢層の人口が大きく減少した結果、20歳代の人口が突出して、このことが生産年齢人口の割合を引き上げて生み出されると考えられる（図Ⅳ-2参照）。生産年齢人口指標は、この層のジュニア世代の人口が再び増加することで2045年頃に二つ目のピークを迎えると予想されている。この予測が正しければ、人口オーナスへの転換点が到来するのはその後であり、いまからおよそ30年も先になる。

　今後のマレーシアの動向を考える際に見落とせないのは外国人労働力の存在である。マレーシアでは経済発展が始まった時期に国内の労働力をほぼ使い切ったともいわれており、インドネシア人を中心とした外国人労働力の受

第Ⅳ部　東南アジアおよび土地登記制度の比較分析

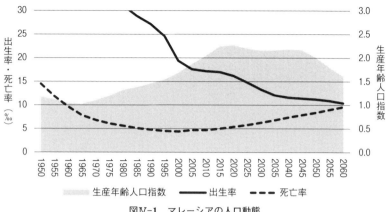

図Ⅳ-1　マレーシアの人口動態

出所：図Ⅰ-1と同じ。

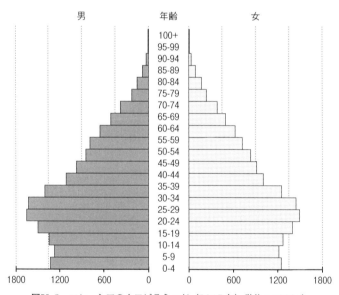

図Ⅳ-2　マレーシアの人口ピラミッド（2015年）単位：1000人

出所：図Ⅰ-2と同じ。

け入れが盛んにおこなわれてきた。すでに、マレーシア住民の4人に1人は外国人となっているともいわれる。第13章では、外国人労働力と共存しな

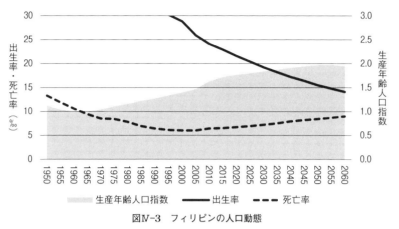

図Ⅳ-3　フィリピンの人口動態

出所：図Ⅰ-1と同じ。

がら経済発展を続けるマレーシアの土地管理の現状を基に、やがて到来する人口オーナス期の土地管理も射程においた分析が展開される。

　第二の分析対象としたフィリピンの人口動態の様相は、これまでの各国のそれとは全く異なっている。フィリピンの死亡率は一定の低下傾向を示しているものの、出生率が高止まりして、人口増加が続いている。図Ⅳ-3では、2060年までの長期の人口予測を示しているにもかかわらず、人口オーナス期への転換点をはっきりと確認できない。人口構成はほぼピラミッドの形状をしており（図Ⅳ-2）、人口ボーナスの予兆を容易に読み取れない。

　これに関連して、フィリピンは人口ボーナスを享受できていないとの指摘がある。人口論的には人口ボーナス期に入ったにもかかわらず、経済発展が実現していないというのである。そこで、第14章では、人口ボーナス期にありながら、経済発展の軌道に乗り切れないフィリピンでは農村部でどのような人口変動が生じているのか、あるいは、今後の土地管理がいかに展開するのかを分析する。

　マレーシアやフィリピンにおいてもフィールド調査を通じて、詳細な実態分析を行った。マレーシアの調査地はボルネオ島のサラワク州のミリ県およびマルディ県を選定した。また、フィリピンではイフガオ州のバナウエ郡バ

第Ⅳ部　東南アジアおよび土地登記制度の比較分析

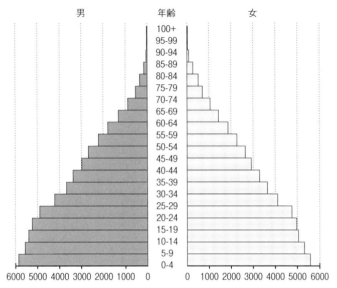

図Ⅳ-4　フィリピンの人口ピラミッド（2015年）単位：1000人
出所：図Ⅰ-2に同じ。

タッド村をフィールドとした。マルディ県は首都クアラルンプールから飛行機で4時間弱、また、バナウエ郡はマニラから車で11時間を要する遠隔地である。

　第15章では、登記制度が国際的な視点から比較分析される。日本の分析では不動産登記簿の不備が土地所有権の空洞化を引き起こす要因の一つとなっている点が指摘された（第2章～第5章）。また、日本の登記制度は、欧州はもとより韓国や台湾と比較しても立ち遅れている側面があるといわれている。そこで、第15章では、本書で調査フィールドとした5カ国のうち東アジアの3カ国（日韓台）を中心に、登記制度の現状や課題さらには対策のあり方を欧州との比較を交えて検討する。第15章の分析では法制度の比較の視点とともに法と経済学の手法が導入され、土地所有問題を包括的に理解するための分析枠組みが提起される。

図Ⅳ-5 マレーシア及びフィリピンの調査地
出所：図Ⅰ-3と同じ。

(飯國芳明)

第13章

マレーシア・サラワク州ミリ省バラム川中・上流域の村々で進む人口減少とその背景

市川昌広

　本章に先立ち、日本、韓国および台湾の農村部における人口減少と土地管理についての関係や課題が検討されてきた。ここ30年ほどの間、それらの国・地域を追うように経済発展が進んできた東南アジア諸国の状況はどのようなのであろうか。本章では、アセアン諸国のなかでも経済成長の優等生で、今日1人当たりのGDPがシンガポールとブルネイについで第3位であるマレーシアの状況を述べる。都市化の進行が早く、都市化率が高いこともマレーシアの特徴のひとつである[1]。

　マレーシアは、大陸の半島部を占める西マレーシアとボルネオ島北部を占める東マレーシアに大きく分けられる。サラワク州とサバ州からなる東マレーシアでは、西マレーシアと比べ1960年代以前には森林にまだ広く覆われ、都市はそれほど発展していなかった。その後、とくに1980年代以降に木材伐採が盛んになり、ついでアブラヤシプランテーションの造成が進んだ。それにともなうように都市が発展してきた。このため、ここ数十年でみられた森林の開発や都市の発展といった経済・社会の変化のなかで、農村の住民がどのような動きをしたのかについて、人口センサス結果や現地調査から把握しやすいと考えられる。本章では、東マレーシアのサラワク州ミリ省の主にバラム川流域（図13-1）を調査対象地とし、ここ数十年の農村の人口動態を提示し、そこでの土地利用・管理について述べていく。

　サラワク州において、農村から都市への人々の移動については、1970年

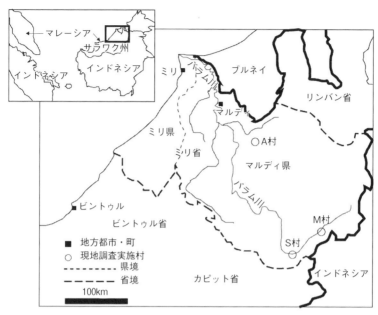

図 13-1 調査地域

代からすでに報告されており[2]、その後も移動にともなう農村の変容について論じられてきた[3]。近年に至って都市への移動はさらに進み、2011年には都市の人口が農村のそれを逆転した。本章で述べるように過疎ともいえる村があらわれだしている。以下では、そのような村の状況について人口センサス結果や現地調査に基づいて述べ、日本をはじめとし韓国や台湾との類似点あるいは相違点について検討していく。

1 サラワク州および調査地の概要と人口動態に関わる要因

(1) 成り立ち、産業、民族、人口
成り立ち

イギリス人の探検家ジェームス・ブルックがサラワクに至り、イギリスの後ろ盾を得つつクチン（今日の州都）周辺を平定し、王（rahah）となった

のは 1841 年である。以後、次第に西欧的な考え方や制度による支配がみられるようになる。ブルックは、領地を東に広げていき 20 世紀初頭には今日のサラワク州とほぼ同じ範囲を治めるようになった。日本軍による占領期（1941 年～1945 年）をはさみ、ブルック家 3 代による統治は 1946 年に終わる。サラワクはイギリス国王に委譲されイギリスの植民地となるが、1963 年にはイギリスから独立し、マレーシア連邦にひとつの州として加盟した。

サラワク州は赤道直下に位置し、年間を通じて高温多雨の熱帯雨林気候下にある。かつてうっそうとした森林に占められていた景観は、近年、大きく変貌してきている。森林地帯では、ここ数十年で木材伐採やプランテーション開発が進んできた。海沿いの低地では道路網が整備され、州都クチン、ミリ、ビントゥルなどの都市が発達してきた。

経済・産業

サラワク州の GDP は、1970 年に 820 百万リンギ、1980 年に 1,668 百万リンギ、1990 年に 5,880 百万リンギ、2000 年に 30,737 百万リンギそして 2010 年に 66,948 百万リンギとここ 40 年ほどの間に 80 倍以上に増加した。[4]とくに 1980 年代後半から急速な伸びをみせている。第一次産業の割合は、1971 年および 1980 年では 3 割を超えていたが、1990 年では 2 割をきり、2010 年では 1 割程度に低下している。林業の占める割合が 1990 年で 17% と高かったが、その後 2000 年では 4% に低下した。これは、木材伐採量が 1990 年ごろにピークであったことと符合する。[5]一方、製造業は 1971 年では 1 割に至っていなかったが、2010 年では 27% に上昇した。2010 年においてサラワク州の GDP は、マレーシア全体の約 9% を占める。その内訳では、農業（15%）および鉱業（17%）部門の占める割合が高い。

民族・人口

サラワク州には約 248 万人（2010 年）のマレーシア人が住む。人口密度は約 20 人/km^2 である。統計書などでは、彼らは大きく先住民（native）と華人（Chinese）に分けて示される。先住民と華人の人口は、それぞれ 75% と 24% を占める。[6]サラワク州では西マレーシアとは異なり、イスラム教徒であるマレー人（州人口の約 24%）以外の先住民の占める割合が高い。イバン

人（州人口の約30％）、ビダユ人（8％）、ムラナウ人（5％）のほかにも多数のエスニックグループが認められる。

　華人のほとんどは、今日、地方都市や町に住み、商業等のサービス業や製造業に従事している。マレー人は、海岸沿いや河川の下流域に分布しており、今日では地方都市や町およびその周辺にも多い。その他のエスニックグループは、下流から上流にかけて河川沿いに住居をかまえる。彼らの多くは長屋式のロングハウスに集住している。基本的には一つのロングハウスが一つのコミュニティ（村）を形成し、そこには一人の長がいる。近年では道路の建設が進んでおり、道路沿いに建設されたロングハウスが多くみられるようになってきた。

　後述するように、今日では河川の中・上流域に住む多くの先住民は、都市へ移住している。都市では、サービス業の仕事の大半は華人に牛耳られ、公務員職は多くがマレー人に占められる。マレー人以外の先住民は、都市に出て華人が経営する企業のもとで働くことが多かった。しかし、近年では高い学歴を得て公務員として、あるいは企業のなかの高い地位で働く者が増えてきた。サービス業などで起業する者もみられる。民族により就く職業に特徴はみられるが、先住民を劣った人々と見下すような風潮はさほど強くない。

（２）ミリ省の成り立ちと概要

　ミリ省の大半は、サラワク州第二の規模の河川バラム川の流域に占められる（図13-1）。下流域にはイバン人の村が多い一方、中流域にはカヤン人、上流域にはケニャ人などをはじめとする複数のエスニックグループの人々による村が分布する。

　ミリ市はミリ省の中心地で、今日では人口約23万人を擁する都市である。しかし、20世紀初頭までは小さな漁村にすぎなかった。1910年に石油の採掘が始まると人々が集まるようになり、石油企業シェルのもと、市街地化が進んだ。1960年代に沖合の油田が開発されるとミリ市の都市化はさらに進行した。ミリ市では、企業の動きが活発である。1970年代後半から1990年代にバラム川流域で木材伐採が盛んな頃には伐採企業の、それ以降、アブラ

第Ⅳ部　東南アジアおよび土地登記制度の比較分析

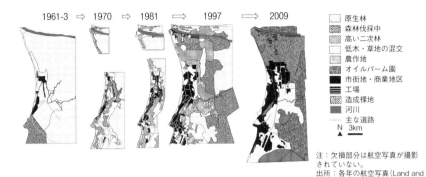

図 13-2　ミリ市街地（黒の部分）の拡大

ヤシプランテーションの造成が盛んになるとその関連企業の拠点が置かれた。とくに 1980 年代以降には住宅地がミリ市の郊外に建設され、市街地が拡大している（図 13-2）。

サラワク州は行政的に 11 の省（division）に分けられ、一つの省はいくつかの県（district）に分かれる。ミリ省は、2015 年まではミリ県とマルディ県の二つに分かれていたが、それ以降 5 県に細分化された。本章では主に 2015 年以前のセンサスデータを利用するため、ミリ県とマルディ県の 2 県を単位に分析していく（図 13-1）。ミリ市は、州内では州都クチンについで 2 番目の人口規模を有する。ミリ省全体の人口（2010 年）は約 358 千人、ミリ市を擁するミリ県の人口は約 295 千人、マルディ県の人口は約 63 千人である。

バラム川下流域に多くみられるイバン人を主とする先住民の村では、斜面での焼畑のほかに、湿地での稲作がみられる。かつてからゴム栽培が盛んで、近年では多くの人々がアブラヤシ栽培にも携わっている。バラム川の中・上流域に暮らす農耕を行う先住民の基本的な生業は主に焼畑である。ゴムの栽培も生産物の出荷先へのアクセスがいいところでは行われてきた。加えて、近年ではアブラヤシ栽培も始められている。一方で後述のように、今日、中・上流域に住む多くの人々が職や教育の機会を求めてミリ市へ移住している。

(3) サラワク州土地法における先住民の土地

　農耕を行う先住民の基本的な生業は焼畑である。彼らは毎年のように森林を伐採・火入れし、栽培地を移しながら焼畑を行ってきた。かつては新規の開墾地を求めて居住地を移し、原生林を開墾することもしばしばみられた。盛んに原生林を開くのは、食糧を生産するためでもあるが、土地の保有権を得るためでもあった。彼らの慣習によれば、原生林を開いた者がその土地の保有権を得て、その権利を子に引き継げる。

　ブルック政府やその後のイギリス植民地政府は、先住民を統制し森林資源を確保するために、先住民の移動と彼らの土地保有の拡大を制限してきた。その経過は、政府により発効されてきた数々の法令や規則にみることができる[7]。今日にまで至る土地法は、1958年にイギリス植民地政府によってそれまでの法令や規則が統合されたものを基礎として発効された。そこでは、サラワク州の土地は基本的にすべて州有地であるが、先住民の慣習に基づく土地保有を条件つきで認めている。条件とは、1958年1月以前に行われた原生林の開墾により、慣習的な保有権が発生した土地についてのみ、その権利を認めるというものである。先住慣習権（native customary right）と呼ばれている。1958年以降の原生林の開墾は認めておらず、たとえ、開墾したとしても土地の保有権は発生しない。先住慣習権のある土地は、そこでの慣習に基づいて先住民により管理される。

　先住民が暮らす村において、住民に保有される土地が政府等に登記されていることは少なく、彼らどうしの了解に基づいて管理されている。各人の保有地の境界は、通常、尾根や沢などの地形や植栽樹木等によって認識される。かつては、婚出や移住などで村を離れると、その者の村の土地の保有権は認められなくなった。しかし、交通の利便性が高まり、出身村への帰還がかつてより格段に容易になった近年では、村外居住者の保有権が維持されることが多い[8]。

(4) 山地開発・政策と村

　バラム川流域では、1970年代後半から企業による木材伐採が盛んになり、

とくに 1980 年代から 1990 年代初めにかけて山地の森林開発が本格化した。森林はサラワク州政府が管理しており、企業は伐採許可を得るために申請を行う。州政府は、申請範囲に先住慣習権がみられないかを含め審査し、問題がなければ認可する。しかし、実際の伐採現場では、先住民による利用がみられ、彼らが権利を主張する土地が含まれていることがある。この場合、企業と村の人々との間で対立が起こる。こうした対立は、その後に盛んになるアブラヤシやアカシア等の早生樹のプランテーション開発の際にもみられ、ときには殺傷事件にまで発展することもあった。

　政府は、2006 年にサラワク再生エネルギー回廊（Sarawak Corridor of Renewal Energy）計画を発表し、山地を含む地域の開発をもくろんでいる。本計画によるとバラム川流域では、水力発電のための大規模ダム開発、バイオ燃料生産のためのアブラヤシプランテーション開発、早生樹の造林地開発などが計画されている[9]。実際に、バラム川中流域では、ダム開発が計画・発表され、現地調査や建設道路の整備が行われはじめた。これに対して、ダム湖による水没予定地区の村々による反対運動が活発になり、2015 年にダム建設は凍結された。

（5）外国人労働者

　マレーシアは元来、地勢的に人口希薄な地域にあったため、労働力の確保は以前からの課題であった。サラワク州における登録外国人数は 2000 年では約 6 万人であったが[10]、2010 年では約 12 万人と大幅に増加している[11]。サラワク州では登録外国人の大半をインドネシア人が占めており、さらに非合法のインドネシア人労働者が相当な数みられる。彼らは、主に木材伐採現場やオイルパームプランテーションで働いているほか、都市部での商店・飲食店（主に女性）および建設現場や工場などでの仕事に従事している。

第 13 章 マレーシア・サラワク州ミリ省バラム川中・上流域の村々で進む人口減少とその背景

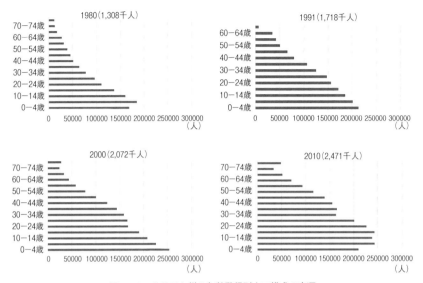

図 13-3 サラワク州の年齢階級別人口構成の変遷
出所：Department of Statistics Malaysia（1984, 1995a, 2001, 2011）の数値を図化。

2　センサスにみるサラワク州の人口の構成・移動

（1）人口の推移・構成

　マレーシアでは、およそ 10 年ごとに人口に関するセンサスが行われる。サラワク州における近年の人口は増加しているものの、その増加率は低下してきている。年齢別の人口構成をみると、近年（2010 年）において少子・高齢化の兆候がみられ始めている（図 13-3）。ミリ省のなかの県別でみると、ミリ市を有するミリ県では州平均より高い増加率で人口が増えている（図 13-4）。ミリ県の年齢階級別人口構成は、各年とも 20 歳代のコーホートが大きく、2010 年では 4 歳以下の人口が 2000 年と比べて大きく減少している（図13-5）。

　一方でバラム川中・上流域を占めるマルディ県では、1980 年〜1991 年の間の年平均人口増加率は州全体（2.4％）より高い 3.0％であったが、1991 年

259

第Ⅳ部　東南アジアおよび土地登記制度の比較分析

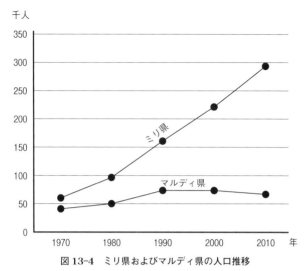

図 13-4　ミリ県およびマルディ県の人口推移
出所：Department of Statistics Malaysia（1973, 1984, 1995a, 2001, 2011）．

〜2000 年の間は微減（州全体は 2.1％）、2000 年〜2010 年の間は −1.3％（州全体は 1.8％）と減少した（図 13-4）。州全体では人口が増加するなか、1991年〜2000 年および 2000 年〜2010 年において人口が減少している県は、州内全 31 県中、マルディ県以外ではそれぞれ 1 県ずつである。マルディ県の年齢階級別人口構成（図 13-6）からは、1991 年では 20 歳代および 4 歳以下のコーホートを中心に人口が増え、その後、2010 年まで人口が減少する状況がわかる。

（2）ミリ省への人口移動

　センサスにおける調査項目の一つとして、1991 年以降のセンサスではセンサス期日から 5 年前にどこに居住していたかが質問され、1980 年以前のセンサスでは年数を指定せずに、以前居住していた場所が質問され、それぞれ県単位で集計されている。ここでは、5 年前あるいは以前の居住地を移住元と仮定し、ミリ県およびマルディ県への人口移動の状況をみる。図 13-7および図 13-8 において、1991 年、2000 年および 2010 年の各センサスの結

第 13 章　マレーシア・サラワク州ミリ省バラム川中・上流域の村々で進む人口減少とその背景

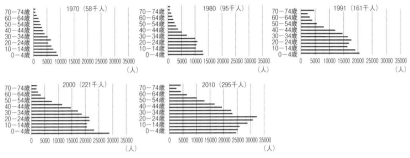

図 13-5　ミリ県の年齢階級別人口構成の変遷
出所：Department of Statistics Malaysia（1973, 1984, 1995a, 2001, 2011）の数値を図化

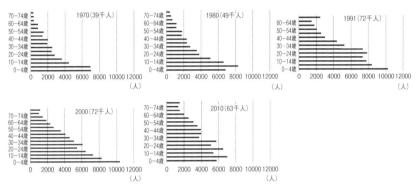

図 13-6　マルディ県の年齢階級別人口構成の変遷
出所：Department of Statistics Malaysia（1973, 1984, 1995a, 2001, 2011）の数値を図化。

果は、それぞれ 1986〜1991 年、1995〜2000 年および 2005〜2010 年の間の人口移動を、1980 年センサスの結果は 1970〜1980 年の間の移動を、1970 年センサスの結果は 1970 年以前の移動の結果を示していることになる。サラワク州における人口移動は、主に州内でみられるため、ここでの分析は州内でみられた移住に限った。

ミリ県においては（図 13-7）、1991 年センサス時に示された移動人口が最大となっている。すなわち、ミリ市街地の拡大状況をあわせて考慮すると、1960 年代から 1980 年代にかけて同県への盛んな人口移動がみられ、1980 年代にピークを迎えた。移住元としてはクチン市やシブ市が位置する県を含む

第Ⅳ部　東南アジアおよび土地登記制度の比較分析

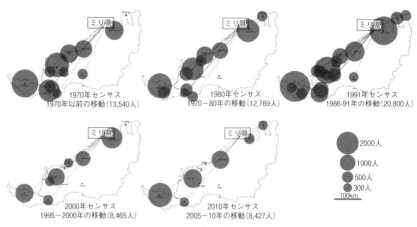

図 13-7　サラワク州内からミリ県への人口移動

注：1970年および1980年センサスでは以前居住していた県を、1991年および2010年センサスでは5年前に居住していた県について質問した結果である。1980年センサスでは、1980年の数値から1970年のそれを除した数値を表した。300人以上の県について表示した。括弧内は、移動人口の合計を示す。
出所：Department of Statistics Malaysia（1976, 1983, 1995b, 2004, 2014b）の数値を図化。

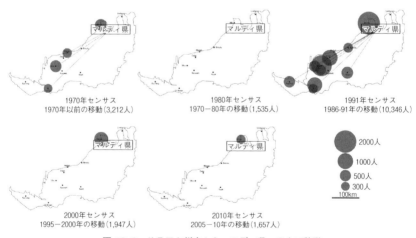

図 13-8　サラワク州内からマルディ県への人口移動

注：図9と同じ。
出所：図9と同じ。

州西部の県とともに、マルディ県からの移動人口が多い。一方、1990年代から2000年代にかけては、全般的に移動が低調となり、とくに2000年代中

盤以降マルディ県からの移動も小さくなる。

　マルディ県では（図13-8）、1960年代から1970年代の人口移動は小さい。これに対して、1991年センサス時における人数表示が大きくなる。すなわち、1980年代後半にミリ県および州西部の県からの移住が多かった。その後、2000年および2010年センサス時、すなわち1990年代中盤から2010年にかけての移入は再び小さくなる。1991年センサスにおいて、マルディ県へのサラワク州内他県からの移住者数は1万346人である。1970年、1980年、2000年および2010年センサスにおけるそれぞれ3212人、1535人、1947人および1657人と比べ格段に大きい。マルディ県の人口増加は（図13-6）、他県からの移住による社会増が大きな要因になったと考えられる。

　マルディ県のこうした人口の変遷は、現地での聞き取り結果をあわせて考えると、企業による木材伐採の盛衰に大きく関係していると考えられる。バラム川流域で木材伐採がとくに盛んになった1980年代には、サラワク州各地から伐採関連の仕事を求めて人々（とくに20〜30歳代、図13-6）が集まり、その後、1990年代以降、伐採量が減少するにつれ人々は県外へ移出し（とくに30歳代と10歳代）、人口が減少したと推測される。さらに、1990年代以降、伐採関連の仕事に従事するインドネシア人労働者が増えたことも、マレーシア人労働者のマルディ県への流入減少と、同県からの流出増加の一要因になったと考えられる。

　ただし、マルディ県における1991年以降の人口減少の要因は、単に伐採の労働力需要の低下のみではないと考えられる。先に州とマルディ県の年平均人口増加率を示したように、1980〜1991年でのマルディ県の人口増加に対して、それ以降の人口減少の率は相当低くなっている。次節で述べるような村から都市への住民の流出も大きな要因であると推測される。

3　バラム川中・上流域で増える空ビレック——現地調査より

　これまで述べてきたように、バラム川中・上流域に当たるマルディ県では、1990年代以降人口は減少傾向にある。本節では、バラム川中・上流域の村

の人口変化が実際にどのようにみられるのかを現地調査に基づいて描写していく。

（1）近年の空ビレックの増加

　先述のように先住民は基本的にロングハウスに住むが、そのなかには壁で仕切られた家族ごとの居室（マレーシア語でビレック bilek）が並んでいる。近年、バラム川中・上流域では、ミリ市を主とした都市への移住により、人の住まなくなった空ビレックが増えている。クリスマスや特別の用事があるときなど年に2、3回村に帰るだけで、通常、空ビレックには人はいない。なかには数年間にわたり住人が帰っていないビレックもある。本章では、住民の移出状況をみる手がかりとして、そうした空ビレックに着目している。筆者は、2010年から2016年にかけてバラム川中・上流域の村々を訪ね、空ビレックに関する調査を実施してきた。本節はその調査結果に基づいている。

　バラム川の下流域では、先述のとおり道路が整備されるにつれて、先住民は村から都市へ出ていきやすくなった。一方、ゴムやアブラヤシの栽培が盛んな村もみられる。とくにアブラヤシは近年売り値がよいため、換金作物として重要性を高めている。ただしアブラヤシの実は、収穫後に短時間で搾油工場に持ち込まなければならず、その運搬のための道路が不可欠である。アブラヤシ栽培のための土地が確保できる村では、近年、都市などへ出ていた者が戻りその栽培に従事することもある[14]。このため下流域では全般に空ビレックは少ない。中流域の村においても伐採道路および近隣での搾油工場の建設により、アブラヤシ栽培は広がりつつあるが、下流域と比べれば工場までの距離があり運搬費用がかかる点で不利になる。

　一方、中・上流域にみられるロングハウスでは、今日、その1〜2割が空ビレックとなっているのは普通で、のちに述べるように空ビレック率がさらに高いところもある。ビレックに居住者がいる場合でも、高齢者のみあるいは高齢者と子供（まご）だけが残っている場合が多い。空ビレックが生じる過程としては、若い夫婦（子供の親）が都市へ移住し、現金収入を安定して得られるようになり、住宅を購入した後に村に残る両親や子供を呼び寄せる

というのが多い。都市へ両親を呼び寄せるのは、都市の病院へ高齢な両親を通わせやすいとか、彼らの老後の世話をするためという理由がある。そのほかによく聞かれるのは、共働きの世帯では昼間に子供の世話を頼むという理由である。

　空ビレックの住人であった者の移住先を聞くと、ほとんどはミリ市であるが、ビントゥル市やクチン市といった州内の他都市のこともある。少ないながら、都市ではなく伐採キャンプの宿舎があげられることもある。

（2）空ビレック率が高い村の状況

　本調査では、バラム川中・上流域においてとくに空ビレックが目立つロングハウスのうち三つを訪れ（図13-1）、空ビレックの増加の経緯と背景を聞き取った。調査では、数人の住民とともに全ビレックをまわり、居住者がいる場合は人数とおおよその年齢を、空ビレックの場合は以前居住していた人数と現在の居住場所について聞いた。各村のロングハウスの様子を描写していこう。

M村

　バラム川の上流に位置するケニャ人の村で、ミリから自動車で8時間ほどかかる。全87戸中41戸（47％）が空ビレックで、そのうち40戸の住人はミリ市へ出ている。M村周辺は、上流域でしかも地形が厳しいため木材伐採の始まる時期が遅く、主要な伐採道路からも離れていた。このため長年、村への道路が建設されずにいたが、2010年ごろようやく道が付いた。ただし急峻な地形のため降雨後には悪路になりやすい。ミリ市へ出ることが難しい状況のなか、2000年ごろから同市への移住が盛んになり、空ビレックが増えていったという。

　村で2016年4月の調査時にひとりの男に会った。30歳代前半の彼は、バラム川上流域の伐採キャンプで前年まで働いていたが、そこが閉鎖したために村に戻った。キャンプでは、インドネシア人労働者が増えて、マレーシア人の仕事がなくなってきたことに加えて、2015年から伐採の仕事自体が急に減ったという。彼は未婚の単身者であるため、村に戻り焼畑やゴム栽培に

より細々と生活できる。しかし、家族や子供がいると何かと現金が必要になるため村で暮らすのは難しい。家族持ちの同僚たちのほとんどは、仕事を求めてミリ市へ出ていったという。

S村

　M村より20kmほど下流に位置するケニャ人の村である。2016年4月において全52戸中32戸（58％）が空ビレックで、そのうち25戸が主にミリ市などの都市へ、5戸が伐採キャンプへ出ていた。近隣には四つの村があり、それらの空ビレック率は1～3割程度である。S村のすべての住民は、隣りのJ村から2000年以降に移住してきた。J村は、S村からバラム川をエンジン付きロングボートで5分ほど上ったところにある。1990年代終盤に、伐採道路が現在のS村のある場所にまで至った。当時、道路が付いていなかったJ村から、道路によるミリ市へのアクセスのよさを求めた一部の住民が移住しロングハウスを建てた。移住後に仕事を求めてミリ市に出た者もいれば、一部は移住前からすでにミリ市での生活を始めており、村に戻りやすいS村にビレックを建てた者もいた。

　S村には建築途中で放置されているビレックが23戸みられた[15]。これらは、主にミリ市に住むS村出身の住民によって建築されているという。彼らは、まだ親のビレックに属しており、村に独立したビレックを建てたい希望があった。それに加えて、ビレックの新築には別の理由があった。バラムダムの開発動向と関係しているという。バラムダムの建設が発表された2011年以降、ダム湖による浸水地区となったS村を含む村々では、親のビレックから独立して新たなビレックを建築する者が増えた。ビレックの水没に対する補償金を得るためという。その後、浸水地区の村々の住民によるダム建設反対の運動が盛んになり、2015年にダム計画の凍結が発表された。それを境にビレック新築のペースは一気に低下し、2016年の私の調査時には建築途中での放置状態にみえたのである。

　S村では生業の様子も周辺村とは少々異なる。村ではここ10年あまりで次第に焼畑をつくる者が減り、2014年までは数戸が焼畑をつくっていたが、2016年ではついに誰もつくらなくなった。イノシシ、サル、スズメ等の獣

害が深刻なことが理由だとし、コメはミリ市で購入し、運搬してくるという。一方、移住元の隣りのJ村では2016年においては、ほとんどの世帯が焼畑をつくり続けている。この差があらわれるのは、より自給的な暮らしを望む人々がJ村に残ったことが理由の一つであるようだ。S村へは、道路によりミリ市とつながることで仕事を得て生計を立てようとする者が移り住んだ。彼らのなかにはミリ市へ移住する者も多くいる。S村の場合は、M村とは異なり、道路が付くことによって人口が都市へ吸い出されたともいえよう。

　家族のメンバー構成が都市への移住と関係していることはS村でも聞かれた。村内の小学校に子供（6年生）を寄宿させている30歳代の夫婦は、小学校までなら家計の負担は少ないが、来年からの高等学校（*sekola menengah kebangsaan*、5年制）は村外での寄宿になるので、毎週末に帰村のための交通費など何かと出費が増える。そこで、そろそろミリ市へ出て働くことを考えているという。

A村[16)]

　バラム川中流域の村で、支流のトゥトゥ川のさらに支流アポ川沿いに位置し、カヤン人が主に住む。ミリ市から自動車で5時間ほどかかる。全88戸中62戸（70%）が空ビレックで、空ビレックの住民のほとんどがミリ市へ移住している。周囲にはカヤン人の村が四つみられるが、それらの空ビレック率は19～38%とA村よりは低い。A村の空ビレック率がとくに高い要因として二つがあげられる。

　一つは学校教育が進んでいたことである。A村はかつて地域の中心的リーダーがおり、1950年代初頭からアポ川流域周辺におけるキリスト教の布教の拠点になった。村にはミッション小学校がたてられA村の子供はそこで学んだ。そこを卒業すると優秀な生徒は村外の高等学校に進学した。今日、A村には博士号を含め、修士号や学士号の取得者が他村に比べて多い。高学歴を得た若者たちは村には帰らず、ミリ市を主とした都市で公務員や会社員として働いている。彼らは建売家屋を購入し、両親を呼び寄せ暮らすようになったため、村では空ビレックが増えた。

　もう一つの要因は道路である。A村周辺での木材伐採は1970年代半ばか

ら始まり、当初は木材搬出に川を使っていたが、1980年代になると伐採道路が盛んに建設された。ただし、A村までは幹線の伐採道路から距離があり、支線を10km弱奥に入らなければならない。しかも、支線はアポ川を挟んでロングハウスの対岸までしか至っていなかったので、荷物は橋を徒歩で運ばなければならなかった。こうした不便さに不満をもち、多くの若者が村を後にした。これとは対照的に、隣りのB村はロングハウスが伐採道路沿いにあり、周囲の村や伐採キャンプの人々が集まる拠点として盛っている。雑貨店、飲食店、自動車修理店など30軒あまりの店がみられ、ロングハウスの空ビレック率は19%とA村を含む周辺村に比べて低い。

4 調査地の人口移動および土地利用についての地域特性

これまで、マレーシア・サラワク州ミリ省のバラム川流域を事例地として、農村部における人口動態について経済・社会的背景とともに述べ、それによる土地管理への影響について検討してきた。ここでは、先章までで述べてきた日本、韓国および台湾と比較した場合、サラワク州における農村から都市への人口移動および土地利用・管理への影響にどのような特徴がみられるのかについて簡潔にまとめる。

(1) 人口移動について

農村部のロングハウスでは、近年、住民の都市への移住により空ビレックが目立ってきた。なかには7割が空ビレックになっているロングハウスがある。空ビレック率がそこまで高いロングハウスはまだ多くないが、1~3割に至る状況は普通にみられる。経済が成長し、都市化が進むなか、農村での人口減少・高齢化が進みつつあり、この点は日本、韓国および台湾を後追いしてみられる現象であるといえよう。

当現象に関わって、日本、韓国および台湾と共通にみられる要因として、道路の建設状況がある。日本でもみられるように、道路のない不便さが理由になり村を出る状況と、逆に道路開通により都市に出やすくなり人口流出が

促進される二つの状況がみられた。高学歴化もどの地域でも共通する要因だろう。調査地では、高学歴者が多いロングハウスにおいて、彼らは都市で就職するため空ビレックが多くなっていた。先住民の高学歴化は進んでおり、今後、都市での生活を望む若者はさらに増えるだろう。

　一方で、地域によって異なる要因の一つとして先住民の存在があげられる。日本と韓国ではほとんどみられない要因であるが、台湾の原住民の存在と共通する点である。サラワク州の先住民は、ブルック家による統治以降、土地の利用にさまざまな制限を受けつつも、今日では先住慣習権を認められた土地に暮らしている。一方、台湾においては日本統治期の影響を受けつつ原住民保留地が指定されていた。両地域とも先住民のための土地の保有権は一定程度確保されている。その権利を活用しつつ生計を立てようとする点は両者に共通しており、サラワク州での空ビレックはその象徴であるといえる。先住民に関して両地域で異なる点は、彼らの社会的な立場であった。サラワク州の経済は主に華人に牛耳られていることから、先住民は経済的には弱い立場にあるものの、人口的に多数を占めることもあり、台湾でみられるように都市において強い偏見を受けることは少ない。この点では、都市への移住の際にサラワク州の先住民の方が障壁は低いと考えられる。

　とくに日本と大きく異なる状況もみられた。サラワク州の農村部では木材やヤシ油などの第一次産品の生産がいまだに盛んであり、多数の大規模ダムの開発構想がある。つまり、農村部の経済が停滞していない点である。ヤシ油の搾油工場へのアクセスが容易な村では、村人はアブラヤシ栽培により収入を得ることが可能である。大規模な開発の計画は多いため、住民のなかで土地の転用期待は相当高い。この点については、韓国や台湾の一部では類似した状況がみられるのではなかろうか。たとえば、換金産物の生産については、台湾の原住民の村でも大規模な野菜栽培がみられる。開発により土地の転用期待が比較的高い点は、韓国との共通性がある。少なくとも日本と比べると、サラワク州の農村部での開発の余地はまだ大きいと考えられる。

　サラワク州において、日本、韓国および台湾のいずれとも状況が異なる点として、農村部への外国人労働者の流入を指摘できる。サラワク州の農村部

には、主にインドネシア人が合法・非合法滞在者を含めて多数みられ、伐採現場やアブラヤシプランテーションでの仕事に従事している。安い外国人労働力がこれらの産業を支えているといえる。このことが村から都市への人口移動に与える影響として二つの側面が考えられる。一つは、農村部に村の住民がたずさわる仕事が生まれ、人が村にとどまれるようになることである。もう一つは、M村でみられたように、外国人労働者によってサラワク農村住民の雇用の場が奪われ、村人の都市への移住が促進されることである。

(2) 村の土地利用・管理について

　人口減少が土地利用・管理に及ぼす影響に関して、サラワク州と日本、韓国および台湾とで大きく異なる背景として、「焼畑」的な土地利用が行われている点がある。過疎・高齢化が進んだ日本の農山村では、耕作放棄された農地や管理されなくなった林地の増加が大きな問題となっている。たとえば、棚田は一度放棄され荒れると、再び棚田として利用するのには大きな労力がかかる。一方、焼畑の場合は、開いた畑は休閑のために再び開くまでの間、放置し森林に戻すことが基本である。したがって、焼畑をつくらなくなってもそこは従来どおり森林が成長していくことになる。ゴム園やアブラヤシ園も「焼畑」的に管理されている。たとえば、ゴムの売り値が低ければ、そこは管理されずに下草や雑木がはびこり放置状態となる。値が上がればそこは再びきれいに整備され、ゴム樹液の採集が始められる。したがって、サラワク州において、農地の管理放置は日本ほど大きな問題として認識されないと考えられる。

　ただし、休閑中の森林の未利用化が進むことによって、住民の間で土地境界が不明確になっている様子はしばしば聞かれた。都市に出た若い世代の人々は、とくにロングハウスから離れた焼畑休閑地にはしばらく行っていないので、そこでの土地境界は明確にはわからない。ましてや彼らの子供の世代は、都市で生まれ、育った者が多く、学校の長期休暇時に村を訪れる程度だから、境界についての知識はさらにないという。村から都市への移住により、近年空ビレックが目立つ村が急速に増えているサラワク州において、住

民間の土地境界の不明確化は今後大きな問題になっていく可能性がある。

　空ビレックの増加については、日本の過疎・高齢化が進んだ集落における空き家の増加と類似した現象にみえるかもしれない。しかし、空ビレックが有する意味は、先述のように日本の空き家とは異なっていた。サラワク州では、村人は土地への高い転用期待をもっている。空ビレックを残すことには、村での成員権を主張し、開発に対抗したり、開発が進む場合は補償を得る権利を確保するための理由が大きかった。

　サラワク州に特有にみられたインドネシア人労働者の存在は、村の土地利用・管理にも影響を及ぼす。本章では触れなかったが、近年では、インドネシア人を村に呼び入れ、農地管理等の仕事をさせる事例がそこここの村でみられるようになっている。今後は、外国人労働者が村の土地管理の担い手として重要な役割を果たすようになる可能性もある。外国人労働者による農村への影響については今後の研究課題になるが、先述の人口動態を含め、今後の村のあり方に関わる重要な要因の一つであろう。

5　「移動型文化」と人口減少

　都市への移住により調査地の村々において、日本、韓国および台湾の状況を後追いするように、人口減少と高齢化が進んでいることは確かであろう。ただし、これまで検討してきたように、地域ごとの自然や社会が関わり形成されてきた「文化」とでも呼べるような背景のもと、人口動態および土地利用・管理のあり方は異なっていた。

　東南アジア島嶼部に暮らす人々は、「移動型文化」を有するといわれる[17]。たとえば、仕事ではひとところ、一つの職種にこだわるのではなく、ときどきで儲けが一番上がりそうな場所に素早く移り、仕事の取捨選択を頻繁に行う。本章で示した木材伐採の隆盛にともなう人口の急な増加とその後の衰退にともなう人口減少には、そうした文化の背景があるだろう。したがって、今日、都市への移住にともなって急速に進む村の人口減少は、彼らにとってそれほど異常なことに映らないのかもしれない。

農村の人口減少や高齢化は、経済発展や都市化の進行にともなってグローバルにみられるようになるのかもしれない。一方で地域ごとの「文化」のもと、その現象のあり方やそれによる地域への影響は、地域ごとの特性を反映しつつみられるのであろう。

注
1) United Nations, https://esa.un.org/unpd/wup/
2) Sutlive, V. H. (1972), *From Longhouse to Pasar: Urbanizationin Sarawak, East Malaysia*, ph. D. desertification, Ann Arbor: University Microfilms ; Kedit, P. M. (1980), *Modernization among the Iban of Sarawak*, Kuala Lumpur: Dewan Bahasa Dan Pustaka.
3) Soda, R. (2007), *People on the Move: Rural-Urban Interactions in Sarawak*, Kyoto: Kyoto University Press.
4) Department of Statistics Malaysia (1975), *Annual Statistical Bulletin Sarawak*, Kuching ; Idem (1982), *Annual Statistical Bulletin Sarawak*, Kuching ; Idem (1993), *Yearbook of Statistics Sarawak*, Kuching ; Ibid. (2005), *Yearbook of Statistics Sarawak*, Kuching ; Idem (2014a), *Yearbook of Statistics Sarawak*, Kuching. 2010年において1リンギは27円程度である。
5) Department of Statistics Malaysia (1970), *Annual Statistical Bulletin Sarawak*, Kuching ; Ibid. (1977), *Annual Statistical Bulletin Sarawak*, Kuching ; Idem (1982), *Annual Statistical Bulletin Sarawak*, Kuching ; Idem (1987), *Annual Statistical Bulletin Sarawak*, Kuching ; Ibid. (1990), *Annual Statistical Bulletin Sarawak*, Kuching ; Idem (1993), *Yearbook of Statistics Sarawak*, Kuching ; Ibid. (1998), *Yearbook of StatisticsSarawak*, Kuching ; Idem (2002), *Yearbook of Statistics Sarawak*, Kuching ; Ibid. (2007), *Yearbook of Statistics Sarawak*, Kuching ; Idem (2012), *Yearbook of Statistics Sarawak*, Kuching ; Idem (2015), *Yearbook of Statistics Sarawak*, Kuching.
6) Department of Statistics Malaysia (2015), *Yearbook of Statistics Sarawak*, Kuching.
7) Hong, E. (1987), *Native of Sarawak*. Institut Masyrakat: Pulau Pinang.
8) Ichikawa, M. (2008), "Changes and diversity in rules of natural-resource tenure by the Iban of Sarawak, East Malaysia," *Asian and African Area Studies*, 8 (1), pp. 1-21.
9) RECODA. SCORE area. http://www.recoda.com.my/invest-in-score/score-areas/ (2017年2月6日現在)
10) Department of Statistics Malaysia (2001), *Population and housing census of Malaysia 2000 Population distribution by local authority areas and Mukims*.
11) Department of Statistics Malaysia (2015).
12) 1980年の数値から1970年のそれを除した結果を示している。

13) たとえば 2010 年では、非移住者とサラワク州内移住者の合計は全人口の 86％ を占める。1991 年では 97％ であった。
14) 市川昌広（2013）「里のモザイク景観と知のゆくえ――アブラヤシ栽培の拡大と都市化の下で」、市川昌広・祖田亮次・内藤大輔編著『ボルネオの〈里〉の環境学――変貌する熱帯林と先住民の知』、昭和堂、95-126 頁。
15) 調査では、この 23 戸は建設途中のため、ビレックとして数えていない。
16) A 村に関する記述は、Ichikawa, M. (2011), "Factors behind differences in depopulation between rural villages in Sarawak, Malaysia," *Borneo Research Bulletin*, 42, pp. 275-288 を基にしている。
17) 古川久雄（1992）『インドネシアの低湿地』勁草書房。

参考文献

Department of Statistics Malaysia (1970), *Annual Statistical Bulletin Sarawak*, Kuching.
――――― (1973), *Jadual-jadual Banci penduduk 1970 Negri Sarawak Miri*.
――――― (1975), *Annual Statistical Bulletin Sarawak*, Kuching.
――――― (1976), *1970 population and housing census of Malaysia Volume I――basic population tables part XIII Sarawak*.
――――― (1977), *Annual Statistical Bulletin Sarawak*, Kuching.
――――― (1982), *Annual Statistical Bulletin Sarawak*, Kuching.
――――― (1983), *Population and housing census of Malaysia 1980 State population report Sarawak*.
――――― (1984), *Jadual-jadual Banci penduduk 1980 Negri Sarawak Miri*.
――――― (1987), *Annual Statistical Bulletin Sarawak*, Kuching.
――――― (1990), *Annual Statistical Bulletin Sarawak*, Kuching.
――――― (1993), *Yearbook of Statistics Sarawak*, Kuching.
――――― (1995a), *Population and housing census of Malaysia 1991 Population distribution by local authority areas and Mukims*.
――――― (1995b), *Population and housing census of Malaysia 1991 State population report Sarawak*.
――――― (1998), *Yearbook of StatisticsSarawak*, Kuching.
――――― (2001), *Population and housing census of Malaysia 2000 Population distribution by local authority areas and Mukims*.
――――― (2002), *Yearbook of Statistics Sarawak*, Kuching.
――――― (2004), *Population and housing census of Malaysia 2000 Migration and population distribution*.
――――― (2005), *Yearbook of Statistics Sarawak*, Kuching.
――――― (2007), *Yearbook of Statistics Sarawak*, Kuching.
――――― (2011), *Population and housing census of Malaysia 2010 Population distribution by local authority areas and Mukims*.
――――― (2012), *Yearbook of Statistics Sarawak*, Kuching.

─────（2014a）, *Yearbook of Statistics Sarawak*, Kuching.
─────（2014b）, *Population and housing census of Malaysia 2010 Migration and population distribution*.
─────（2015）, *Yearbook of StatisticsSarawak*, Kuching.
古川久雄（1992）『インドネシアの低湿地』勁草書房。
Hong, E.（1987）, *Native of Sarawak*. InstitutMasyrakat: Pulau Pinang.
Ichikawa, M.（2008）, "Changes and diversity in rules of natural-resource tenure by the Iban of Sarawak, East Malaysia," *Asian and African Area Studies*, 8（1）, pp. 1-21.
─────（2011）, "Factors behind differences in depopulation between rural villages in Sarawak, Malaysia," *Borneo Research Bulletin*, 42, pp. 275-288.
市川昌広（2013）「里のモザイク景観と知のゆくえ――アブラヤシ栽培の拡大と都市化の下で」、市川昌広・祖田亮次・内藤大輔編著『ボルネオの〈里〉の環境学――変貌する熱帯林と先住民の知』昭和堂、95-126頁。
Kedit, P. M.（1980）, *Modernization among the Iban of Sarawak*, Kuala Lumpur: Dewan Bahasa Dan Pustaka.
Sutlive, V. H.（1972）, *From Longhouse to Pasar: Urbanization in Sarawak, East Malaysia*, ph. D. desertification, Ann Arbor: University Microfilms.
Soda, R.（2007）, *People on the Move: Rural-Urban Interactions in Sarawa*, Kyoto: Kyoto University Press.

RECODA. SCORE area. http://www.recoda.com.my/invest-in-score/score-areas/（2017年2月6日現在）
United Nations. https://esa.un.org/unpd/wup/（2017年8月25日現在）

第 14 章
フィリピン山村における人口移動と土地所有権管理の現況

葉山アツコ

　2014 年に人口 1 億人を突破したフィリピンは、東南アジアでは約 2 億 5000 万人強（世界第 4 位）のインドネシアに次ぐ人口大国（世界第 12 位）である。国連の「世界人口見通し 2015」によれば、フィリピンの人口増加は低位推計では 2050 年代後半の 1 億 3000 万人強まで、中位推計では今世紀末の 1 億 7000 万人弱まで続く[1]。東南アジア各国は合計特殊出生率が低下し少子化が進行しているが、フィリピンの出生率は依然として高い水準で推移している。人口減少社会へ移行する時期はフィリピンが最も遅い。シンガポール、タイを筆頭に先進国並みに高齢化が進展する同地域において、フィリピンの高齢化率が 14% を超えて高齢社会に突入するのも域内で最も遅い 2070 年代初頭と推定される。

　1990 年代初頭、世界銀行によってタイ、インドネシア、マレーシアが日本と NIES とともに高パフォーマンスアジア経済群とされたときに、フィリピンはそこに含まれなかった。その理由を、大泉は人口ボーナスが発現する機会を逸したことに原因を求めている[2]。すなわち、人口ボーナス期開始時点で優先した資本集約型産業の工業化がすぐに行き詰まり、さらに経済成長を促す資本となるべき外資企業の投資が長期間の政局不安のために低調であったためとしている。

　本章の関心は、人口構成的には人口ボーナスが発現してもよい状況にありながら、それが到来していないフィリピンにおいて都市からの遠隔の地域で

人口構成がどのように変化し、その際に人口はどのように移動してきたか、さらに、今後人口ボーナスが到来し日本でみられたような人口移動が生じたときに土地所有権が空洞化する可能性があるかどうかを検証することにある。

フィリピンにおいても、統計分析およびフィールド調査を展開した。調査地はここでも経済的な意味での条件不利地の一つである山間地域とした[3]。

フィリピンの国土は地形的には upland と lowland に二分される。upland は傾斜 18% 以上の山岳地であり、かつ、標高 1000m 以上の台地が含まれる[4]。全国土の土地利用区分は大きく分けて森林地（forest land）と譲渡可能地（alienable and disposal land）に分類され、前者は upland（恒久的森林地）と政府が森林であるべきとした lowland が含まれる。森林地（国土面積の 53%）[5]と譲渡可能地は、国有地、私有地という所有権上の二分法でもある。国有地であり森林地として区分される upland には少なからぬ人口が定住している。本章では、この upland に山間地域という用語を当てる。その分布は、図 14-1 に示すとおりである。ここからわかるように標高が高く、急傾斜の地域はルソン島北部とミンダナオ島に集中し、これらの地域がフィリピンの代表的な山間地域といえる。

本章の調査は、ルソン島北部山岳地帯、コルディレラ地方のイフガオ州バナウエ郡バタッド村で実施した。18 の行政村で構成されるバナウエ郡のなかで、バタッド村は最も人口減少率の高い村の一つである（図 14-2 参照）。

1　イフガオ州バナウエ郡バタッド村における人口移動

（1）バタッド村の概況

2000 メートル級の山が連なるコルディレラ山系は古くから古マレー系先住民の居住地である。行政的にはアブラ、アパヤオ、ベンゲット、イフガオ、カリンガ、マウンテンの 6 州とバギオ市によって構成されるコルディレラ地方として括られる（図 14-2）。バギオ市[6]（ベンゲット州に属するが、行政的には独立）はコルディレラ地方の中心都市であり、同地方の全人口の 5 分の 1 が集中している。

第 14 章　フィリピン山村における人口移動と土地所有権管理の現況

図 14-1　フィリピンの山間地域とコルディレラ地方
出所：標高および行政境界のデータは GADM database of Global Administrative Areas より入手し、QGIS により加工。(2017 年 10 月 14 日閲覧)

　イフガオ州は、コルディレラ山系東斜面に位置する。州全域がフィリピン最大規模の多目的ダムのひとつであるマガットダムの水源地域になっている。州面積の 82% は、傾斜 18% 以上であるため国有地である。1997 年制定の「先住民権利法」は、同法記載の要件を満たした先住民コミュニティに対して所有権（Certificate of Ancestral Domain Title、CADT）の付与を規定している。イフガオ州バナウエ郡の住民は自分たちの領域を先祖伝来より受け継いできたと認識しているが、CADT の取得がないため、法律上、彼らは国

第Ⅳ部　東南アジアおよび土地登記制度の比較分析

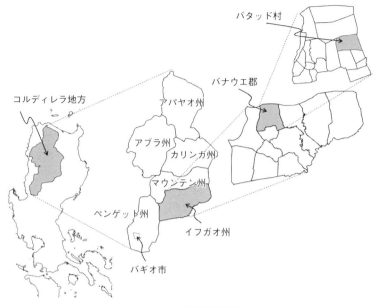

図 14-2　調査地の位置

出所：行政境界のデータは GADM database of Global Administrative Areas より入手し、QGIS により加工（http://www.gadm.org/　2017 年 10 月 14 日閲覧）。

有地の占有（possession）者との位置づけである。イフガオ州は 11 の郡（Municipality）によって構成され、うち 9 郡で国有地化宣言のはるか以前から各地に棚田が造られていた。[7]

　マルコス政権時の 1973 年、イフガオ州の棚田群が国の文化財として指定され（大統領令 260 号）、バナウエ郡中心部に国営バナウエホテルとユースホステルが建設されて以来、バナウエ郡は棚田観光の中心地である。バタッド村の総面積は 1299ha、うち棚田面積は 660.4ha、森林面積は 639.2ha と推定される。[8] バタッド村はバナウエ郡中心部から東のマヤオヤオ郡方面に延びる国道から北に外れた奥地の急斜面一帯に位置する。バナウエ郡中心部から出る 1 日 1 便の乗り合いジプニーあるいはサイドカー付きモーターサイクルで 45 分ほど東に向かう。7 年前までは国道で下車し、そこから約 2 時間徒歩で峠を越えていかなければならなかった。現在は国道からバタッド村への小道

は拡幅、舗装され、車で峠を越えることができるが、工事は村中心地手前で中断されたままになっている。このため、工事中断地点から村中心地までは約 30 分徒歩でいかなければならない。このような交通の便の悪さにもかかわらず車道建設以前からバタッド村が観光地であったのは、この村の棚田群が世界遺産に登録された五つの棚田群の一つであるからである。山腹下部の緩傾斜面と中央部の急傾斜面一面に石積みの棚田が広がり、円形劇場と例えられる景観が観光資源となっている。いずれも規模は小さいがバタッド村住民が経営する観光客用宿が 12 ある。

（2）バタッド村の人口構成

バタッド村の人口が最大であったのは 1980 年の 1352 名で、それ以降人口は減少し 2015 年の人口は 869 名である[9]。2016 年 9 月時点のバタッド村の世帯数は 189、実際に居住している人口は 704 名（男 358、女 346）である。この人口は 61 名（男 30、女 31）の週末に帰宅する高校生を含む。村には小学校しかないため、進学者は隣村にある高校の寮あるいは親類の家に寄宿している。彼らは毎金曜日の夕方に帰宅し、日曜日の夕方に 1 週間分の米を含む食材をもっていくため、バタッド村居住者と考えてよい。

バタッド村の人口ピラミッド（図 14-3）は、ひょうたん型をしており、ピラミッド型を示すフィリピン人口とは大きく異なる。バタッド村のひょうたんのくぼみにあたる部分の年齢層は 15 歳から 49 歳までである。この部分の各年齢層の村の全人口に占める割合を全国のそれ（図Ⅳ-4）と比較してみると全国の割合と大きく異なるのは 20 歳から 24 歳の層と 15 歳から 19 歳の層だけである。とくにバタッド村の 20 歳から 24 歳の層（全国の 4.5% に対してバタッド村 1.4%）、と 15 歳から 19 歳の層（全国の 5.2% に対してバタッド村 2.6%）ともに女性の割合が低い。25 歳から 49 歳までの各年齢層の割合はバタッド村が全国のそれよりも低いものの、両者の差はそれほど大きくない。バタッド村の年少人口および高齢者人口の割合は全国のそれよりも高く、生産年齢人口の割合は低い。

第Ⅳ部　東南アジアおよび土地登記制度の比較分析

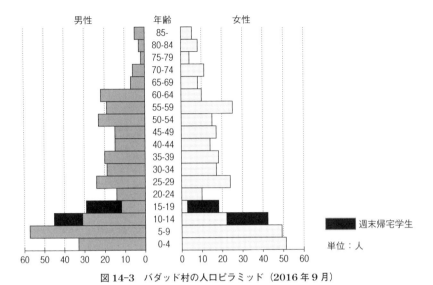

図14-3　バダッド村の人口ピラミッド（2016年9月）

出所：筆者調査による。

（3）バダッド村からの人口流出を促す要因

バダッド村の既婚女性1人当たりの出生数はいずれの世代も比較的大きい（平均5人）。しかし、村在住の世帯員数（平均3.7人）が少ないのは、彼らの多くが流出しているからである。2016年9月時点のバダッド村全世帯の村外世帯員数（189世帯に帰属する未婚、既婚者、寡夫／寡婦すべて含む）は589名（男267、女322）であり、同村居住人口704名の8割強である。589名の内訳は、就労者397（男230、女167）、生徒・学生54（男11、女43）、無職（主婦、退職者含む）124（男21、女103）、未就学児14（男5、女9）である。

自給目的の稲作農業と観光業が主な生計手段であるバダッド村からの人口流出の要因は、現金収入の稼得機会の絶対的少なさにある。その背景には、(1) 棚田の人口扶養力の限界性、(2) 非農業部門の雇用吸収力の低さ、(3) 長子優先相続の規範などを指摘できる。

バダッド村における新規の棚田造成は1970年代初頭以降ないという。したがって、それ以降のバダッド村の棚田の人口扶養力は、栽培品種の選択も含め農法に変化がないために一定と考えてよいだろう。一世帯が占有（人々

にとっては慣習的所有）する棚田面積はおおむね小さい。バタッド村では二期作が可能であるが、ヘクタール当たりの収穫量は1トンに満たず、1世帯の年間米消費量は平均5、6カ月分にしかならない。米の自給率の低さを補ってきたのは、棚田周辺に広がる共有地で焼畑生産するサツマイモやキャッサバなどの根菜類であったが、近年はバナウエ郡中心部の商店で購入する低地生産の流通米である。

　バタッド村内の非農業部門の労働市場はきわめて小さい。観光業関連以外は、棚田の石垣修復、物資・資材運搬、大工などの需要があるが雇用機会は限られている。石垣修復の技術をもっている者は多くない[10]。観光業関連の主な雇用機会は村内の観光ガイドである。バタッド村にはバナウエ郡中心部に設置されている観光省出先機関に登録している正規ガイドが約30名いるが、村に到着した観光客と直接料金交渉をしてにわかガイドになる非正規が多い。しかし、3、4月の観光客が集中する時期を除きガイドとして働く機会は多くはない。国家職業訓練機関（技術教育開発庁）で訓練を受けた観光客相手の女性マッサージ師が約10名いる。村に12ある観光客用宿で働いているのは、主に経営者家族か親族であり、3、4月以外は数名が働いているだけである。このほか、道路建設、灌漑水路修復、石垣修復などの公共事業は臨時[11]にある。

　水田数枚で構成される棚田の相続は分散を防ぐために一子のみに占有権を移転する。慣習的原則として、それは性別に関係なく長子である。親が複数カ所に棚田を占有している場合、最も大きな棚田から順に長子、第二子、第三子と占有権を移転する。通常彼らの結婚独立時にそれを行う。棚田を相続できない子供は、小作あるいは農業労働者になることが一般的であった。1970年代以降は、村外転出という選択肢がこれに加わった。

　このように、1970年代初頭に棚田の人口扶養力は限界に達し、現金収入の稼得機会が限られているという状況下で余剰労働力がたえず生み出されてきた。余剰労働力を村外に押し出す側の世帯にとって世帯員の村外転出、就労は、彼らの送金によって収入源が増えること、1人当たりの米生産量が増加し家計負担が軽減すること、さらには不測の事態の際に頼れる保険として

期待できることなどいくつかの経済的利点をもたらす。

バタッド村の人口ピラミッドがひょうたん型であるということから15歳から24歳の男女若年層で流出人口が多く、25歳以上での還流移動（Uターン移動）を確認できる。

（4）バタッド村からの流出先と流出形態

バタッド村からの流出先については、大きく三つの特徴を指摘することができる。

第一は、バタッド村村外者の多くは都市部ではなく農村部に転出していることである。このことは図14-4で確認できる。円形で示す流出人口のマニラ首都圏への集中はさほど進んでいない。村外者の都市部への流出先はマニ

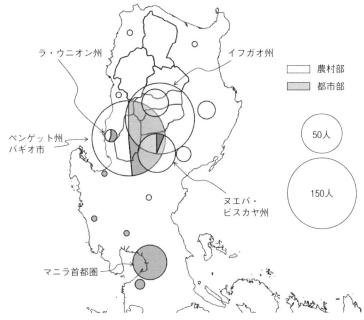

図14-4　バタッド村民の流出先（2016年）

出所：筆者調査による。バギオ市への人口流出はベンゲット州に含めて表示している。行政境界のデータは図14-1と同じ。

ラ首都圏とバギオ市が中心であるが、生徒・学生および未就学児を除いた村外者全体の 28.8% にとどまり、マニラ首都圏居住者は村外者全体の 1 割に満たない。発展途上国の労働移動に関しては、農村から都市への移動に主たる関心が払われてきたが、バタッド村では農村から農村への移動が主流である。

第二は、村外居住者の多くがコルディレラ地方内にいる点である。この点も図 14-4 で確認できる。村外男性の 8 割弱、村外女性の 6 割弱はコルディレラ地方内（とくにバギオ市、ベンゲット州、イフガオ州）に居住している。同地方外ではヌエバ・ビスカヤ州など近隣州に流出先を求めている。

第三は、村外者の産業別就業者比率は男女ともに農業部門就業者の割合が高いことである。村外就業男性の農業部門就業割合は全国男性割合の 4 割弱に対して 6 割弱、同様に女性は全国割合の 2 割に対して 5 割強にも上る。[12]

コルディレラ地方内でバタッド村男性を最も吸収しているのは、ベンゲット州農村部である（コルディレラ地方内で就労している男性の 4 割弱）。彼らの多くは同州の主産業である鉱業（銅山、金山）[13]部門と農業（マニラ首都圏向けの高原野菜生産）[14]部門に賃金労働者として雇用されている。

住民の転出先に関して、ベンゲット州農村部で就労するバタッド村出身者を介してベンゲット州の雇用主とバタッド村の求職者を結びつける求人・求職ネットワークの存在が見落とせない。この同郷ネットワークが村外就業を考えるバタッド村の未熟練の若者層、とくに男性の多くをベンゲット州農村部へと向かわせるのである。同様の同郷ネットワークは、他の高原野菜生産地であるコルディレラ地方マウンテン州農村部にも存在する。さらに、バタッド村とコルディレラ地方以外にも同郷ネットワークは存在する。それは、広い農地を求めるバタッド村住民とヌエバ・ビスカヤ州内の国有林地とのネットワークであり、農地を求める同村の人々が自発的にこの地の開拓に従事したことによって形成されたものである。

こうした地方のネットワークが確認される一方で、マニラ首都圏にはバタッド村の労働力と求人とを結ぶネットワークの存在は確認できなかった。このように、コルディレラ地方ベンゲット州とマウンテン州農村部にバタッ

ド村村外者(とくに男性)が多いのは、これらの地域に労働集約的で要求される技術水準が低い産業が展開するとともに、求人・求職ネットワークを介してバタッド村の若者層を吸収するシステムが整っていることに原因がある。

技術水準の低い就業先が近隣の州に求められたのに対し、都市近代部門、とくに大学卒業資格あるいは職業訓練校卒業資格を要する職に就いている村外者は1割程度にすぎない。主な就職先は工業部門、サービス業部門両部門における専門職(前者は機械工、溶接工、電気工、後者は看護師、介護士、警官、公務員、教員、コールセンターエージェント、船員)などである。彼らの4分の1は海外にいる。香港などの海外で家事使用人として働く場合にも、大学卒業の資格が要件になることが多くなっている。

(5) バタッド村への人口の還流

バタッド村の未婚の若年男性の主要な流出先はベンゲット州農村部、未婚の若年女性はバギオ市やマニラ首都圏であった。流出先で結婚相手に出会うと、新しい世帯としてどこで生計を立てるのかの選択をすることになる。すなわち、そのまま就労の地で暮らすか、バタッド村に還流するか、あるいは配偶者の出身地に移動するかの選択である。バタッド村に還流する場合には、村外出身の配偶者をともなうことが少なくない。バタッド村の189世帯のうち夫婦のどちらかが村外出身である世帯数は、妻が村外出身世帯は25、夫が村外出身世帯は31の計56(全世帯数の3割)である。村外出身の妻の6割強、同夫の7割強はイフガオ州出身である。

他方、村外に世帯を構えるバタッド村出身の既婚者(寡夫・寡婦含む)308名(出稼ぎ者を除く男115、女193)のうち、バタッド村以外のイフガオ州内に在住する男女はそれぞれ43名と73名(12名の寡婦含む)で、男女ともに村外在住の既婚者の4割程である。彼らのほとんどは未婚時にバタッド村から転出し、転出先でイフガオ州出身の配偶者を見つけ、配偶者の出身地で生計を立てることを決めた人々である。彼らのうち行政、商業の中心である郡中心部にいるのは男女とも1割にすぎず、ほとんどは農家あるいは農業労働者として農村部にいる。男女ともに配偶者にイフガオ州出身者が多いのは、

同じ母語で会話ができる者同士が親密になるからであろう。

　以上からわかることは、就労を求めてバタッド村を離れ、イフガオ州外に転出した未婚の若者層の3割から4割が結婚を機にバタッド村も含めイフガオ州の農村に還流するということである。

　バタッド村居住者の20歳以上の380名（男194、女186）のうち、村外での就労経験がある者は全体の4割弱（男4割強、女2割強）である。30代、40代男性に限れば半数以上が村外就労を経験し還流したことになる。男性の村外就労経験者の7割強がベンゲット州農村部で鉱山労働者あるいは野菜生産の農業労働者として働き、女性の半数近くがマニラ首都圏、バギオ市を中心にした都市部および町・郡中心部で家事使用人として働いていた。海外出稼ぎ経験はもっぱら女性で家事使用人として働いていた。村外就労を経験してバタッド村へ還流した者と現在の村外在住者の転出先と彼らが参入する労働市場とが連続していることがわかる。すなわち、バタッド村からの未婚の若者層の転出、転出者の3、4割にみられる転出から10年以内の結婚を契機としたバタッド村あるいは配偶者の出身地の他のイフガオ州への還流という二つの労働移動が世代を超えて繰り返されているのである。

　これまでみたように就労を求めてバタッド村から転出した住民の多くは、競争的労働市場ではなく、同郷ネットワークが利用できる農村部で展開する労働集約的で技術水準の要求度が低い分野に参入する。都市部、町・郡中心部で就労しているのは村外就労者（国内）の男性の3割、女性の5割強である。そのうち競争的労働市場に就労しているのは都市部、町・郡中心部での就労男性の4割強、同女性の5割であり、村外就労者全体に占める割合、とくに男性のそれはきわめて低い。競争的労働市場への参入障壁となっているのはバタッド村住民の教育水準の低さである。

　バタッド村居住者、村外者あわせて、小学校卒業（中退者含む）の学歴しかもたない者、正規の学校教育歴のない者が全体の4割強いる[15]。これを年代別にみると60代以上9割、50代8割、40代5割、40代3割、20代2割であり、若い世代になるほど高校へ進学する者の割合は増えている。しかし、高校、大学に進学しても中途退学者が多く大学卒業者の割合は小さい。現在、

村外の大学で学んでいる者は 33 名（男 7、女 26）である。村内居住者の大卒者の割合は 1 割弱にすぎない。

2　バタッド村における棚田の占有と利用

（1）公的な土地管理の仕組みと限界

　転出人口が結婚を機に新世帯として生計を立てる場（転出地、バタッド村、配偶者の出身地）を選択する際には米が自給できるかどうかが重要である。米が自給できなければ、流通米（低地米）を購入するが、流通米の購入費は自給米の生産費よりも高く、かつ流通米の食味は在来品種に比べて劣るという。したがって、バタッド村への還流を考える転出者にとって棚田の利用権が得られるかどうかが重要な決め手の一つとなる。[16]

　先述したように山岳地帯であるバナウエ郡の全領域も含めイフガオ州のほとんどの土地は国有地に属する。このため、低地の人々のように相続あるいは購入によって取得した土地をトレンス・システムに従って法務省土地登録局に登記し所有権を主張することはできない。低地では土地を登記した所有者には土地税支払いの義務が生じるが、国有地に属するバナウエ郡の土地占有者は、国有地利用者として土地税を払う義務が課せられている。土地税徴収は地方自治体の財源確保が目的である。

　バナウエ郡役所査定課は、同郡に属するすべての行政村ごとに土地税徴収のための不動産宣言台帳（以下、土地台帳）を作成し管理している。不動産宣言書に「重要：課税目的のみに発行されるものであり、不動産の所有権とはみなされない」と明記されているように、これは課税台帳であって土地に対する権利の存在を公示するものではない。課税対象となる不動産は、農地（灌漑水田および天水田）、宅地、林地（書類上の用語は「草地」）である。1965 年にバナウエ郡ではじめて土地台帳が作成された。以降、1974 年、1980 年、1993 年、2009 年、2014 年に改訂版が作成されている。不動産宣言書に記入されている項目は、(1) 住所氏名、(2) 占有地の所在地、(3) 占有地に隣接する四方の土地占有者名、(4) 地目（灌漑水田、天水田、林地、宅地の 4 種）、

(5) 面積、(6) 地価の6点である。

　不動産宣言はイフガオ棚田地帯の人々にとっての唯一の公的な土地管理制度である。はじめてこの制度がバナウエ郡に導入されたとき、数多くの住民が郡役所に出向いて不動産登録をしたという事実は、そうすることで土地占有が公的に保証されると理解したからであろう。記載されている水田面積は、申告された稲穂の収穫束数に基づいて計算されたものであり、実測地ではない。したがって地図は付いていない。バナウエ郡役所職員によると、人々は土地税支払いを少なくするために収穫束数を過少申告する傾向にあったという。1965年以来現在に至るまで不動産登録したものの土地税を支払わない住民がほとんどであり、財源確保のための土地税徴収という土地台帳作成の目的が果たされていないのが実情である。

　近年は、土地占有権移転にともなう土地台帳上の名義変更人手続きには以下の書類の提出が求められる。それらは、(1) 土地占有者が存命で土地を相続によって譲渡する場合は「寄付証書」とその公正証書、(2) 土地占有者が死亡している場合に相続によって土地を譲渡する場合は「不動産の裁判外の和解調書」とその公正証書、(3) 土地売買による占有権の移転の場合は、「販売証書」とその公正証書、(4) 土地税支払い（年1回）に未納があればその支払い、(5) 土地占有者の費用負担による土地測量と四方に隣接する土地占有者の同意書、である。

　以前はこれらの書類は必要とされず、口頭での登録宣言のみで郡役所は不動産として受理し、土地台帳に旧名義人の宣言書を残したまま新名義人の宣言書を追加していった。バタッド村の2014年版土地台帳（最新版）が分厚い2冊の綴じ込みになっているのは、1965年以降のほぼすべての不動産宣言書が蓄積しているからである。同一地に名義人が重複したまま土地台帳の改訂がされてきたが、どの土地の名義人が重複しているかの情報は欠いたままである。近年は、上記の書類が郡役所査定課に提出されたときに旧名義人の不動産宣言書が台帳から外され、新名義人のそれに変わることになっている。しかし、一連の手続きは多くの住民にとって大きな負担であり、不動産登録を行わない土地占有者が数多くいる。そのため、慣習的に土地占有権が

移転されても何十年も前に登録した土地占有者名が本人の死後も公的な土地占有者となっている。

　このように、公的な土地管理方法の不備が行政側からは土地占有者を不明化させており、郡役所では棚田の現在の占有者を特定できない。郡役所はこの問題を認識しているが、土地占有者から正式の名義人変更手続きがない限り台帳から旧名義人の不動産宣言書を外すことはできないため対策はないという。

　しかし、このように土地管理制度という点からは不備の多い土地台帳であっても住民には重要な制度である。それは、住民にとってこれが唯一の土地占有の公的認知というだけではない。不動産宣言書が本人の身分証明書になるからである。不動産宣言書の原本は、郡役所と宣言した本人とが一部ずつ保管する。身分証明書の提示が求められる際にそれを提示することができる。先述したように郡役所での不動産登録は、彼らが土地税を支払っているということを意味しない。住民にとって土地税の支払いが重要になるのは、彼らが占有地を担保に協同組合から融資を受けたいときのみである。全域が国有地であるバナウエ郡では土地を担保にして銀行から融資を受けることはできない。唯一融資を受けられる金融機関である協同組合に提出する書類が土地所有証書の代替になる土地税支払い領収書なのである。

　2014年度版のバタッド村の土地台帳には1019カ所の棚田と21カ所の林地およびそれぞれの占有者名が含まれている[17]。1019カ所の棚田占有者名の名寄せをしたところ522名の占有者がいることがわかった[18]。2016年9月時点で283名の土地占有者がいる。1970年初頭以降新たな棚田の造成がないこと、相続あるいは売買による棚田の占有権移転は、連続する何枚かの田を分割しないことが基本であること、特定個人への土地の集中は起きていないことから判断して現在の棚田の占有者数は、1965年以降のそれと大きくは違わないと考えられる。そうであれば、土地台帳の土地占有者数と現在のそれとの差、約240名分の棚田は重複した名義人のものである。1965年から2016年までの約50年間に2世代の土地占有者の代替わりがあったとすれば、同一地の名義人の重複は2、3名であろう。1人の平均棚田占有数は2カ所

であるため、土地台帳に登録されている 1019 カ所の棚田のうち約 450 カ所は重複した同一地であると思われる。

土地台帳に登録されている 522 名の名義人のなかに、現在のバタッド村の土地占有者 283 名のうち 122 名の名前を見つけることができる（ただし、確実なのは 28 名のみ、残りの 94 名はイフガオ名と学校登録名との混在で確定できず）。すなわち、6 割以上の現在の土地占有者は名義人変更をせず、公的には土地台帳に登録した人物が土地占有者のままである。522 名の名義人のうち、死亡が確認でき現在の占有者名が同定できたのは 39 名である。これを土地台帳に登録されている 1019 カ所の棚田側からみると、現在の占有者を同定することができたのは 213 カ所（20.9％）であり、うち 152 カ所はバタッド村居住者、61 カ所は村外居住者の土地である。先述したように土地占有権の名義変更手続きの大きな費用負担のために、多くの土地占有者は占有権移転後も放置しているのである。

（2）土地占有権をめぐる調整のプロセス

以上のように郡役所への不動産登録が棚田占有者の不明化を防ぐ役割はきわめて低く、さらに境界不明化を防ぐ役目は備えていない。土地占有、境界の不明化を防ぐ仕組みは、公的制度にはなく、慣習的制度に依存せざるをえない。すなわち、占有地の境界争いはムラによって慣習的に解決が図られ、現在も同様である。バタッド村の現および前村長への聞き取りによると、占有地の境界争いはほとんどが宅地に関するもので、棚田に関するものはわずかである。私利用林（国有地内であるためこの用語を使うが、住民にとっては慣習的私有林）に関するものが増えつつある。

棚田の境界として石垣が豪雨などで流された場合に備えて地中 1.5 から 2 m に基石（境界石）が埋め込まれている。石垣が流され、境界争いが起こった場合、村長、村の評議員が地中を掘って境界石を確認する。豪雨によって境界石も流され境界が不明になることもある。当事者の一方が境界設定に合意できない場合、村長、村の評議員、年配者によって構成される和解委員会（軽微な案件を解決し、下級裁判所の負担を軽減するために全国すべての行政村に

設置されている住民組織、当事者間の和解を目指すことが目的で委員は村長の任命）による調停が行われる。それに不服であれば郡裁判所、さらには州裁判所に訴えることができる。

一つの例として、棚田の境界に関して2012年7月に前村長に申し立てられた件を紹介しよう。集中豪雨によって棚田の石垣、境界石ともに崩落したため当の棚田占有者は境界石を埋め直し石垣を修復した。ところが、直下に位置する棚田の占有者が上方棚田占有者の石垣修復によって本来の境界が侵害され、自分の棚田の面積が縮小したと訴えた。村長、評議員は当事者2名と現地の棚田の様子に詳しい年配者を伴って現地調査を行い、申立人である下方棚田占有者の棚田への侵害はないとの結論を出した。これに不服の申立人は郡裁判所に訴えた。裁判所から双方が主張する境界の中間に新たな境界を設定したらどうかとの和解案が出された。双方とも裁判を継続することの費用負担と棚田から産出される米の収量を比較し、和解案を受け入れた。

このように先祖伝来受け継いできた棚田の境界に関しては構造物（境界石）の設置および慣習的制度によってその不明化を防ぐ方法が確立し、慣習的制度によって解決されない場合には国家の裁判制度が解決にあたる仕組みとなっている。

（3）私利用林地の管理

境界に構造物が設置されている棚田とは異なり、私利用林の境界にはそれがないため、時間の経過とともに境界は曖昧になりやすい。現在バタッド村に居住する189世帯のほぼすべての世帯は私利用林（pinugo）を占有している。私利用林には、親族林、兄弟林、家族林、個人林の四種類がある。多くの世帯が占有するのは家族林（153世帯、81.0％）および親族林（120世帯、63.5％）である[19]。ただし、これら四分類は、時の経過とともに変化するものであり、固定したものではない。私利用林は元来ムラの領域のなかの占有者のいない森林であった。それが私利用林としてムラの人々から認識されるためには、森林での除草、植林、下刈りなどの労働投入が人々から認知される必要がある。多くの場合は、棚田の占有者がその上方一帯の森林を私有化する。

彼はその私利用林を家族が薪を採集し、木材を伐採するための家族林とする。谷や尾根筋が自然の境界になることもあるが、それらからの距離がある場合は隣接する私利用林占有者とともに目印となる立木を何本か決め、境界を設定する。子供たちが各々結婚独立し、家族林を分割すれば個人林に、あるいは分割することなく子供たち全員の共有財産とすれば兄弟林になる。兄弟それぞれの子供たちが結婚独立するようになると兄弟林は親族林となる。ただし、人々は兄弟林、親族林（多くの場合、創設者は祖父あるいは曽祖父）において、占有者全員が等しく森林資源利用権を主張できるのではないことを認識している。兄弟、親族のうちで最も森林管理に労働を投入している個人（多くは年配男性）が実質の所有者であると考えている。薪用に枯れ木や枝を採集することに彼の許可は必要ないが、家を建設するために何本もの立木を伐採したい場合は彼に許可を求める。

　親族林を所有しているという人々は、その所在地および親族に含まれる構成員を認知していると説明するが、境界がわかるという人は多くない。1980年代までは人々にとって森林は身近な存在であり、とくに男たちは幼少期より父親らとともに森で狩りを楽しんだ。年長者と森林に度々入ることで自分たちの私利用林の境界を教わったという。近年、子供や若者が森に入る機会が少なくなり、若年層世代に境界に関する情報が伝わらない。

　2014年9月に現村長に申し立てられた件は、私利用林の境界不明化が原因である。山腹上方の占有者が、その下方に隣接する占有者の境界侵害を訴えた。それぞれが占有を主張する森林はすでに亡くなっている双方の祖父によって私有林化され、両者間で境界の合意ができていたはずであるが、それぞれの孫が主張する境界が一致しなくなっていた。私利用林の境界問題が顕在化するのは、伐採時である。この件は上方側の占有者が伐採した木を運び出そうとした際に、下方側占有者がそれを妨害したために発生した。下方側占有者の主張は、上方側占有者こそが境界を侵害し私有財産を窃盗しようとしたというものである。現地を調査した村長と評議員が下方側占有者の主張を支持したため、上方側占有者は納得せず、現在この案件は村の和解委員会が協議している。

第Ⅳ部　東南アジアおよび土地登記制度の比較分析

　境界争いを想定して構造物が設置されている棚田と異なり、私利用林にはそのような措置は取られてこなかった。希少資源である棚田と異なり、資源豊富な森林に厳格な囲い込みとその明示化は必要なかったからである。個人林が必要に応じて家族林や親族林に変化するのは、住民の生存に欠かせない薪確保のために森林を厳格には囲い込まないという慣習的な工夫である。しかし、薪はLPガスに代わり、森で狩りをして動物性蛋白質をとることは少なくなっている。住民が森林に入る機会は確実に低下し、私利用林の境界の曖昧化、不明化はかなり進行していると考えられる。村長ら年配者が懸念するように、若者世代の森林利用が減少し、私利用林の境界に関する知識の継承が途絶えれば、境界の知識を有する年配者が亡くなった後は慣習的解決方法が機能しなくなる。一方で森林における有用樹木の希少化が境界争いを頻発化させる可能性が高い。バタッド村の森林から家屋建設に資する有用樹木のほとんどが伐採され、近年木材は隣村の私利用林から購入しなければならなくなっている。明らかにバタッド村の有用樹木は希少資源化しており、その帰属をめぐる争いが頻発すれば、構造物設置や早生樹種植栽などの境界明示化が進むかもしれない。

　上述の郡役所が管理している土地台帳に登録されている私利用林は21カ所である。私利用林を個人の不動産として登録する行為は近年みられる新しい現象である。バタッド村の領域の土地利用は、水源林、焼畑をするための共有地、私利用林、棚田、宅地と分けられている。住民は水源林での伐採および農地利用を禁じてきた。焼畑用共有地での植栽木の所有権は植栽者にあるが、土地は共有であるというのが慣習的な考えである。しかし、近年、焼畑用共有地の一部が個人の不動産として登録されるようになっている。共有地の私有化を慣習に反する行為と考える住民は多いが、公的な土地管理制度（郡役所での不動産登録）を利用して個人で囲い込む住民が出てきている。先述したように多くの住民は不動産登録を行わないが、不動産登録の知識と手続き費用を負担できる住民は、資源の希少化に先手を打って私利用林の不動産登録を始めている。

3　人口ボーナスと所有権空洞化の可能性

　本章では、人口構成上からは人口ボーナス期にありながら、人口ボーナスを享受できないでいるフィリピンの山間地域における人口動態や土地所有権に関わる実態を整理した。

　イフガオ州の中心的な棚田地帯、バナウエ郡のなかで人口減少率の高い行政村の一つであるバタッド村では、農業および観光業の雇用創出力は非常に小さく、男女ともに未婚の余剰労働力は村外に転出する。彼らの流出先はマニラ首都圏よりコルディレラ地方である。マニラ首都圏への人口移動は女性が多いが、女性村外者の12%（男性のそれは6%）にすぎない。男性の多くはベンゲット州農村部の労働集約的で要求される技術水準の低い産業（鉱山採掘とマニラ首都圏向けの高原野菜生産）に、女性はバギオ市とマニラ首都圏のサービス業分野に吸収されている。転出先で配偶者を見つけた彼らのなかには結婚を機にイフガオ州に還流する者も少なくない。バタッド村を含めたイフガオ州農村部に還流し、生計を立てる彼らの世帯は再び余剰労働力を生み出す。子供世代の余剰労働力は、親世代のそれを吸収した同じ産業に再び吸収される。イフガオの棚田地帯では、この一連の労働移動が世代を超えて再生産されている。人口ボーナスを享受し、大都市への人口集中が進む東アジア諸国とは異なる状況にある。

　人口流出が近隣の地域にとどまり、また、還流が続くいまの状況では、土地所有権の空洞化は起こりにくい。人口が維持されているために、土地権利をめぐる慣行的な管理システムが機能し続けるからである。土地利用争いの事例でみたとおり、まずは村長、評議員や年配者がこの処理にあたり、それでも解決しない場合には裁判所の裁定を待つことになる。他方、公的システムはきわめて脆弱な状況にある。土地台帳に記載されている「占有者」は死後も削除されないまま、重複占有が認められてしまっている。土地境界を表す地図も整備されていないため、境界確定などの作業にも利用できない。

　一方で、個人による厳格な囲い込みが行われてこなかった私利用林では、

近年、人口流出にではなく住民の森林利用の低下により年配者の経験、知識が若い世代へ継承されなくなっている。それが、境界を不明化させている。慣行的システムが機能しなくなる事例の先取りともいえよう。

　転出した若者層は結婚後の世帯の生計維持のために棚田地帯に還流するが、将来転出先の賃金率が上昇すれば、経済的な理由で還流の可能性は低くなる。しかし、山間地域から非熟練労働者人口が減少していくという状況は、フィリピンの人口増加が減少に転じる今世紀末以降であろう。

注

1) United Nations Population Division, Department of Economic and Social Affairs Homepage, *World Population Prospects: The 2015 Revision*.
2) 大泉啓一郎（2007）『老いてゆくアジア――繁栄の構図が変わるとき』中央公論新社。
3) 本章は、葉山アツコ（2017）「人口ボーナスが発現していない国、フィリピンの棚田地帯における空洞化概念の適用可能性」「久留米大学経済研究所紀要」第5輯、39-108頁に依拠している。
4) Bureau of Forest Development (1982), *Annual Report*, Bureau of Forest Development, Republic of the Philippines.
5) ITTO (2005), *Status of Tropical Forest Management 2005*, International Tropical Timber Organization.
6) イバロイ族の小村でしかなかったバギオはアメリカ植民地政府によって夏季の首都機能をもつ都市として開発された。1903年にマニラとバギオを結ぶベンゲット道路建設が始まった。スペイン植民期にすでにこの地域に豊富な金と銅資源が埋蔵されている可能性が高いことが知られていたため、バギオ開発はアメリカ人による鉱山資源開発のためでもあった（Afable, 2004），"Building Bridges in a Faraway Place: Japanese Pioneers in Baguio and Benguet History," in: Afable, P. O. (ed.), *Japanese Pioneers in the Northern Philippine Highlands*, Baguio City: Filipino-Japanese Foundation of Northern Luzon, Inc., 3-10.)。
7) UNESCO (2008), *IMPACT: The Effects of Tourism on Culture and the Environment in Asia and the Pacific: Sustainable Tourism and the Preservation of the World Heritage Site of the Ifugao Rice Terraces, Philippines*, UNESCO Bangkok.
8) Bantayan et al. (2012), "Estimating Extent and Damage of the UNESCO World Heritage Sites of the Ifugao Rice Terraces, Philippines," *Journal of Environmental Science and Management*, 15 (1), pp. 1-5.
9) 国勢調査による人口統計は有権者登録をしている非居住者を含むため実際の居住者数ではないことに留意が必要である。
10) 2011、12年に行われた農業省予算による大規模な石垣修復工事では、石垣修復技術

をもつ労働者をバタッド村だけでは十分確保できず、隣接するマヤオヤオ郡からその技術をもつ労働者を多く雇った。

11）灌漑水受益者による年1、2回の水路の清掃や草刈りなどは行われているが、土砂流出が長距離に水路を破壊したところでは放置されたままになっている。受益者が水路の清掃や草刈りに参加しなくともとくに罰則はない。

12）全国の男女別産業別就業者比率は、Philippine Statistics Authority Homepage, *National Accounts of the Philippines*, Philippine Statistics Authority, Republic of the Philippines に依る。

13）コルディレラ山系南西部（現在のベンゲット州）における鉱山開発は、アメリカ植民地期に金資源開発から始まった。植民地期初期は、アメリカ人の個人投資家や経営者が開発を主導したが、1930年代のゴールドブームによって多くの企業が参入するようになった。1936年、アメリカ人技師と弁護士がレパント鉱山会社を設立してマンカヤンの銅資源開発に乗り出した。銅資源はほぼすべて日本に輸出された。日本軍政下は三井鉱山が銅資源開発を引き継いだ（芹澤隆道（2012）「フィリピン・コルディレラ産地社会の「アメリカ化」とイゴロットの対日協力問題」『東南アジア研究』50（1）、109-139頁）。

14）ベンゲット州は高原野菜の一大生産地である。その始まりは、1903年開始のベンゲット道路建設のために渡航した多くの日本人のなかに、1910年頃人口希薄であった彼の地に故郷の風景、気候との類似性をみつけ、高原野菜生産に乗り出した人がいたことにある（Fiagoy, G. and Afable, P. O.（2004）, "Farming, Gardening, and the Silk Industry: The First Arrivals," in: Afable, P.O.（ed.）, *Japanese Pioneers in the Northern Philippine Highlands*, Baguio City: Filipino-Japanese Foundation of Northern Luzon, Inc., pp. 105-132）。

15）フィリピンの教育制度（2012年度より基礎教育期間12年の新制度へ移行したが、本章は旧制度で説明する）では、初等教育（小学校）6年間、中等教育（高校）4年間、計10年間が基礎教育期間であり義務教育である。そのうえに大学や専門学校などの高等教育がある。

16）慣習的には長子優先相続であるが、村外に転出した長子がバタッド村へ戻る可能性が低い場合、親がその長子に棚田を移譲することはほとんどない。村外居住者がバタッド村への還流を決定する際に彼／彼女が第三子、第四子であっても親の棚田を相続する可能性がある。あるいは棚田相続者のいない叔父、叔母の養子になるということもよくある。

17）土地台帳には多くの宅地が含まれているが、本章の調査対象からは外している。

18）1019名の名義人の名寄せが非常に難しいのは、複数の不動産を宣言している同一人物がいくつもの異なる綴りで記録されていたり、同一人物が二つの異なる名前をもっているからである。不動産宣言書作成時、郡役所の担当職員は申請者が口頭で伝えた音をそのまま文字化したため受け付けた職員によって綴りが異なり、さらにイフガオの人々はかつて、出生時のイフガオ名と小学校登録時の学校登録名の二つの名前をもち、別々の不動産申請にイフガオ名と学校登録名を使うことがあった。

19）一世帯は複数カ所の私有林を所有している。

参考文献

Afable, P. O. (2004), "Building Bridges in a Faraway Place : Japanese Pioneers in Baguio and Benguet History," in : Afable, P. O. (ed.), *Japanese Pioneers in the Northern Philippine Highlands*, Baguio City : Filipino-Japanese Foundation of Northern Luzon, Inc., pp. 3-60.

Bantayan, N. C., Calderon, M. M., Dizon, J. T., Sajise A. U. and Salvador, M. G. (2012), "Estimating Extent and Damage of the UNESCO World Heritage Sites of the Ifugao Rice Terraces, Philippines," *Journal of Environmental Science and Management*, 15 (1), pp. 1-5.

Bureau of Forest Development (1982), *Annual Report*, Bureau of Forest Development, Republic of the Philippines.

Fiagoy, G. and Afable, P. O. (2004), "Farming, Gardening, and the Silk Industry : The First Arrivals," in : Afable, P. O. (ed.), *Japanese Pioneers in the Northern Philippine Highlands*, Baguio City : Filipino-Japanese Foundation of Northern Luzon, Inc., pp. 105-132.

ITTO (2005), *Status of Tropical Forest Management 2005*, International Tropical Timber Organization.

National Census and Statistical Office (1970), *1970 Census of Population by Province, Municipality, and Barangay*, National Census and Statistical Office, National Economic and Development Authority, Republic of the Philippines.

─── (1980), *1980 Census of Population by Province, Municipality, and Barangay*, National Census and Statistical Office, National Economic and Development Authority, Republic of the Philippines.

National Statistical Office (2000), *2000 Census* (CD), National Statistical Office, Republic of the Philippines.

Philippine Statistics Authority Homepage, *National Accounts of the Philippines*, Philippine Statistics Authority, Republic of the Philippines.

───*2010 Census of Population*, Population and Housing, Philippine Statistical Authority, Republic of the Philippines.

───*2015 Census of Population*, Population and Housing, Philippine Statistical Authority, Republic of the Philippines.

Philippine Statistics Authority(2015), *Philippine Statistical Yearbook 2015*, Philippine Statistics Authority, Republic of the Philippines.

UNESCO (2008), *IMPACT : The Effects of Tourism on Culture and the Environment in Asia and the Pacific : Sustainable Tourism and the Preservation of the World Heritage Site of the Ifugao Rice Terraces, Philippines*, UNESCO Bangkok.

United Nations Population Division, Department of Economic and Social Affairs Homepage, *World Population Prospects : The 2015 Revision*.

大泉啓一郎 (2007)『老いてゆくアジア──繁栄の構図が変わるとき』中央公論新社。

芹澤隆道 (2012)「フィリピン・コルディレラ産地社会の「アメリカ化」とイゴロットの

対日協力問題」『東南アジア研究』50（1）、109-139 頁。
葉山アツコ（2017）「人口ボーナスが発現していない国、フィリピンの棚田地帯における空洞化概念の適用可能性」『久留米大学経済研究所紀要』第 5 輯、39-108 頁。

第15章

土地法における権利と登記制度
——国際比較の視点から

呉宗謀

　現在、日本では人口減少に伴って土地の所有者不明化が進行しており、その法的原因は、主に、民法（および不動産登記法）の「意思主義および対抗要件主義」と「相続未登記」、「地籍の未整備」にあるとされる[1]。すなわち、日本の民法（176条および177条）において土地に関する権利は当事者の意思によって変動し、登記は第三者との競合が生じた場合の対抗要件であり、相続登記も義務づけられていない。また、土地区画の位置・境界・面積を示した「地図」（不動産登記法14条1項）の精度が低く、地図作製のための地籍調査については、「今のペースでいけば完了までにまだ100年を要する」とされる[2]。さらに、本書は、日本の中山間地域では、所有者不明化に加えて、林地の細分化が進んでおり、過少利用が進行していると指摘する（松本充郎・第3章）。

　ところが、台湾において、「日本の中山間地域で発生している所有者の不明化や所有権の細分化にともなう過少利用（アンチコモンズ）問題は現在の台湾において発生しているか」と問いかけても、「それは日本の問題であって台湾の問題ではない」との答えがほとんどであろう。

　程明修、張惠東と高仁川が指摘するように、台湾の中山間地域は、元来、原住民族の支配領域であったが、現在は、おおむね国有地化されている。国有地のごく一部が「原住民保留地」と規定され、原住民族の多くは、原住民保留地に居住し、徐々に利用権や所有権の取得を進めている。漢民族は少子

化・高齢化しているが、原住民族の人口は、当面、安定している。

　それでは、私有化・私用化された保留地の権利が将来的に空洞化する可能性はあるのだろうか。原住民保留地の土地に対する権利の名義人は、法的に原住民としての認定を受けた個人でなければならないにもかかわらず、現状、非原住民による投資・取引の標的となっている。しかし、台湾の民法（第758、759条の1）は、登記を不動産の権利変動要件とするという形式主義を採るため、一般的には、売買や贈与等から生じる不一致についてはある程度抑制できると考えられている。ところが、台湾でも、地図、登記簿、各土地区画の実態の相違（「図・簿・地の不一致」）は存在するうえに、相続未登記問題も共通の課題である（後述）。

　さらに、本章では、歴史的な経緯をふまえて、台日に加えて韓国の土地制度の現状と課題も主な検討対象とする。そもそも、日本は、台湾の次に韓国も帝国に編入したが、各国において適用される法令も裁判所も違う三つの異法域であって、植民地官僚の育成に専門化する機関もなかった[3]。しかし、日本（内地）の民法典の成立に携わった岡松参太郎と共同起草者の1人の梅謙次郎は、当時の台湾と朝鮮でそれぞれ法整備の立案・指導を通じて、土地調査、地図製作や土地所有・利用関係の整理などに関与し、関連する法制度の帝国化を推進した[4]。

　本章では、「図・簿・地の不一致」という問題への制度的対応策について、既存の議論において見落とされた点はないかを再検討し、改めて、どのような制度的対応が可能かを考察する。そのため、まず、視野狭窄を避けるために世界銀行グループによる世界各国の不動産登記制度のランキングを紹介し、本書において検討対象とする国々の位置づけを試みる（1）。次いで、台湾と韓国の事例を中心に、ランキングの裏付けを説明しながら、日本の制度と比較する（2）[5]。前節までの議論に基づき、日本の法学文献とスペインの学者ベニト・アルニャーダ（Benito Arruñada）の法の経済分析に基づく登記制度の理論に依拠しつつ、土地に対する権利の移転における登記制度の改善策の検討を試みる（3）。さらに、相続による未登記地と遺産の共有状態の存続が多くの国に共通する課題であり、登記制度の変更による課題解消の可否を論

第Ⅳ部　東南アジアおよび土地登記制度の比較分析

ずる。加えて、台湾法における、相続未登記地に対する予防、解決する措置の有効性を検証する（4）。

1　本書が検討対象とする諸国の土地制度の位置づけ

　土地に対する権利と土地情報に関する制度を議論した民法学の蓄積において、後述するように、フランスや日本等が選んだ意思主義と対抗要件主義の組み合わせは、ドイツや台湾等が選択した形式主義に対して必ずしも劣ってはいないと評価されている。では、土地制度の良し悪しは、どのような観点から評価されるべきなのだろうか。

　本書の取り上げた諸国の制度を位置づけるため、まず、世界銀行による作成される「不動産登記」（registering property）ランキングを検討する。このランキングは、世界銀行グループの毎年発表する『ビジネス環境の現状』（*Doing Business*）という報告書の一つの項目である。この報告書は、各国と地域の経済の中心都市（11 カ国については 2 番目に重要な都市も含む）の郊外にある自国の個人に所有・経営され、50 人の従業員を雇う普通の企業を想定する。そして、このような企業の設立段階から破たんの処理まで関わる法令や規制などを 11 項目に分けて、それぞれの手続の数、所要時間や費用などをスコアで評価したうえで、各国を格付けする。さらに、頭文字から DTF（Distance to Frontier、最先端までの距離）と呼ばれるスコアは、文字通り、項目ごとに最良を 100、最悪を 0 として、ある項目における各国の現状がこの二つの「最先端」までの距離を示すものである。2003 年の報告書第 1 号では 133 の国および地域、2016 年に公開された第 14 号では 190 の国および地域を調査対象としている。いうまでもなく、この格付けの対象は都市部であり中山間地域の状況とはまったく同じではない。しかし、同報告書は、土地取引にかかるコストを指標化したうえで、土地制度の実体法と手続法に加えて施行の面も考慮して総合的に評価を行っており、一考に値する。

　この不動産登記の指標は、企業が土地を取得し、保有期間中にその土地を利用し（担保資産として差し出す場合を含む）、経営上の都合で他の企業に売

第15章　土地法における権利と登記制度——国際比較の視点から

却するまでのサイクルを想定し、そのサイクルにおいて遵守すべき法令および土地に関する権利に関わる行政サービスの質を評価し、各項目における得点を加算したものである。具体的には、手続の数、手続や情報収集等にかかる時間、手続や情報収集にかかる費用の該当物件価格に対するパーセンテージと、そして、土地管理の質（五つの枝項目で0～30点）の4項目である。

　本書が検討対象とする諸国の「不動産登記」の順位と内訳は、表15-1 の通りである。台湾が18位、韓国が39位、マレーシアが42位、日本が52位、そしてフィリピンは114位である。評価方法が若干変わったことも、ランキングの変動に寄与しているが、2010年版から2018年版までのDTFスコアについては、台湾と日本が安定しており、韓国とマレーシアが改善し、フィリピンが悪化している傾向がみえる[7]。制度の背景が近い台湾、韓国と日本を比べると、「土地管理の質」という指標において日本のスコアが低いことがわかる。「土地問題の紛争解決」という枝項目の点差が最も大きく、満点の8点を得た台湾と7点を得た韓国に対して、日本は5点にとどまる。日本の評価が低い理由は、土地問題の紛争解決にかかる時間が若干長く、善意の当事者に対して登記簿に載っている情報の間違い（「図・簿・地の不一致」）から生ずる損害を賠償する制度、身分証明書を照合するデータベースと土地問題に関する紛争件数の統計が欠けているためである。

　表15-2からは外しているが、第2位から第10位までの諸国は、ルワンダ、リトアニア、ジョージア、ベラルーシ、エストニア、スロヴァキア、キルギス、スウェーデンとアラブ首長国連邦である。全体的な傾向として、北欧と旧ソ連に属する国々が他の地域より上位にあり、北欧で最下位のフィンランドでも第27位である。そのほか、旧ソ連圏ではタジキスタン（第90位）が一番低い順位に位置づけられているが、日本よりDTFスコアが低かったのは、タジキスタン、ウクライナ（第64位）とウズベキスタン（第73位）3カ国だけである（理由は後述する）。一方、日本、韓国と台湾の法体制に多大な影響を与えた西ヨーロッパ諸国が必ずしも高順位を占めていない。台湾が民法典制定において参考にしたスイス（第16位）は台湾を僅差で超えている。OECDの高所得会員国の下から数えれば、第4位がフランス（第100位）で、

第Ⅳ部　東南アジアおよび土地登記制度の比較分析

表 15-1　「不動産登記」で本書の触れる 5 ヵ国の順位と内訳

国	手続き(回数)	かかる時間(日)	費用／価値(%)	土地管理の質(0~30)	ランキング
台湾	3.0	4.0	6.2	28.5	18
韓国	7.0	5.5	5.1	27.5	39
マレーシア	8.0	13.0	3.5	27.5	42
日本	6.0	13.0	5.8	24.5	52
フィリピン	9.0	35.0	4.3	12.5	114

出所：World Bank Group 2017a の資料より作成。

表 15-2　「不動産登記」の上位国など 15 国の比較

国	DTF スコア	順位
ニュージーランド	94.47	1
スイス	86.12	16
台湾	83.89	18
イタリア	81.70	23
フィンランド	80.73	27
オーストリア	79.97	31
OECD 高所得会員国の平均	76.81	44
韓国	76.34	39
マレーシア	76.06	42
イギリス	74.51	47
オーストラリア	74.17	51
日本	73.92	52
ウクライナ	69.61	64
ウズベキスタン	66.34	73
ドイツ	65.71	77
フランス	60.69	100

出所：World Bank Group 2017a、World Bank Group 2017b の資料より作成。

第 6 位がドイツ（第 77 位）である。OECD の高所得会員国の平均スコアを基準とすれば、ドイツの場合では、「土地管理の質」で得た 22 点が基準の 22.7 点にもおよばず、手続の数（6／基準 4.6）と費用対価値の割合（6.7％／基準 4.2％）と両方もやや高いが、やはり所要時間の長さ（52／基準 22.3 日間）が影

響している。一方、フランスについては、「土地管理の質」指標において高得点（24.0）にもかかわらず、手続きの数（8）が多く、費用対価値の割合（7.3％）が高く、とくに所要時間が平均の3倍に近い64日であることが際立っており、手続の速さとワンストップ化が重視されている。

2　台湾、韓国および日本の事例を中心とした法制度の国際比較

（1）国際比較の視点

　前節のランキングの順位は、複数の視点から理解できる。まず、経済発展の程度だけで順位を説明するのは難しい。確かに、世界銀行は、長期間にわたり土地に関する権利の公的登記制度を脱貧困対策の手段の一つとしており、また、不動産登記のランキング上、先進国が発展途上国より高い順位を占める傾向があるが、経済成長と登記制度の関連性が曖昧であることを否めない。長年この項目を制覇しているニュージーランドと3位のリトアニアがOECDの高所得会クラブの一員だが、2位および4位のルワンダとジョールジアはそれぞれ低所得国と高中所得国である。上位10位の国々は、高所得国が六つあれば、中低所得国も四つある。

　次に、北欧と旧ソ連に属する国々の順位が高い理由は、いずれの国も大規模な登記事業を行ったという歴史から説明できる。旧ソ連圏においては、共産主義革命により、国家が登記事業を行うとともに土地を国有化して管理・支配していた。また、地図製作学の文献によれば、ヨーロッパで地籍管理のため、一番早く近代的な地図の製作を始めたのは、埋立地の管理が重要であり、印刷・出版業も盛んであったオランダであり、16世紀までに埋立地の管理団体が地図を製作することが一般化していた。続いて、近代化した国家が国力を生かして、地籍図を全力で製作したのは北欧諸国であった。スウェーデンは1628年、当時これに従属するフィンランドは1633年から、デンマークは遅くとも1681年から調査事業を開始した[8]。

　では、不動産の権利移転と登記に関する制度は、ランキングを左右しているのだろうか。東アジアの3か国比較を行う際に、まず注目されるのは、み

表15-3　日本、韓国と台湾の法律行為による土地権利の変動とそれと登記の関係

	日本	韓国	台湾
権利の変動と登記の関係	ない（民法第176条）。	登記が必要である（民法第186条）。	書面で登記することが必要である（民法第758条*）。
登記の効果	第三者に対抗することができる（民法第177条）。	法律行為を成立させる（民法第186条）。ただし、公信力がない。	公信力がある。(民法第758、759条の1*、土地法第43条を参照)。

*2009年1月23日に改正され、7月23日に施行された。
出所：黒川他2004、高2007と大韓民国法制処の提供するKorean Laws in EnglishとKorean Laws in Chineseにより作成。

な大陸法系の民法典を導入したが、契約のような法律行為に基づく土地権利の変動の際に、登記が義務であるかどうか、そして、登記によってどのような効果が生じるか、という二点である（表15-3）。

　土地に関する権利の得喪・変動は、日本では当事者の意思によって生ずるが、台湾と韓国で意思だけでなく、当事者同士の合意した登記の形に基づく。ある土地の所有者が契約によってその土地を譲渡しようとする場合、日本では契約締結により権利が買い手に移るのに対して、台湾と韓国で登記手続が完成するまで、権利は売り手に残存している。換言すると、日本は意思主義とその帰結としての対抗要件主義を採っているが、台湾は2009年の法改正以降は形式主義を採り、登記の公信力をより明確化した。その結果、台湾の土地法第68条第1項によれば、登記管理機関は、損害について被害者自身が責任を負うべきことを証明できない限り、登記の間違い、情報の不全、または偽りにより生じた損害を賠償しなければならない。一方、登記を信用したことにより損害を受けた人は、権利を取り戻せず、役所から金銭賠償を受け取るしかないことになった。さらに、同法の第70条第1項が登記費用の10%をプールし、賠償の財源としており、一種の責任保険と解してよい。

　1960年1月1日に施行された韓国の現行民法は、日本の意思主義と台湾の形式主義との「折衷的意味を有する」成立要件主義を採っている[9]。韓国民法は、登記について、権利移転の効力発生要件としつつ、公信力を付与していない。韓国には、登記の不備に起因する損害について台湾のような公的な賠償・保険制度が存在せず、私的な責任保険の仕組みもないことから、さき

第 15 章　土地法における権利と登記制度——国際比較の視点から

の「土地問題の紛争解決」の枝項目では DTF スコアが台湾を下回っている。

　さらに、表 15-1 に即して述べたように、日本の不動産登記制度は、紛争解決において台湾と韓国の制度より脆弱であるとされている。この評価については、民法と不動産登記法が意思主義と対抗要件主義と採用していることによるとの理解が可能であろう。また、「ナポレオン地籍」で法律学者が高く評価する土地管理制度をもつフランスは、世銀からはドイツより低い評価を受けている。

　次に検討するように、台湾と韓国において、帝国化した日本による土地調査が行われた点では共通するが、植民地時代の遺産とその後の実務的判断の違いから、登記の効力の位置づけと地籍調査の精度が異なる。

（2）台湾の状況

　台湾では、明治 31（1898）～37（1905）年の間、後藤新平民政長官の主導により土地、水路や慣習法などの調査が行われた。また、明治 43（1910）年から大正 3（1914）年まで林野調査も行われた。この二つの事業において漢民族の住んでいた地域、すなわち一部の原住民族の住んでいた「蕃地」を除いた当時の普通行政区域の調査・測量が行われた。申告された水田や畑約 7545km^2（77 万 7850 甲）および林野約 7303km^2（75 万 2933 甲）の官有地と約 303km^2（3 万 1201 甲）の民有地が査定された。単純計算すると、台湾本島と澎湖諸島の総面積 3 万 5973km^2 の 4 割程度について測量が行われたことになり、また、「堡図」という 2 万分 1 地形図の対象となった地域の広さが 2 万 4060km^2 に達した。[10]

　この調査・測量に基づいて、台湾土地登記規則（明治 38（1905）年律令第 3 号）第 1 条により形式主義が原則とされ、明治 38（1905）年 7 月 1 日から大正 11（1922）年 12 月 31 日まで有効であった。さらに、翌大正 12（1923）年 1 月 1 日から 1945 年 8 月 15 日までは、韓国とともに当時日本（「内地」）の民法および（旧）不動産登記法が適用された。

　1923 年から 1945 年まで、意思主義によって「図・簿・地の不一致」が生じなかったわけではないが、戦後、混乱を重ねたうえに制度が転換し、「図・

簿・地の不一致」の実態が追跡できなくなった。戦後、中華民国政府は、形式主義を採用した現行の民法と土地法を導入した。だが、日本統治時代の制度を誤解したこともあり、現地の台湾行政長官公署が便宜を図ったり、南京の中央政府から受けた指示に違反したりしたようである。官吏による汚職や横領などの疑惑が多発して、公署への不信感が高まり続けたという。その結果、一筆地を丈量せず、この違法状態を放置したまま、長官公署が複数の命令を制定し矛盾を解消できないまま、権利証書を交換し登記してしまった[11]。結果として多数の紛争が生じたため、2007年に「地籍清理条例」の制定により解決を図った。

　都市部の土地取引のみを基準とすれば、台湾の土地登記制度は、韓国や日本の制度より優れているかもしれない。また、日本での国土や地籍調査の進捗状況と比べると、台湾では完成度が低く、平野より林野の測量がいっそう遅れている。アメリカの支援により、1950年代撮られた空中写真に基づく、5万分1と25万分1土地利用図と森林資源図は存在する[12]。しかし、原住民の保留地を含めて、中山間と山間部の法的な地籍整理が未完成で停滞しており、時間を短縮するため、通常の地籍調査作業を省略し、写真などの測量資料のみを用いて地図を作成することを政府が決めた。この決定によって、法的意味での地籍図の作成は棚上げにされている。各地方自治体での保留地を担当する公務員数は少なく、広大な国有林班地へのアクセスも困難である[13]。

(3) 韓国の状況

　韓国では、1904年に韓国財政顧問に就任した目賀田種太郎が、1905〜1907年までの間、財政基盤の確立・土地所有権の確定・課税の公平性確保などを目的として、地籍調査を含む土地調査に係る諸制度を整備し、目賀田の帰国後の1910年から実際の調査が行われた[14]。他方で、韓国は、朝鮮民事令（1912（明治45）年制令第7号）の第1条と第13条に基づき、1959年の末まで意思主義と対抗要件主義を採り続けた。しかし、韓国は、現行民法（1958年2月22日法律第471号・1960年1月1日施行）および不動産登記法（法律第536号）を制定し、形式主義を採用した。民法の立法過程において、学界でも国会で

第 15 章　土地法における権利と登記制度——国際比較の視点から

も意思主義から形式主義へ移行することの是非をめぐって激しい論争があった。意思主義と対抗要件主義の是正を試みながらも純粋な形式主義を採らなかった理由は、当時の韓国の実態として登記の原因（契約など）が無効または存在しない場合も多く、当事者にとってまったく効力がない場合には登記の公信力を否定すべきだと考えられたからである。[15]

　実体的権利関係と登記名義のずれを縮小するため、不動産登記法が 2007 年まで 16 回にわたって改正されたが、抜本的には変わってはいない。そのかわり、不動産を移転する契約について登記を義務化した「不動産登記特別措置法」（1990 年 8 月 1 日法律第 4244 号）、人が他人の名義を通して不動産の権利をもつことを減らそうとする「不動産実権利者名義登記に関する法律」（1995 年 3 月 30 日法律第 4944 号）や所有権移転登記をまだしていない実際の所有者の登記を促す一連の特別法などが数多く存在する。[16]

　民法及び不動産登記法その他の法整備に加えて、韓国は、ほぼ同時期にできた二つの土地情報管理システムを統合し、一つの韓国土地情報システム（KLIS, Korea Land Information System）を設立し、作業の重複を減らすことによる土地行政の効率化を図った。過去には、韓国では、地方自治体が土地に関する権利の登記や様々な規制を担っていたが、多発した登記をめぐる争いを処理するだけで、手一杯であった。そこで、韓国政府は、自治体らと国の部局が相次ぐ特別法への対応や開発地域のまわりで不動産への投資が過熱していたことに追い込まれて、適切に対応、そして計画できる情報共有体制が整っていなかったことを痛感し、1995 年 5 月「国家地理情報体系（NGIS）構築基本計画」を開始した。以来 5 年を一期として、2015 年まで第 4 期までの計画を実施した。これらの計画を契機として、一方では、行政自治部が 1996 年から 2002 年にかけて「筆界中心土地情報システム」（PBLIS, Parcel-Based Land Information System）を設立した。他方で、元建設交通部（現在：国土交通部）が 1998 年から 2005 年にかけて「土地管理情報システム」（LMIS, Land Management Information System）をつくり上げた。いわゆる電子政府の一環として、これらの二つのシステムに地形、施設物、地籍、都市管理計画など膨大な情報を集めてきたが、2006 年に KLIS に統合された。

KLISの目的は、電算化した全国的な情報体制を通して、「図・簿・地」の不一致を起こしやすい登記制度のもたらす弊害の抑制にある[17]。

世界銀行の報告書[18]は「土地問題の紛争解決」に関して台湾を韓国の上に位置づけた。しかし、韓国は、真正な権利関係と登記名義のずれを解消することが容易ではないと予測し、純粋な形式主義（登記に公信力を付与すること）までは採用しなかったし、韓国の実態をふまえた立法判断としては妥当であったといえよう。また、地籍情報が整備されている点も高く評価できよう。

（4）日本の状況

すでに述べたように、日本では、意思主義とその帰結としての対抗要件主義が採用されている。判例は、解釈により、不動産の登記を信頼して取引関係に入った不動産取得者を保護しており、不動産の登記に事実上の公信力を認めるのに近い状態になっている[19]。

しかし、立法論としては、登記に公信力を付与するべきであるという議論は弱い。その理由は、登記に公信力を認める判例法理がある以上、法改正を待たずに公信力説は一定程度実現されているからであると説明される[20]。また、取引の安全を図ることにより、真の権利者が所有権を失うことになるから、真の権利者の保護も軽視すべきではないとの指摘も重要である[21]。

所有者に関する情報の行政的な把握については、民法レベルでの相続登記の義務づけは必ずしも期待できないが、個別法レベルの対応は行われている。従前から、国土利用計画法23条1項により、林地については10,000m^{2}以上の土地売買に際して、事後的な届出が義務づけられていた。加えて、所有者不明問題に対応するため、2011年改正（2012年施行）において、森林法10条の7の2第1項は、国土利用計画法の届出対象外の森林所有者のうち、地域森林計画の対象となっている民有林の土地所有権取得に限って、規模を問わず届出を義務づけた。地籍調査については、事業進捗率ベースで52％にとどまる（松本（充）第3章）。

あえて国際比較を総括すると、不動産関連法の整備が重要であることはいうまでもない。しかし、「図・簿・地」の不一致を解消と再発防止するため、

第 15 章　土地法における権利と登記制度——国際比較の視点から

地籍調査と地図製作への持続的な投資こそが肝要であろう。台湾は都市部で韓国より高い DTF スコアを得ているが、中山間地域では逆転されてしまうと思われる。これは、原住民保留地において、韓国が抑えようとしてきた土地所有の名義貸しは多発しているうえに、調査と地図製作が不十分で、韓国のような地籍情報へのインフラ投資もなされていないからである。

3　法学と法の経済分析の見方

（1）法学

　法学の視点からは、日本の不動産法の問題点を指摘する文献が少なくない。七戸克彦によれば、日本の不動産法の欠点は、意思主義と対抗要件主義の採用にはなく、むしろ①外国の法制度を継受する際に体系の異なる複数の国の制度を組み合わせたことから生ずる整合性問題（不動産実体法原則および登記法制度の矛盾・抵触）と、②その制度を支える基盤が欠けていること（各不動産法の欠点を修正するための基礎構造の欠缺［欠如］）、の二点に集約できる[22]。

　フランスを例にとると、これらのうち、②不動産法運用の基礎構造とは、書証優越主義の支配する法定証拠主義・書証の登記制度・公証人慣行・意思主義に対する広汎な例外の四点からなる。第一に、フランス法においては、民法第 1359 条（旧第 1341 条）が 1804 年から証言の役割を抑え続けている。その第 1 項によれば、不動産に関するものを含めてすべての法律行為は、その対象価格が 1980 年 7 月 15 日 80-533 号デクレ（décret、政令）の第 1 条第 1 項に規定された金額（現在は 1500 ユーロ）を超える場合には、私署証書、または（公正証書を含めた）公署証書のみで証明しなければならず、意思主義の原則にもかかわらずこれらの証書がなければ訴訟で勝てない。第二に、フランスの登記制度は、1855 年の一般的な不動産公示制度に始まり、1955 年 1 月 4 日 55-22 号デクレ（第 4 条第 1 項）を経て取引の真正性を担保した公署証書の謄本・抄本をとじ込む形式の公示システムを採用している。公署証書の登記制度により、証書作成が間接的に強制される（意思主義を例外化する）とともに、登記に公信力を認める代わりに証書により時効期間までの

309

権原の連鎖を確保することができる。第三に、証書優越主義と証書の登記制度を採るためには、その基礎となる証書の信憑性確保が必要だが、フランスには公証人の面前で契約を行う慣行が確立している。第四に、第2次世界大戦後、不動産の取引に関する様々な特別法や規制において書面を契約の成立要件とし、意思主義を広範に例外化した。[23]世界銀行のDTFにおいて、日本はフランスより上位に位置づけられているが、フランス法は四点の修正により「図・簿・地の不一致」のうち「簿および地」の正確さを確保する仕組みを設けている。これに対して、日本の法制度は、司法書士や土地家屋調査士が、一定程度は役割を補完しているものの、「簿および地」の正確さを確保する仕組みは十分ではない。

なお、公証人制度は、台湾にも定着しておらず、1999年に立法院（国会）は不動産における権利を移転する契約について公正証書の義務化（民法第166条の1）を決定したが、疑問や慎重論が絶えず、まだ施行されていない。

（2）法の経済分析

もし、日本が不動産実体法原則と登記法の矛盾・抵触を立法的に解消するとすれば、台湾のような形式主義を採るべきなのだろうか。法の経済分析からみると、形式主義的な登記制度がより適切そうだが、議論の重心を法系の選択と捉えるのは単純化しすぎかもしれない。

アルニャーダは、「非属人的な取引」（impersonal exchange）の促進機能を中心として様々な登記制度を説明できる枠組みを提唱する。[24]アルニャーダは、非属人的な形で取引されるのは「対物権」（right in rem）のみであるとの前提を置く。対物権とは、契約の当事者はもとより、ほかの誰に対しても権利としての効力（いわゆる対世効）をもつものである。このような権利を安定させるためには、売り手にだけでなく、第三者に対しても権利を公示する仕組みがなければならない。アルニャーダは、ある物件について誰が正当な権利者かを第三者に知らせるタイトリング（titling）の仕組みを公私二種類に分ける。

第一の私的なタイトリングにおいて、権利者は自分があるものについて対

第15章　土地法における権利と登記制度——国際比較の視点から

物権をもつことを公表しない。権利を主張する第三者が現れたときに限り、その物件を占有すること、または時効期間か権力者による払下げまでさかのぼる権利証書（deeds）の連鎖を証明することで、その主張を退ける。権利証書の真正性や連続性の調査業務は、イギリスのソリシターやフランスの公証人等が独占することが多い。両国の歴史において、彼らは、自分の資産状況を秘匿しようとする貴族とともに、公的なタイトリングへの改革を何度も妨害している。

　第二の公的なタイトリングは、権利者がある物件について自らが対物権をもつことを対世的に公表する仕組みである。歴史上、その物件に権利に関する情報を明認させるための札や碑に加えて、教会等の前で儀式が行われたとの記録がある。19世紀以降、証書登記（フランス等）と権利登記（ドイツや2002年からのイギリス等）の二つの仕組みが主流である。

　アルニャーダの議論において、タイトリングの選択と法系の選択は論理的に独立であり、私的なタイトリング、証書登記と権利登記との三者択一でもなく、条件によって共存させることもできそうである。理論的には、既に触れた形式主義に近い権利登記へのインセンティブは、権利から生じる利益が大きければ大きいほど強い。権利登記制度は、創設に多大な初期費用が要るが、創設後は制度の利用により取引の時間を短縮でき、手数料などの費用も削減できるからである。さらに、制度設計次第で私的なタイトリングを利用する場合より第三者の開始する争訟の数を減らすことができよう（紛争の未然防止）。しかし、権利登記制度が発展途上国で導入されると、大資本による土地収奪の危険もある。断言は避けているものの、アルニャーダは、権利登記は高所得の国に相応しいとする。さらに、欧州諸国の比較研究において、暫定的ながら、2009年の時点では取引と紛争解決にかかった時間と費用は、証書登記を採る国より権利登記を採る国において、両方が低いと結論づけた。[25]

　権利登記を選択する場合、その存続と実効性確保のため、次のような留意点がある。アルニャーダいわく、一方で、登記システムの中立性を守るためには、その所管機関に独占的な地位を与えて、なるべく多くの区画情報を集めたほうがよい。他方、登記システムにタイトリング以外の機能を付加する

ことと情報提供を便利にすることについて警戒しなればならない。徴税その他の規制にも用いられる登記システムは、不信感を招きやすく、当事者に登記を忌避や不正確な情報を提供するインセンティブが生じざるをえず、現実に登記される区画情報の数と質が低下する恐れがある。さらに、いうまでもなく、情報提供の便利さが個人情報の濫用の原因にもなりうる[26]。

要するに、登記システムの構築や維持には甚大な費用や時間をかけるため、採算性を考えると、登記制度がつねに利用されるとは限らない。

4 共通の課題としての相続未登記問題

前節まで、契約等の法律行為を中心に登記制度の是非を検討した。法律行為についてみる限り、形式主義的な登記制度、すなわち権利登記がやや優勢だが、本章は、飯國や緒方の論考において提起された相続未登記問題への対策としては、民法の改正より相続人に対するインセンティブに力を注ぐべきではないかと主張する。その理由は、相続未登記地の相対的な低価格と相続制度の硬直性の二点である。

まず、アルニャーダの枠組みによれば、権利者は、自分のもつ対物権が公的な紛争解決手続に乗った場合の価格と乗らない場合の価格を比較してからタイトリングの仕組みを選ぶことになる。台湾の登記制度のような権利登記の場合には、仮に制度を利用するコストが（フランスのような）証書登記を利用するコストを下回っても、低価格の対物権を私的な仕組みで守る場合には、登記手続のインセンティブは弱いと考えられる。たとえば、住民たちが互いに顔見知りの集落において一筆の土地が相続され、相続人がその土地のうえに相続人以外の住民の対物権を認めたとすれば、その権利は私的なタイトリングによって決定されたと考えてよい。権利から生じる利益が小さければ、どの公的なタイトリングを選んでも、私的なタイトリングより高い費用やリスク（税金等）が発生し、権利者に対して不利である。しかも、現実には土地相続費用が存在し、高知県大豊町の事例から1件平均4万2081円と保守的に試算されている[26]。この試算は決定的でないものの、価格の低い土地

第 15 章　土地法における権利と登記制度——国際比較の視点から

については、登記のような公的なタイトリングの利用がさらに抑制されよう。

　次に、登記に関する議論において、相続制度の硬直性への配慮も必要である。(緒方論文も触れた) 当然承継主義と包括承継主義は、日本、韓国と台湾の民法だけでなく、フランス、ドイツやスイスなどの民法にも共通である。遺産を受け取る手続は、ヨーロッパ諸国では一般的に不要である。同じく大陸法系に属するオーストリアについては、当然承継主義を採っているものの、裁判所が相続人に遺産を明け渡すという制度が特殊である。それに対して、コモン・ローでは管理清算主義が原則である。それは、一人の管理人が被相続人の代理人として清算手続を行い、被相続人の債務をすべて返済してから残した財産があれば、それを相続人に明け渡すということである。[27]

　当然承継主義と包括承継主義の歴史は長く、とくに土地における当然承継主義は「死者は生者をして財産を所有せしめる」(le mort saisit le vif) という名法諺によって世界中で知られている。当然承継主義に基づき、日本だけでなく、台湾の現行民法でも台湾土地登記規則第 1 条でも (右 2. (2) 参照)、法律による移転として、権利は登記なしに相続人に移転する。相続人が処分しようとしない限り、登記は必要ではない。

　日本・韓国・台湾の民法には、登記を促す法的仕組みがないが、台湾の土地法において、相続未登記地の強制競売措置が可能である。一見、後者は強力な権限を与えているようにもみえるが、細分化した相続未登記地の競売は、所要時間が長く行政にとって不採算であり、実効性は疑わしい。1975 年に制定・施行された土地法 73 条の 1 において、相続開始後 1 年以上未登記の土地と建物について、地方自治体は所定の手続 (16 年 4 カ月間かかる) を経て、当該不動産を強制競売のために国有財産局に移送しなければならない。相続人が自分の責任に帰すべきでない原因 (たとえば海外移住) で自治体の督促に応じてなかった場合には、さらに 15 年間待たなければ強制競売の対象とならない。言い換えれば、相続未登記地を競売で新たな所有者の名義で登記させるため、31 年 4 カ月間かかる可能性がある。台湾の内政部によると、2012 年から 2015 年にかけて、各自治体の把握した相続未登記地の総面積が 1 万 ha 前後で、競売した土地は 4506〜8137 筆、面積は計 100ha あま

りにすぎず、一筆の平均200～350m²である。[28]

　民法上、遺産が自動的に相続されるという原則は維持せざるをえないため、相続未登記状態を少しでも解消するためには、そのような状態を解消する意思のない相続人等の権利者に対して、登記の補助金等のインセンティブを提供することが糸口となろう。

5　インセンティブ強化で「図・簿・地の不一致」を緩和する

　本章では、日本・台湾・韓国における過少利用問題の原因として、「図・簿・地の不一致」に注目した。現在の日本の土地問題を扱う先行研究は、「図・簿・地の不一致」の原因として、意思主義・対抗要件主義か形式主義かという選択と、相続未登記の問題、さらには、課税台帳や森林台帳の整備による所有者の個人情報の利用に焦点を当ててきた。これに対して、本章では、論点の見落としを減らすために、世界銀行のランキングを参照し、ランキングがどのような点を重視しているかを検討した。

　世界銀行のランキングは、地図整備・登記簿整備・形式主義と手続のワンストップ化を高く評価する傾向にある。確かに、都市部の土地を事業目的で取得・利用・売却する場合の指標としては、一定の説得力はある。しかし、意思主義・対抗要件主義であっても、補完的な制度によって、公証人や司法書士の働きによって真の所有者を保護することは可能である。そもそも、意思主義・対抗力主義であれ公信力主義であれ、不動産の登記を信用した買い手の保護と、真の所有者を保護するという二つの目的のバランスをとることにある。公信力主義において、登記に先立ち、真の所有者を確認する作業が欠落している場合には、安易に取引の安全が優先されうることにも注意が必要である。

　さらに、相続未登記問題については、根本的な解決策を見つけた国はない。相続未登記地の多くは、相対的に価格が低い場合が多く、人的ネットワークが残っている場合には私的なタイトリングが利用されてきた。しかし、国土保全上、重要性の高い森林の土地所有者や農地の所有者に絞って、相続登記

に補助金を給付する等の対策が有効でありうる。

　中山間地域の現状を想定すると、いずれの国でも土地の低価格と相続制度による空洞化現象が発生しうる。台湾の中山間と山間部において、日本のような所有権の不明化や細分化はそのままあらわれないかもしれないが、「図・簿・地の不一致」が形式主義的な登記制度に確実に防がれるとはいい難い。一方、韓国の KLIS のような土地情報システムが登記制度の不全を補強するものの、低価格の土地については、相続における法制度が変わらない限り、三つの国でも登記されないことが続出するはずである。

　なお、本章では、宅地・農地・林地という地目ごとの違いについては、議論できなかった。この点については、終章に譲りたい。

注
1）吉原祥子（2017）『人口減少時代の土地問題』中央公論新社。
2）鮫島信行（2011）『新版　日本の地籍――その歴史と展望』古今書院。
3）山室信一（2011）「国民帝国日本における異法域の統合と格差」『人文學報』101、63-80 頁。
4）鮫島（2011）、50-51 頁；岡本真希子（2008）『植民地官僚の政治史――朝鮮・台湾総督府と帝国日本』三元社。
5）韓国の民法や土地情報制度などについては、筆者の力不足により、韓国語文献は参照できていないが、できる限り韓国の現状についても言及する。
6）World Bank Group（2017a）Doing Business 2018. Reforming to Create Jobs（http://www.doingbusiness.org/~/media/WBG/DoingBusiness/Documents/AnnualReports/English/DB2018-Full-Report.pdf　最終閲覧：2018 年 2 月 12 日）.
7）Ibid.
8）Kain, R. J. P. and E. Baigent（1992）, *The Cadastral Map in the Service of the State. A History of Property Mapping*, University of Chicago Press, pp. 9-23, 49-62, 68-70, 78-79.
9）高翔龍（2007）「韓国における不動産物権と不動産登記制度」『大東ロージャーナル』3、46 頁。
10）林春吟（2012）「日本植民地時代台湾の地図に関する研究――地図作製事業の検討を中心に」京都大学大学院人間・環境学研究科博士論文、156 および 160 頁。
11）李志殷（2009）「土地登記制度変遷之研究」国立政治大学碩士在職専班学位論文。
12）姚鶴年編（1992）『重修台湾省通志（巻 4 之 2）経済志林業篇』国史館台湾文献館、611 頁。
13）監察院（2014）『第 1020800373 号調査報告』：内政部国土測絵中心（2016）『国有林班

地測量専区』。
14) 鮫島 (2011)、50-53 頁。
15) 高 (2007)、43-46 頁。
16) 高 (2007)、52 および 53-59 頁。
17) Cho, B. and J. Yoo (2015) "Development of a Unified Land Information System in the Republic of Korea," in: T. Hilhorst and F. Meunier (eds)., *How Innovations in Land Administration Reform Improve on Doing Business: Cases from Lithuania, the Republic of Korea, Rwanda and the United Kingdom*, World Bank, pp 33-44；周藤利一 (2011)『韓国の不動産取引制度に関する研究（その 1）』一般財団法人不動産適正推進機構；金德熙・高俊煥・玉川英則 (2000)「地方自治体における地理情報システムの活用実態に関する日・韓比較研究」『GIS——理論と応用』8 (2)、100-101 頁参照。
18) World Bank Group (2017a)。
19) いわゆる民法 94 条 2 項類推説。最判昭和 45 年 9 月 22 日民集 24 巻 10 号 1424 頁および最判平成 18 年 2 月 23 日民集 60 巻 2 号 546 頁等。学説としては幾代通 (1971)「法律行為の取消と登記」磯村哲編『民法学の基礎的課題（於保還暦記念）（上）』有斐閣、107-133 頁が論ずる。
20) 七戸克彦 (1999)「日本における登記制度と公証制度（の機能不全）」『法学研究』72 (12)、262-263 頁、註 54。
21) 内田貴 (2008)『民法 I　総則・物権編』第 4 版、東京大学出版会、60-63 頁。
22) ①不動産実体法原則と登記法の矛盾・抵触とは、「フランス法系の物権変動の実体法の原則とは異なる法制度（ドイツ（ザクセン）法）を採用したことに由来する、両法制度間の矛盾・抵触問題であ〔る〕」。②不動産法運用の基礎構造の欠缺とは、「不登法はドイツ（プロイセン）法の影響を強く受けてい」て、「フランス法系の実体法原則を背後から支えるフランス法系の諸制度を採用しなかったことに由来する、フランス法系の実体法原則運用の困難性の問題である」七戸 (1999)、247-248 頁（七戸 (1993)「意思主義の今日的妥当性——特に証拠保全との関係で」森泉章編『民法と著作権法の諸問題——半田正夫教授還暦記念論集』法学書院、26-51 頁）。
23) 七戸 (1999)、前掲書、250-252 頁。
24) Arruñada, B. (2012), *Institutional Foundations of Impersonal Exchange: Theory and Policy of Contractual Registries*, University of Chicago Press.
25) *Ibid*., pp. 43-75, 132-161. 表 5.1 [157] は 8 ヶ国、表 5.2 [159] は EU20 ヶ国のデータを使用。
26) *Ibid*., pp. 65-70.
27) 山本幸生・飯國芳明 (2014)「中山間地域における土地所有権の空洞化と所有情報の構造」『農林業問題研究』194、4 頁。
28) Verbeke A. and Y. H. Leleu (2011) "Harmonization of the Law of Succession in Europe," in: A. Hartkamp et al. (eds)., *Towards a European Civil Code*, 4th ed., Wolters Kluwer Law, pp. 463-465.
29) 内政部 (2016)『未辦繼承登記土地及建物列冊管理』。

参照文献

幾代通（1971）「法律行為の取消と登記」磯村哲編『民法学の基礎的課題（於保還暦記念）（上）』有斐閣、107-133 頁。

内田貴（2008）『民法 I　総則・物権編』第 4 版、東京大学出版会。

岡本真希子（2008）『植民地官僚の政治史——朝鮮・台湾総督府と帝国日本』三元社。

監察院（2014）『第 1020800373 号調査報告』（https://www.cy.gov.tw/CYBSBoxSSL/edoc/download/16716　最終閲覧：2017 年 2 月 12 日）。

金徳熙・高俊煥・玉川英則（2000）「地方自治体における地理情報システムの活用実態に関する日・韓比較研究」『GIS——理論と応用』8 (2)、99-107 頁。

黒川裕正・小山田実・窪田浩尚（2004）「不動産登記研究プロジェクト報告」『ICD News』17、8-26 頁。

高翔龍（2007）「韓国における不動産物権と不動産登記制度」『大東ロージャーナル』3、41-72 頁。

鮫島信行（2011）『新版　日本の地籍——その歴史と展望』古今書院。

七戸克彦（1993）「意思主義の今日的妥当性——特に証拠保全との関係で」森泉章編『民法と著作権法の諸問題——半田正夫教授還暦記念論集』法学書院、26-51 頁。

―――（1999）「日本における登記制度と公証制度（の機能不全）」『法学研究』72 (12)、245-281 頁。

周藤利一（2011）『韓国の不動産取引制度に関する研究（その 1）』一般財団法人不動産適正推進機構（http://www.retio.or.jp/research/pdf/overseas_study_09_002.pdf　最終閲覧：2017 年 2 月 12 日）。

内政部（2016）『未辦繼承登記土地及建物列冊管理』（http://sowf.moi.gov.tw/stat/year/y05-03.xls　最終閲覧：2017 年 2 月 12 日）。

内政部国土測絵中心（2016）『国有林班地測量専区』（https://www.nlsc.gov.tw/Home/MakePage/464?level=464　最終閲覧：2017 年 2 月 12 日）。

山室信一（2011）「国民帝国日本における異法域の統合と格差」『人文學報』101、63-80 頁。

山本幸生・飯國芳明（2014）「中山間地域における土地所有権の空洞化と所有情報の構造」『農林業問題研究』194、1-6 頁。

姚鶴年編（1992）『重修台湾省通志（巻 4 之 2）経済志林業篇』国史館台湾文献館。

吉原祥子（2017）『人口減少時代の土地問題』中央公論新社。

李志殷（2009）『土地登記制度変遷之研究』国立政治大学碩士在職専班学位論文。

林春吟（2012）『日本植民地時代台湾の地図に関する研究——地図作製事業の検討を中心に』京都大学大学院人間・環境学研究科博士論文。

Arruñada, B. (2012), *Institutional Foundations of Impersonal Exchange : Theory and Policy of Contractual Registries*, University of Chicago Press.

Cho, B. and J. Yoo (2015), "Development of a Unified Land Information System in the Republic of Korea," in : T. Hilhorst and F. Meunier (eds)., *How Innovations in*

Land Administration Reform Improve on Doing Business : Cases from Lithuania, the Republic of Korea, Rwanda and the United Kingdom, World Bank, pp 33–44.

Kain, R. J. P. and E. Baigent (1992), *The Cadastral Map in the Service of the State. A History of Property Mapping*, University of Chicago Press.

Verbeke A. and Y. H. Leleu (2011), "Harmonization of the Law of Succession in Europe," in : A. Hartkamp et al. (eds)., *Towards a European Civil Code*, 4th ed., Wolters Kluwer Law, pp. 459–479.

World Bank Group (2017a), Doing Business 2018.Reforming to Create Jobs (http : // www.doingbusiness.org/～/media/WBG/DoingBusiness/Documents/Annual-Reports/ English/DB2018-Full-Report.pdf 最終閲覧：2018 年 2 月 12 日).

――――― (2017b), Doing Business Regional Profile 2018： OECD High Income (http : //www.doingbusiness.org/reports/～/media/WBG/DoingBusiness/Documents/Profiles/Regional/DB2018/OECD-High-Income.pdf 最終閲覧：2018 年 2 月 12 日).

第 16 章

日本における土地所有権の空洞化および所有者不明問題の特質と対策

飯國芳明・松本充郎・緒方賢一

　本書では、土地の所有者不明に関わる問題を取り上げ、その成立過程と特質を国際比較のなかで整理してきた。その際、土地の所有者不明問題だけを取り上げるのではなく、その前段階にある権利をもちながら土地を利用も管理もしないという土地所有権の空洞化の過程を重視して分析を展開した。また、国際比較を通じて日本の問題の特質を抽出する作業も行った。以下では、まず、国際比較分析から得た結果を整理しよう。

1　比較分析の結果

　日本が直面する土地所有権の空洞化や所有者不明の問題は欧州ではさほど切迫した状況にはない。その背景の一つは、人口ボーナスや人口オーナスのあらわれ方の違いにあった。日本を含む東アジア諸国では、人口転換の期間が短く、転換が収束に向かう第Ⅱ局面において大きな人口ボーナスを生むことになった。人口ボーナスはイギリスやドイツなどにも存在したと思われるものの、それはもっぱら大戦間期にあり、しかも、人口ボーナスは東アジアと比較すると小さい。これに対して、東アジアでは、生産年齢人口の割合が高い状況が長期間にわたって継続し、急速な経済発展を遂げる基礎となった。しかし、このことはその後に大きな人口オーナスを生み出し、人口の減少と経済の停滞が土地利用を低下させて土地所有権空洞化を生み出す素地となる。

東アジアでは、都市への人口の移動と人口密度の高さがこの問題をさらに深刻なものにする。東アジア諸国は、欧米の技術を移転する形で経済発展を遂げてきた。いわゆるキャッチアップ型の経済発展である。この技術移転は工業では容易に進むものの、農業や林業といった第一次産業では難しい。これは、自然条件の差異に加えて、土地資源に関わる歴史的経緯の違いから経営形態や所有制度が異なるからである。工業が都市部で発達すれば、都市から離れた遠隔地（農山漁村など）からは人口が都市部へと流出しやすい。結果として、遠隔地を中心に土地利用の低下と所有権の空洞化が始まる。

　また、高温多雨のモンスーン・アジアでは、植物の生産力が高く、農山村地域に稠密な人口分布が形成されてきた。これらの地域で短期間に大量の人口が流出し、そこでの土地利用の需要が低下すれば、土地をめぐる多くの利害関係者の調整はきわめて厄介なものとなる。この調整が不調に終われば、土地所有権の空洞化に拍車がかかる（第1章）。

　このほか欧州で所有者不明土地が生じにくい理由として、不動産に関わる登記制度や地籍情報が整備されている点がしばしば指摘される。例えばドイツでは形式主義が採用されている。また、フランスでは意思主義が原則ではあるものの、例外である公正証書の登記制度が広く採用されており、土地の所有者の補捉力に優れ、所有者不明の現象を抑止する働きをしている。しかし、現在の日本で問題とされている価値の低い土地については、もっぱら相続未登記が所有者不明の契機となっていることから、意思主義であれ形式主義であれ、未登記問題は簡単には解決しないと考えられる（第15章）。その意味で、欧州で土地所有権の空洞化が進まない原因は、登記制度や地籍情報の整備だけではなく、土地の利用価値を高める施策や仕組みにあると考えるべきであろう。

　次に、東アジアおよび東南アジア諸国との比較分析からは、なによりも、日本の土地所有問題の特殊性が浮かび上がってきた。

　東アジアでは上にも述べたとおり、キャッチアップ型の経済発展を想定する限り、土地所有権の空洞化が起きやすく、所有者不明問題を促す素地は整っている。しかし、各国の調査からはこうした問題を抑制するさまざまな要因

第16章　日本における土地所有権の空洞化および所有者不明問題の特質と対策

が確認された。いずれも日本では観察されない要因である。逆にいえば、日本では問題への歯止めがないままに問題がきわめてストレートに、しかも、深刻な形をとってあらわれたことになる。

　こうした抑制要因の一つ目は遠隔地に居住する少数民族の存在である。これは台湾で観察された。台湾の遠隔地（山間地）の住民の多くは、漢民族が定住する前から居住してきた原住民である。台湾では、原住民と漢民族の統合が必ずしも十分に進んでいないことから、都市部の労働市場への原住民の参入はスムーズとはいえない状況にある。多くの原住民は青年期に都市部でいったんは労働者となった後は、出身地に還流する傾向が強く、日本の中山間地域でみられるような大量の人口流出は生じていない。また、現在の人口構成からみる限り、原住民社会の高齢化の速度は遅く、生産年齢人口が減少して高齢化が大きく進展する状況の出現は台湾全体より20年程遅い。このため、人口構成は当面安定したまま維持される。実際、地域では住民のさまざまな活動が展開されており、土地の需要も高い（第6章）。

　ただし、原住民社会の土地への高い需要がこのまま続くとは限らない。原住民の支配領域の多くは、日清戦争後に日本政府が国有化し、原住民は平地に移住した。その後、台湾政府は、山地に復帰し山地の土地を使用している原住民個人に対して、保留地使用権や保留地所有権を付与することによって原住民の権利回復を試みた。ところが、原住民族に限って付与されるはずの保留地所有権や保留地使用権が違法な売買やリース等を通じて漢民族に移転してしまうといった事態が頻発している（第7章）。所有権の虚偽化・泡沫化・異質化と呼ばれるこれらの問題は、土地の権利のあり方を複雑化して、土地利用が細分化され断片化される問題を含んでいる。この種の問題は、ヘラーが指摘するアンチ・コモンズ財（共決財産）の問題へと発展し、将来的な土地利用を阻む可能性は少なくない（第8章）。こうした対策として、2015年には原住民基本法が改訂され、原住民集落に、公法人としての資格が付与されることとなった。新たな土地管理主体としての機能が期待されている（第9章）。

　第二の抑制要因は、土地への意識の違いである。韓国のフィールド調査に

おいて、高齢者からのヒアリングでは、自分が利用しなくなった土地は売るか貸すという回答が数多く聞かれた。日本の農村では、土地に対して家の財産（家財）としての意識や村の財産であるから、責任をもって守らねばならないという意識が強い。したがって、土地の需要が下がって価値が低下しようとも、販売や賃貸は進みにくい（第11章）。

　こうした違いは韓国農村の風土に求められる。韓国では、もともと畑作が中心であり、水は天水に頼っていた。したがって、日本のような水利用を通じた共同体が形成されにくい環境にあった。水田が普及するのは17世紀以降である。また、水田農業に不可欠な水利の管理は、国の機関である韓国農漁村公社や市郡といった行政が行っていることから、共同で水を管理しなくても水田を維持できた。このことが上に述べた個人合理的な行動を促したと考えられる（第12章）。

　第三の抑制要因は、逆都市化と呼ばれる人口の動きである。これも韓国で観察された。2010年の都市から農村への人口移動は93万人であるのに対し、農村から都市への移動は83万人であった。農村地域への純流入はじつに10万人に達しており、この年は都市・農村間の人口移動における転換点となった。帰農世帯数は、2000年代半ば以後増加して2015年には年間1万1959世帯にもなっている（第10章）。また、帰農と帰村を含む全体の規模は、2016年におよそ50万人弱に達している。農村人口の低下が止まれば、空洞化や不明化に歯止めがかかる可能性は少なくない。KREIなどのヒアリングからは、韓国国土のコンパクトさがこうした人口移動を加速しているという（第11章）。

　逆都市化は欧州において以前からみられる現象である。日本でも農村への移住は一種のブームになってはいるものの、都市への集中を押しとどめるまでにはなっていない。

　第四の要因は、外国人労働力の受け入れである。これはサラワク州（マレーシア）で観察された。ボルネオ島のサラワク州では、木材の伐採作業が盛んな時期から、多数のインドネシア人が合法・非合法滞在者の形で雇用されてきた。経済発展が進んでいるにもかかわらず、この外国人労働力によって森

第 16 章　日本における土地所有権の空洞化および所有者不明問題の特質と対策

林伐採やアブラヤシプランテーションが維持できているのである。日本の例でいえば、経済発展は工業製品の輸出を通じて外貨を増やし、このことが自国通貨の価値を引き上げる。このため、労働依存型の第一次産業は競争力を失った。そして、土地利用を低下させ、やがて土地所有権の空洞化が始まった。しかし、サラワク州の事例では、その連鎖に外国人労働力の導入が歯止めをかけて、土地の需要を維持している。このため、伐採道路の開発などへの期待も相まって、土地からの期待収益は低下していない。

　先住民が暮らすロングハウスでは、空き室があちこちに見られ始めてはいる。しかし、これは単に域外に住民が流出しただけではなく、その土地の権利を主張するために空き室をそのまま残しているケースが多くみられた。こうしたことから、サラワク州の山間部でも土地所有権の空洞化は容易には起きない状況にある（第13章）。

　現在の土地への期待収益がいつまで維持できるかは公共投資および外国人労働力の供給がいつまで続くかにかかっている。公共投資は急速な経済成長の終焉とともに減速し、外国人労働力の受け入れは近隣諸国の経済発展とともに縮小する。実際、インドネシアの経済成長とともに、同国からの労働力の受け入れが難しくなり、いまではバングラデシュやラオスといった国々からの労働力が増加する傾向がみられるという。長期的な視点に立てば、土地収益の低下の可能性はある。

　最後の抑制要因はフィリピンで観察された。それは人口構成からみればすでに人口ボーナス期にありながら、経済発展が加速せず停滞している状況である。これは、東南アジアでは例外的な現象である。調査地のイフガオ州での人口流出は主としてコルディリラ地方内の都市や農村にとどまっている。また、流出先に一定の間滞在すると、その後は出身地に還流するという流れが続いている。このため、人口の構造としては、若者世代を欠くアンバランスな形にはなっているものの、人口は維持されてきた。地域社会の持続性が保たれている結果、土地の利用も維持されている（第14章）。

　今回、調査を行ったいずれの海外フィールドでも土地所有権の空洞化については否定的な意見が多く聞かれた。これは上に述べた諸要因に加えて、二

323

つのことが影響していると考えられる。その第一は人口オーナスへの転換時期の違いである。日本は1995年にその転換点を迎えている。これに対して、調査対象国のなかでこの転換期が早い台湾や韓国においても、転換点は2015年頃である。日本で1995年といえば、集落が消滅するかもしれないと大野晃がはじめて警鐘を鳴らしたとき（1991年）とさほど変わらない。当時、日本で四半世紀以上が経過した現在の農村の様子や土地所有権の空洞化を正確に予見できた人は多くない。第二の原因は、調査対象国はいずれも経済成長が続いていることにある。経済成長により土地の価値は低下せず、高い転用期待が韓国、マレーシアなどで明瞭に観察されている（第11章、第12章、第13章）。これらの状況が変わったときに、社会がどう変貌するかは今後の調査に委ねたい。

2　日本の対応策への含意

　日本で関心を集めている所有者不明土地問題は、二つの制度的な要因でその解決が難しくなっている（第15章）。その一つは容易に変更しがたい相続制度である。民法の規定では財産などの権利や義務は故人となった所有者の子・兄弟姉妹・親などの相続人に一括して自動的に移転され、登記は義務づけられていない。二つ目の原因は、登記を行うための経済的なインセンティブの低さである。このことは、日本の放置森林や空き家で典型的にみられる。土地が持つ価値が低下してしまうと、そこから得られる収益が維持管理するための費用（登録免許税を含む）を下回りやすい。このため、その利用や管理が放棄されて登記のインセンティブも失われる。一つ目の要因は日台韓で共通の制度である。したがって、二つ目の要因が顕在化した場合、台湾・韓国でも相続未登記も顕在化する可能性は高い。

　比較法学から得られたこの知見は、土地所有権の空洞化問題やその先にある所有者不明問題を解決するには、登記制度以上に土地を維持し、利用しようとする所有者のインセンティブをいかに設計するかが重要であることを示唆している。

そこで、以下では、林地を事例に空洞化が進む過程を整理しながら、経済的なインセンティブを踏まえた今後の対策のあり方を検討したい。手順としては、林地利用の変化を跡づけたうえで、利用や登記を促すインセンティブ問題の所在を明らかにする。

(1) 林地における土地所有権の空洞化プロセス

まずは、敗戦後の状況を想定しよう。この時期には、日本では空前の木材ブームが到来していた。中山間地域には多くの人々が生活し、造林活動や薪炭林の生産を行っていた。森林組合や民間事業者は植林や下草刈りなどの森林管理の作業を請け負い、造林を続けた。当時の土地所有者と森林組合や民間生産業者（以下、事業者）との関係をまとめると図16-1のようになる。この図の右側は造林や木材販売サービス（以下、サービス）の供給者である。左側は林地の所有者でありサービスの需要者を示す。

大半の所有者は林地の近くで生活していたため、林地の所有者は多くの情報を得ていた。たとえば、近隣の土地の所有者が誰で、どういう管理をしているかや林業の技術情報さらには市況情報も得ることができた。他方、事業

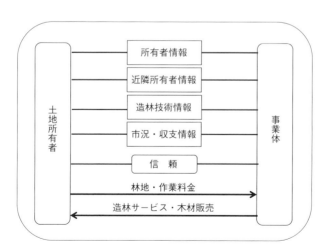

図16-1　所有権空洞化以前の林地所有者と事業体の関係

出所：筆者作成。

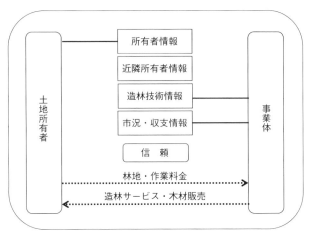

図 16-2 所有権空洞化後の林地所有者と事業体の関係
出所：筆者作成。

者側も所有者が地元にいるため、所有者の情報やそれらの財産管理の意向までもしばしば把握していたと考えられる。さらにいえば、両者間には信頼関係が構築されていた。したがって、一方がもつ情報が曖昧であったり、正確さに欠けたとしても、信頼をもとにした取引が成り立つ状況にあった。ただし、こうした信頼関係は戦後すぐに成立したわけではない。当時は山師と呼ばれるブローカー的な役割を負う人々が山の売買を仲介し、投機的な動きもみられた。その後、原木市場などの設置で取引の透明性が高まり、森林組合と関係も強化されたと考えられる。

　これに対して、1980年以降になると状況が大きく変化する（図16-2）。土地所有権の空洞化が始まる時期といってもよい。変化を促した要因の第一は木材価格の低下、第二は人口の流出、第三は土地所有の細分化・断片化であり、第四は林業技術の革新である。木材価格の低下は、収益性の低下をもたらし、森林を利用・管理しようとするインセンティブを失わせる。また、人口が都市に吸い出されたため、多くの林地の相続人は林業を巡る情報（価格情報、隣地情報、技術情報）を失う。さらに、均分相続や入会地の近代化法によって、林地の分割が進む一方で、林業の技術革新が進んだ。このため、間

伐などを進める事業の最小最適規模が個人所有の規模を大きく上回ってしまった。2015年農林業センサスによれば、1林家当たりの保有林地面積は 6.2 ha にすぎない。現在の林業では木材を伐採して搬出するには、30ha 以上、可能であれば 200ha が望ましいともいわれている。このとき、経営を成り立たせるには土地を集め、その土地の所有者の合意を得る必要がある。林地の集積あるいは「所有者取りまとめ」といった作業である（第3章）。

これに加えて、現在の林地の所有者は人口流出によって全国各地に分散しており、相互に連絡も取れない。したがって、サービスを提供しようとすれば、事業者が個別の所有者をみつけて交渉するという特異な形態になる（第4章）。しかし、地域外に出てしまった所有者にとって、収益性が上がるかどうかを判断するに足る情報がない。仮に情報を得ていたとしても自らの小さな林地が最小最適規模におよばないことに気づけば、自らの林地は収益性に乏しいと判断し、利用も管理も、そして相続登記も放棄する事態を誘発する（第2章）。

（2）土地所有権空洞化への対応

図16-2の状況での対策を考えるとき、すべての土地に適用できる対策と、そうではなく、土地の経済的な利用可能性に応じて対応を変えるべき対策がある。

前者の対策としては、土地登記を促すための制度変更がある。たとえば、登記を促すための税の軽減措置や補助金の支給、さらには登記手続きの簡素化などがあげられる。また、登記官が職務に基づき登記の表題部あるいは権利部も含めて記載することも検討に値しよう。

より普遍的で根本的な問題は均分相続の扱いである。戦後、民法の改正により相続制度は長子相続から均分相続に変更された。これにより、分け隔てのない民主的な相続の基礎が整う一方で、土地の細分化・断片化が自動的に進むという大きな危険を生んだ（第3章）。土地の効率的な利用を考慮すれば、土地を一定規模以上で相続するような規則の制定も考えられる。日本の林地のように収益がきわめて低い（あるいはない）場合には、相続人が土地

の分割や利用についての議論を棚上げにしやすい。このとき、その土地は所有者の子・兄弟姉妹・親などの相続人の共有財産となり、実質的な細分化が進む。また、土地利用の意思決定も難しい。今後、世代間での権利移動が進めば、土地の細分化・断片化は今以上に深刻な局面を迎えることになろう。早急な対策の検討が望まれる。

次に、土地利用の経済性に応じた対策を考える。この対策は二つに大きく区分できる。一つは土地の集積によって一定の収益が見込める場合であり、もう一つは見込めない場合である。以下ではそれぞれの場合の対策を検討する。

1) 土地集積によって収益が期待できる場合

近年では、木質バイオマス発電やCLT技術などの導入により、従来になかった木材需要が生み出されている。収益を期待できる場合に上の図の状況が発生すると、事業体がそうした新しいチャンスをつかみ切れない。

この状況を経済学的に解釈すれば、所有者側が情報の不足や不確実性の存在から需要水準を下げ、事業体の側では所有者の探索費用や合意のための情報提供などの費用が上昇して、間伐サービスなどにかかる費用を押し上げている。このとき、情報が共有されている市場（図16-1）と比較して、サービスの価格は大きく上昇し、取引量も減少してしまう。ときとして、本来あってもよい市場の取引が消滅してしまうこともある。この問題の根幹は土地所有者と事業体のもつ情報の非対称性にある。この非対称性が市場を退化させ、ときに消滅させる。したがって、両者が情報を共有して、この非対称性を解消することが肝要となる。

なかでも鍵になる情報は所有者情報である。この情報については、2012年の森林法の改正により、地域森林計画の対象である民有林の新規所有者に対して市町村長への届出が義務づけられた。このため、相続などの登記が未了の場合でも、不動産課税台帳などの情報をもとに新しい所有者ないしは「所有者とみなされる者」の情報を台帳に記載できるようになった（第3章）。これは情報の非対称性を解消するための画期的な制度改正である。ただし、届出による情報の集積は改正後の規定が施行された時点（2012年）から始

第 16 章　日本における土地所有権の空洞化および所有者不明問題の特質と対策

まっているにすぎない。今後、昭和一桁生まれ世代から次世代に林地が相続されることを考えるとその意味は小さくないものの、当面は所有者情報に欠ける状況は続く。

したがって、従来から地道に行われてきた自治体や森林組合などによる所有者への働きかけとそれによる林地の集積が重要であり、その意義は変わらない。こうした試みは単に所有者の情報を事業体に提供するだけではなく、林業の技術や市況の情報を所有者に提供し、さらには、所有者と事業者との間の信頼関係を構築する作業にもなっている点に注目したい。実際、林地の集積作業においては、同窓会・同郷会の場を利用したり、自治体が関係する協議会形式にすることで、信頼を確立しやすい環境づくりも進められている（第 3 章、第 4 章）。

林地集積を進めるには一種の強権的な仕組みの導入も考えられる。その設計には、農地の制度が参考になる。農地法では、遊休農地に関する措置の規定を 2009 年に農業経営基盤強化促進法から移行し、指導件数・面積が激増し、通知や勧告も出されるようになっている。遊休農地である旨の通知、必要な措置を講ずべき旨の勧告、従わない場合の希望者への利用権設定などの措置の実施が始まっている。森林法でも第 10 条の 10 第 2 項において、要間伐森林について類似した規定が定められて久しい。しかし、その規定はほとんど機能しないままである。両者の差異は、農地行政において、市町村と農業委員会が 2008 年から共同で荒廃農地調査を実施して再生利用が可能なものと再生利用が困難と見込まれるものに分類したことに起因すると考えられる（第 5 章）。営農に実質的に利用できる農地に政策の対象を限定したうえで、その利用が進まない農地の利用を半ば強制できるルールを適用したのである。森林に置き換えれば、土地集積を前提とすれば施業が可能な林地を特定し、森林法の 10 条の 10 第 2 項を適用するといったスキームになろう。森林分野ではこれまでもゾーニングが行われてきたものの、経済的な基準を明確に意識したものとはなっていない。このため、旧来のゾーニングを強制的な措置を実施する基礎とするには無理がある。今後、林地台帳が整備したうえで、地理的な環境や植生、施業の履歴などについて正確なデータが蓄積で

きれば、それをもとに意味あるゾーニングが可能となるに違いない。

　このほか、所有者自らがその土地は自分の所有であることを発信する自己顕示的な動きを誘発するシステムの導入も検討に値する。事業者が情報を探索するより、所有者の方から情報を提供する方が効率性に優れているケースが少なくないからである。具体的には、森林管理のミニマム水準（しなければならない施業）を定めるなどの方法が考えられる。林地の保有にかかる社会的な責任を引き上げるのである。

　ミニマム水準の引き上げには社会的な合意が欠かせない。EUでは農政分野において、直接支払いと呼ばれる農業者への所得移転を梃子に農業経営の環境配慮の水準を徐々に引き上げてきた経験がある。クロスコンプライアンスと呼ばれるこの手法は、すでに高率の補助を実施している林業においても応用できる余地がある。

2) 土地集積によっても収益が期待でない場合

　この場合には、情報の非対称性を解消したとしても、所有者に林地を利用・管理したり、登記をしたりするインセンティブは働かない。これらの林地については、もっぱら国土管理、さらには、環境保全の観点からの利用や保全が重要になる。治水・利水や生物多様性、さらには、景観保全といった価値の高い林地の維持については経済的な取引の対象とならないことから、それらの機能の支援に特化した補助金などの制度を検討すべきであろう。また、収益が期待できない林地では、税金の支払いや相続登記の費用などだけが嵩み、いわゆる負の資産となってしまう。そうした林地に公的な機能を求めるとすれば、これらを国庫に帰属させる方法もある。

3) 産業分野を超えた土地管理とその受け皿組織の必要性

　産業に関連した土地利用の制度は、農業にせよ林業にせよ単一の産業内にとどまった設計がされてきた。農林地の台帳の情報利用は農林業の活動を行う者への提供が前提となっている。このため、地域全体の土地利用を考えようとしてもそれぞれに情報が分断されてしまっており、検討の基礎情報にはできない。また、中山間地域では地域の人口が激減するなかで、土地の利用のあり方や利用者の性格は大きく変容しつつある。たとえば、第2章で事例

を紹介した大豊町では地元出身の若者が他出する一方で、ラフティング等関係のIターン者の数が増加しつつある。いまや小学校の新規入学者数の過半数がこうしたIターン者の子弟によって占められるほどである。こうなると、これまでの第一次産業だけではなく、アウトドアスポーツやそのための宿泊施設、それに付随する観光施設のための土地需要が高まるに違いない。このとき、土地の情報が産業内にとどまっていては、柔軟な対応は難しい。

　また、農地制度でみたとおり、荒廃農地調査で復元の見込みなしと判断された農地は非農地とされ、その多くが放置されたままになる可能性が高い点にも留意したい。農業政策の射程から抜け落ちてゆく荒廃農地には空洞化を越えて「見えない化」が始まるのである（第5章）。土地の情報が産業内にとどまっている限り、これらの土地に新しい利用の機会が生まれても、その主体に十分に情報が提供できる仕組みがない。大豊町の事例でみたように、土地の利用は過去60年間でもダイナミックに変化してきた。産業の垣根を強く残すことは得策とはいえない。

　いま重要なことは、地域の土地の利用計画を住民が分野を超えて主体的に考えることができる組織の構築ではなかろうか。その主体に情報を集約するのである。そこには、農林地でみたような固定資産台帳の情報を含めることが検討されてもよい。組織は、おそらく自治体、農林業関係者、集落あるいはその連合組織からなり、加えて、村外に転出した他出子と呼ばれる人々を取り込むことで、信頼を含むネットワークの再構築も展望できる。高知県では2012年度から集落が連携して、集落活動センターを設置する動きが盛んである。集落の活力が低下した地域では、こうした組織は（大きく捉えれば、地域運営組織）候補のひとつといえる。その法的な形態も含めてどのようにその組織を設計するかは今後の課題である。

あとがき

松本充郎・飯國芳明

　本書には、姉妹編がある。新保輝幸・松本充郎編『変容するコモンズ――フィールドと理論のはざまから』(ナカニシヤ出版、2012年)である。この姉妹編は、コモンズ論を主題とする。ギャレット・ハーディンが提唱したコモンズ論は、牧野の利用関係を例としながら、人口が増加する局面を想定し、所有者がいない自然資源を複数の個人が利用するとき、個々人の判断が合理的であるにも拘わらず、その資源は過剰利用によって枯渇する運命にあると指摘した[1]。いわゆる「コモンズの悲劇」である。ハーディンは、個人が所有権を設定して市場的な取引に委ねるか、国家や自治体が所有権を取得して管理するかのいずれかによって資源の有効利用を実現できるとした。これに対して、エリノア・オストロムは、所有者のいない(または不明確な)自然資源について、財産権の境界を画定するとともに、地域共同体が利用者を構成員として組織し、構成員に対して実効性のある利用規制などを課すことで、自然資源の共同利用は持続可能でありうることを世界各国の事例で示した[2]。この研究は、20世紀末以来、現在に至るコモンズ研究の嚆矢となり、自然資源の共同利用の実態理解やルールの設計および改善に大きく貢献し、オストロムは2009年にノーベル経済学賞を受賞した。

　ハーディン以来の議論は人口の自然増加によって必然的に起きる自然資源の過剰利用という悲劇を想定して、過剰利用を抑制するための対策を論じてきた。これに対して、『変容するコモンズ』では、現代の日本において、牧

野入会や地先の一村専用漁場などの空間にある自然資源の利用水準が著しく低下し、管理放棄が起きつつある点に着目した。

問題が過剰利用から過少利用に転じると、入会権やルールは、ときとして新しい利用を妨げる要因として立ち現れ始めている。こうした転換期にあるコモンズの現状理解とそれに応じたルールを模索することが『変容するコモンズ』のテーマとなり、牧野入会や一村専用漁場の文脈では、利用の回復によって管理の誘因を高める道を探った。

これに対して、本書では、共同で利用されている入会林野ではなく個人が所有する林地に焦点を当てることからスタートした。第1章で述べた通り、四国地方の中山間地域では1990年代から土地を所有していながら、利用も管理もしない状況（土地所有権の空洞化）が広くみられるようになった。例えば、間伐の施業効率を上げるために林地のとりまとめをしようにも、所有者がこれに賛同せず利用できない、または、林道の敷設ができないため施業が進まないなどの状況が生まれた。今世紀になると、在村の林地所有者の多くが亡くなり、相続登記をしないままの土地が増加している。他方では、相続人の大半が村外に転出しており、所有者の特定ができない事態（不明土地問題）が例外ではなくなりつつある。

こうした土地所有権の空洞化現象は、都市部に生産年齢人口を送り出した日本の農山村においていち早く観察されはじめた。そこで、私たちは、日本と類似したタイプの経済発展（キャッチアップ型）を続ける東アジア、ひいては、東南アジアの各国においても発生する可能性があるのではないか、と考えた。

そこで、私たちは科学研究費補助金に基づく2つのプロジェクトでは、東アジア及び東南アジアにおいて土地所有権の空洞化がどのように展開するかを検証する作業を始めた。そのために、2件の科学研究費補助金——挑戦的萌芽研究「土地所有権の形骸化：モンスーン・アジア的病理の解明と対策」（研究課題／領域番号24658196、2012-2013年度）及び基盤研究（B）「限界集落における土地所有権の空洞化の特徴と対策——モンスーン・アジアの視点から」（研究課題／領域番号26292119、2014-2017年度）の——を得て、徐々に研

あとがき

究対象を広げていった。

国際比較のためのフィールド調査を進めるなかで、経済の発展経路や発展段階さらには土地の利用状況や資源の賦存状況が大きく異なる国や地域をどのように比較するかが問題となった。いうまでもなく、土地所有権の空洞化現象は経済発展と密接な関係を持つことから、経済発展を表す指標を軸に国際比較するための枠組みを作る方法がある。しかし、経済発展を1人当たりGDPを指標に、産業構造の変化を指数化したりしても、これらの指標は土地所有権の空洞化現象と直接には結びつかない。他方、空洞化現象は国全体の経済状況だけでなく、国内の人口構成の変化や移動によって説明できる側面が小さくない。そこで、本書では、人口構成の変化と経済の動態が統一して議論されてきた人口論（人口転換論、人口ボーナス論、人口オーナス論）を分析枠組みとして採用することにした。地域的な人口の変動から所有者の移動を捉えるとともに、人口の動態と経済発展の大きな変動を整理するのである。

人口論を採用した理由はほかに3点ある。第一に、人口は、一旦その構成が固まれば、越境移動や戦争あるいは災害などの外生的な変化がないかぎり、その推移は長期に渡って安定的である。また、その推移や社会的な影響は予想もしやすい。加えて、人口の統計は国や地域を横断しても統一的な視点から比較的容易に収集できるという利点もある。

第二に、ギャレット・ハーディンも、人口論を契機として、自然資源の持続的な利用を可能にするための所有権や規制の問題を論じており、『変容するコモンズ』との関係を多少なりとも明確化できる。マイケル・ヘラーも、過少利用に着眼し、次のような現象を「アンチコモンズの悲劇」または「過少利用の悲劇」と名づけた。すなわち、所有権が共同で行使される場合に加えて、単独所有であっても使用・収益・処分の権原や規制権限が過度に細分化・断片化されている場合には、規模の経済性等を確保するためのとりまとめの交渉や縦割り行政克服の手続が長期化し（交渉費用が増大し）、しばしば過少利用に陥る現象である。

本書は、第Ⅰ部（日本パート）、第Ⅱ部（台湾パート）、そして、第15章に

335

おいて、人口論とアンチコモンズ論のゆるやかな結合を試みた。第Ⅰ部では、憲法および家族法の改正により、均分相続がデフォルト化され、その後の人口ボーナス期に分割相続や総有物の単独所有化等により所有権が細分化され、過少利用に陥った事例を紹介し、所有者取りまとめに向けた課題と対策を指摘した（第15章にいう「図・簿・地の不一致」と相続登記への補助金等）。第Ⅱ部では、漢民族が原住民族の権利を承認したものの、経済活動の結果、原住民族の権利は漢民族の質草となり、処分権が細分化されるケースが目立ち始めていることを指摘した。現在、原住民族の社会および自治の回復による所有者取りまとめが進められているが、台湾でも、処分権の細分化や「図・簿・地の不一致」を緩和することなく人口減少期に突入した場合には、国土保全において困難が生じる可能性があろう。

　第三に、日本では結び付けて議論されることの多い、人口減少と土地問題の関係について考え直してみたかったという事情もある。日本が直面している土地問題には、細分化と所有者不明化がある。登記簿上の所有権者の子孫の数が多くても、家督相続がデフォルトの時代には、当該土地の推定相続人の数ははるかに少なく、土地区画の細分化も起きない。また、所有者不明化の原因には「図・簿・地の不一致」があり、「図・簿・地の不一致」の原因のうち「簿・地の不一致」の原因には、意思主義および対抗要件主義の組み合わせ、または、均分相続・相続未登記（相続登記未了）があり、「図と地の不一致」の原因には地籍図の未整備がある。所有者不明地問題は、地籍調査が済んでいない土地について、均分相続がデフォルト化されたあとで、人口増加局面を経て人口減少期に発生しやすい問題であると理解すべきである。

　とはいえ、本書のこうした試みが十分に成功したかといえば、いささか心もとない。フィールドで知り得た東アジア・東南アジアの実態はわれわれの予想を超えて多様であり、人口軸だけではとても捉えきれない次元が少なくなかったからである。こうした分析枠組みのさらなる拡充は今後の課題である。また、フィールドを広げ、深める必要も感じている。本書の分析視点で中国内陸部の資源問題がどのように整理できるかの検討や東南アジアで早くから発展を遂げたタイのフィールド調査も本書の分析を完結させるには欠か

あとがき

せない作業である。他日を期したい。

　本書の執筆には、多くの方からのご支援を頂いた。以下、記して謝意を表したい。

　まず、フィールド調査に際しては、日本・大豊町の調査（第1章）では氏原学氏、大豊町役場の各課のみなさま、久万高原町及び那賀町の調査（第4章）では久万広域森林組合、那賀町役場のみなさま、韓国・全羅南道州の調査（第11章）においては韓国農村経済研究院の成住仁氏、石賢徳氏、蔡光錫氏、金英蘭氏（木浦国立大学社会福祉学科教授）及び呉珍賢氏（元高知大学大学院生）、フィリピン・イフガオ地域の調査（第14章）においてはCecilia V. Las氏、また、台湾・烏来地域の調査（第9章）においては王雅萍氏（国立政治大学社会科学部教授）、同・延平郷など複数の調査（第6章）において李俊彦氏（国立嘉義大学生物事業管理学系教授）、羅凱安氏（国立屏東科技大学森林系副教授）には、調査のコーディネートとともに有益なご助言を頂いた。

　本書の一部については、草稿が中国語で執筆されている。これらの草稿の翻訳（第7、8、9章）は、西英昭氏（九州大学大学院法学研究院准教授）及び松本卓朗氏（同院生）にお願いし、結果として、翻訳に留まらない貴重な多くのご助言を頂いた。また、第15章の翻訳については、星友康氏（台湾大学法律学院大学院生）のご協力頂いた。

　執筆に際しての理論的な検討に際しても多くの方からのご助言を頂いている。まず、吉岡祥充氏（龍谷大学法学部教授）には本書全体を査読して頂き、その詳細なコメントは本書の内容や構成を再考する機会となった。また、大久保邦彦氏（大阪大学大学院国際公共政策研究科教授）にも法学的視点から多くの示唆を頂いた。さらに森林・林業の法学的な検討（第3章）に際しては交告尚史氏（法政大学大学院法務研究科教授）、古井戸宏通氏（東京大学大学院農学生命科学研究科准教授）、三浦大介氏（神奈川大学法学部教授）、坂本達彦氏（國學院大學栃木短期大學准教授）にご助言を頂いた。

　本書の研究は、また、多くの科学研究費補助金を基に遂行されてきた。その課題番号は本書全体（26292119、24658196）、第3章（16K03438、15H03301、17H02445）、第5章（26380009）、第6章（26244051）、第13章（26300009）で

ある。

　最後に、困難な出版事情の中で、前著に引続き、出版をお引き受け頂いたナカニシヤ出版と厳しいスケジュールの中で編集をご担当頂いた酒井敏行氏には、心より御礼申し上げたい。

注
1) M. Hardin (1968) *The Tragedy of the Commons*, Science, Vol. 162, pp. 1243-1248.
2) E. Ostrom (1990) *Governing the Commons*, Cambridge University Press.
3) Michael Heller (2008) *The Gridlock Economy: How Too Much Ownership Wrecks Markets, Stops Innovation, and Costs Lives*, Basic Books.

《著者一覧》

飯國芳明	高知大学人文社会科学部教授（第 1 章、第 2 章、第 16 章、あとがき及び各部の扉）
山本幸生	高知大学大学院黒潮圏海洋科学研究科院生（第 2 章）
松本充郎	大阪大学大学院国際公共政策研究科准教授（第 3 章、第 16 章、あとがき）
松本美香	高知大学農林海洋科学部講師（第 4 章）
緒方賢一	高知大学人文社会科学部教授（第 5 章、第 16 章）
大田伊久雄	琉球大学農学部教授（第 6 章）
程　明修	東呉大学法律学系教授（台湾、第 7 章）
高　仁川	國立台北大學法律學系助理教授（台湾、第 8 章）
張　惠東	國立台北大學法律學系助理教授（台湾、第 9 章）
金　泰坤	韓国農村経済研究院シニアエコノミスト（韓国、第 10 章）
玉里恵美子	高知大学地域協働学部教授（第 11 章）
品川　優	佐賀大学経済学部教授（第 12 章）
市川昌広	高知大学地域協働学部教授（第 13 章）
葉山アツコ	久留米大学経済学部准教授（第 14 章）
呉宗謀	中央研究院法律学研究所助研究員（台湾、第 15 章）

土地所有権の空洞化
東アジアからの人口論的展望

2018 年 3 月 30 日　　初版第 1 刷発行　　（定価はカヴァーに表示してあります）

編　者　飯國芳明・程明修・金泰坤・松本充郎
発行者　中西　良
発行所　株式会社ナカニシヤ出版
　　　　〒606-8161　京都市左京区一乗寺木ノ本町 15 番地
　　　　　　TEL075-723-0111　FAX075-723-0095
　　　　　　http://www.nakanishiya.co.jp/

装幀＝白沢正
印刷・製本＝亜細亜印刷
©Y. Iiguni, M. Cherng, T. Kim, M. Matsumoto et al. 2018
＊落丁・乱丁本はお取替え致します。
Printed in Japan.
ISBN978-4-7795-1277-3　C3033

本書のコピー、スキャン、デジタル化等の無断複製は著作権法上での例外を除き禁じられています。本書を代行業者等の第三者に依頼してスキャンやデジタル化することはたとえ個人や家庭内での利用であっても著作権法上認められておりません。